읽기와 쓰기를 중심으로 한

독일어권 학습자를 위한 한국어

장미경

Koreanisch für Lerner mit Muttersprache Deutsch

- in Bezug auf Schreiben und Lesen -

도서출판 월인

머리말

최근 외국어로서의 한국어 교육에서 활용할 수 있는 교재들이 다양한 관점과 언어권으로 개발되고 있다. 그러나 독일어권 학습자들을 위한 교재, 특히 자기를 표현하는 적극적인 수단이며 지식을 전달하고 생산하는데 가장 기본적인 읽기·쓰기 영역에서의 한국어 교재가 많지 않기에 몇 년간의 강의를 모아 둔 자료들을 바탕으로 이 책을 출간하게 되었다.

이 책은 일상적 한국어를 바탕으로 하되 학문목적의 독일어권 학습자들에게 초급·중급 이상의 읽기와 쓰기활용에서 요구되는 표현을 포함하고 있으며, 특히 수업시간에 진행되는 주제를 통한 문법과 어휘 사용 및 학습자들의 직·간접적으로 경험한 한국문화에 대한 논의 그리고 연습문제를 통한 읽기와 쓰기영역으로 접근해 보고자 한 것이 이 책이 갖는 의의이다.

이 책은 1차적으로 문법을 기본으로 한 읽기와 쓰기를 연습하는 것이며, 2차적으로 한국문화에 대한 이해를 기본으로 원활한 쓰기 능력을 기르는 것을 목적으로 한다. 이에 따라 구성은 다음과 같다.

<기초>는 도입단계로 한국어 학습자를 위한 읽기와 쓰기 영역에서의 기본적인 문법이론을 수록하였다.

<본문>은 전체 20과로 구성되었으며 각 단원별로 문법, 주제 및 주제와 관련된 단어들을 <문장과 단어>를 통해 제시하였다. 그리고 본문과 관련된 주제 중심의 연습문제를 학습자의 언어능력에 따른 읽기와 쓰기의 난이도를 고려하여 구성하였다.

<부록>은 <기초>부분의 한국어 이론 및 단어를 독일어로 수록하였다.

이 책은 미흡할 수 있지만 한국어와 한국문화를 배우고자 하는 독일어권 학습자들에게 도움이 되었으면 하는 바람이다. 그리고 이 책은 완성형이라 할 수 없다. 앞으로 한국어 교수·학습 현장에서 이 책을 학습하는 학습자들의 의견을 수렴하여 더 나은 학습 자료가 될 수 있도록 수정해 갈 것이다.

이 책을 집필하는데 있어 동기와 영향을 준 남편과 귀여운 딸들에게 고맙고, 한국어를 독일어로 번역하는 데 도움을 준 Fuchss 가족과 Kai Rohs씨에게 감사의 인사를 드리고 싶다.

끝으로 책으로 엮어 준 도서출판 월인 여러분께 감사의 인사를 드린다.

2011. 7.
장미경

Vorwort

In letzter Zeit sind viele Lehrbücher im Bereich KaF ‘Koreanisch als Fremdsprache’ für diverse Zielgruppen und mit unterschiedlicher Schwerpunktsetzung erschienen. Für Lerner mit Muttersprache Deutsch gibt es leider wenige Koreanisch-Lehrbücher, die sich besonders auf das elementare Lesen und Schreiben des Koreanischen beziehen, das als positives Mittel zur Selbstäußerung die Vermittlungfähigkeit und produktive Fähigkeit des Wissens ermöglicht. Die durch mehrjährige Unterrichtserfahrungen an Universtitäten als Lektorin gesammelten Materialien haben zur Veröffentlichung dieses Lehrbuchs gefürht.

Zunächst gründet sich das vorliegende Buch auf die im alltäglichen Leben verwendeten Gespräche und bezieht sich außerdem auf die umfangreichen Ausdrücke, die die Deutsch sprechenden Lerner zum wissenschaftlichen Zweck über die primäre und sekundären Stufe hinaus im Bereich Lesen und Schreiben notwendigerweise erwerben müssen. In diesem Buch werden daneben die folgenden Punkte vorwiegend betont, und zwar, die Grammatik - und Wortschatzübung mit Hilfe der im Unterricht behandelten Themen, die Diskussionen über die koreansiche Kultur, die Lerner direkt und indirekt schon erfahren haben und das durch umfangreiche Übungen vervollständigte Lesen und Schreiben.

Dieses Buch zielt erstens auf die Übung zum Lesen und Schreiben auf der Grundlage der Grammatik. Zweitens hat es auch die Erweiterung der fließenden Schreibfähigkeit aufgrund der Verständigung koreanischer Kultur zum Zweck. Dabei gliedert sich das vorliegende Buch folgendes;

Als Einführungsphase enthält der erste Teil <Grundlagen> die elementare Grammatiktheorie zum Lesen und Schreiben für Koreanischlerner.

Der zweite Teil <Hauptteil> besteht hauptsächlich aus 20 Lektionen. In jeder Lektion werden die Grammatik und ein oder zwei Themen jeweils erklärt. Dabei werden die mit diesem Thema zusammenhängenden Wörter auch in einem Unterteil 'Satz und Wort' mit der Bedeutung in beiden Sprachen Deutsch-Koreansich erlernt. Die mit dem Textinhalt bezogene Übung wird natürlich unter der Berücksichtigung des Schwierigkeitsgrads nach dem Sprachniveau der Lerner zum Lesen und Schreiben gebildet.

Im dritten Teil <Anhänge> sind die Sprachtheorie und der Wortschatz des Koreanischen enthalten, der ins Deutsch übersetzt ist.

Trozt dieses lückenhaften Lehrbuches hoffe ich sehr, dass es den Koreanisch-Lernern aus dem deutschsprachigen Raum relativ leicht das Erlernen der koreanischen Sprache und koreanischen Kultur nahe bringen kann. Natürlich ist dieses Lehrbuch nicht vollkommen. Selbstverständlich fallen alle Nachteile dieses Lehrbuches in meine Verantwortung. Nach der Berücksichtigung der Kritik von denjenigen, die dieses Buch im Koreanisch-Unterricht benutzt haben, verbessere ich es weiter, um das bessere Lernmaterial zu verfassen.

An dieser Stelle bedanke ich mich besonders bei meinem Mann und meinen süßen zwei Töchtern für ihre Motivation und ihren Einfluss auf das Verfassen dieses Buches. Zu tiefstem Dank verpflichtet bin ich auch der Familie Fuchss und Herrn Kai Rohs, die bei der Deutsch-Übersetzung geholfen haben. Zuletzt sei dem Verlag Worin herzlich gedankt für die Veröffentlichung.

Juli 2011

Mi-Kyung Chang

목차
Inhaltverzeichnis

Ⅰ. 기초 Einführung in die koreanische Sprache

Ⅱ. 본문 Lektion

I 기초
Einführung in die koreanische Sprache

1. **한글자모** Das koreanische Alphabet

1.1 모음과 자음 Konsonanten und Vokalen

한국어는 모음 21개와 자음 19개로 구성되어 있고 자음과 모음은 위에서 아래로 왼쪽에서 오른쪽으로 쓴다.

1) 모음

한글의 모음자는 10개의 기본모음인 단모음(ㅏ, ㅑ, ㅓ, ㅕ, ㅗ, ㅛ, ㅜ, ㅠ, ㅡ, ㅣ)과 11개의 이중모음(ㅐ, ㅒ, ㅔ, ㅖ, ㅘ, ㅙ, ㅝ, ㅞ, ㅚ, ㅟ, ㅢ)의 합성 글자로 되어 있다.

2) 자음

한글의 자음은 14개의 기본자음(ㄱ, ㄴ, ㄷ, ㄹ, ㅁ, ㅂ, ㅅ, ㅇ, ㅈ, ㅊ, ㅋ, ㅌ, ㅍ, ㅎ)과 5개의 겹자음(ㄲ, ㄸ, ㅃ, ㅆ, ㅉ)으로 되어 있다.

기본자음/발음						겹자음/발음	
ㄱ	[g, k]	ㅂ	[b]	ㅋ	[k]	ㄲ	[kk]
ㄴ	[n]	ㅅ	[s]	ㅌ	[t]	ㄸ	[tt]
ㄷ	[d]	ㅇ	[ng]	ㅍ	[p]	ㅃ	[pp]
ㄹ	[r, l]	ㅈ	[j]	ㅎ	[h]	ㅆ	[ss]
ㅁ	[m]	ㅊ	[ch]			ㅉ	[jj]

3) 받침

받침은 모음 아래에 쓴다. 한국어에서는 기본(홑)자음 모두와 2개의 겹자음(ㄲ, ㅆ) 그리고 ㄳ, ㄵ, ㄶ, ㄺ, ㄻ, ㄼ, ㄽ, ㄾ, ㄿ, ㅀ, ㅄ과 같이 두 개의 다른 자음으로 결합된 것을 포함한다.

받침은 음절의 끝에 쓰일 수 있다.

한국어의 여러 받침은 [ㄱ,ㄴ,ㄷ,ㄹ,ㅁ,ㅂ,ㅇ]의 7개 대표음(Repräsentativer Laut)만 발음한다.

〈기본자음〉

자음	발음	예
ㄱ ㅋ ㄲ	[k]	국[guk]
ㄴ	[n]	눈[nun]
ㄷ ㅅ ㅈ ㅊ ㅌ ㅎ ㅆ	[t]	낮[nat]
ㄹ	[l]	말[mal]
ㅁ	[m]	봄[bom]
ㅂ ㅍ	[p]	밥[bap]
ㅇ	[ng]	가방[gabang]

〈겹자음〉

자음/발음/예					
ㄳ	[k]	몫[mok]	ㄽ	[l]	외곬수[oegolsu]
ㄵ	[n]	앉다[antta]	ㄾ	[l]	핥다[haltta]
ㄶ	[n]	많다[manta]	ㄿ	[p]	읊다[euptta]
ㄺ	[k]	읽다[iktta]	ㅀ	[l]	잃다[ilta]
ㄻ	[m]	젊다[jeomtta]	ㅄ	[p]	없다[eoptta]
ㄼ	[l/p]	짧다[jjaltta]			

〈발음기관도〉

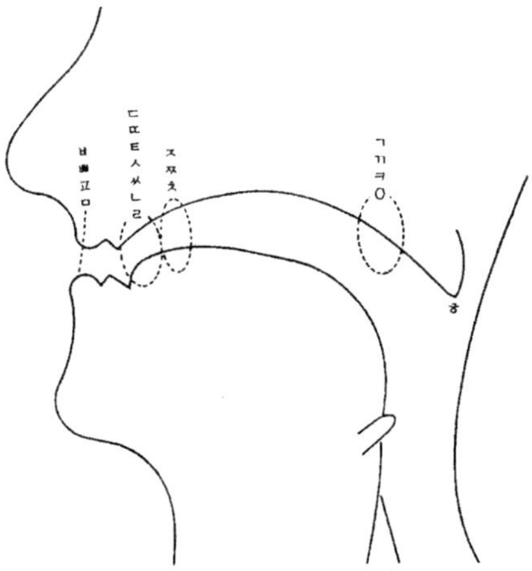

모음

아 [a]				
어 [eo]				
오 [o]				
우 [u]				
으 [eu]				
이 [i]				

자음

ㅇ [ng]				
ㄱ [g, k]				
ㄴ [n]				
ㄷ [d, t]				
ㄹ [r, l]				

자음

ㅁ [m]				
ㅂ [b, p]				
ㅅ [s]				
ㅈ [j]				
ㅊ [ch]				
ㅋ [k]				
ㅌ [t]				
ㅍ [p]				
ㅎ [h]				

이중모음

ㅐ [ae]	ㅐ	ㅐ	ㅐ				
ㅔ [e]	ㅔ	ㅔ	ㅔ				
ㅒ [yae]	ㅒ		ㅒ				
ㅖ [ye]	ㅖ	ㅖ		ㅖ			
ㅘ [wa]	ㅘ		ㅘ				
ㅙ [wae]	ㅙ	ㅙ		ㅙ			
ㅚ [oe]	ㅚ		ㅚ				
ㅝ [wo]	ㅝ	ㅝ		ㅝ			
ㅞ [we]	ㅞ		ㅞ				
ㅟ [wi]	ㅟ	ㅟ					
ㅢ [ɰi]	ㅢ		ㅢ				

1.2 자음과 모음의 결합 Konjunktion der Buchstaben

자음과 모음의 결합이란 음절의 구성으로 음절의 유형은 자음과 모음의 결합에 따라 4가지 유형으로 나눌 수 있다.

① 모음
예) 아

② 자음 +모음
예) ㄱ +ㅏ → 가

③ 모음 + 자음(받침)
예) 야 +ㄱ → 약

④ 자음 + 모음 + 자음(받침)
예) ㅅ +ㅏ +ㄴ → 산

자음과 모음의 결합

ㅏ	ㅏ					
ㅓ	ㅓ					
ㅗ	ㅗ					
ㅜ	ㅜ					
ㅡ	ㅡ					
ㅣ	ㅣ					
ㅇ	ㅇ					
ㄱ	ㄱ					
ㄴ	ㄴ					
ㄷ	ㄷ					
ㄹ	ㄹ					

쓰기 연습

모음 / 자음	ㅏ	ㅓ	ㅗ	ㅜ	ㅡ	ㅣ
ㅇ	아 [a]					
ㄱ						
ㄴ			노 [no]			
ㄷ						
ㄹ						리 [ri]

쓰기 연습

아 [a]	이 [i]	오 [o]	이 [i]	아 [a]	우 [u]	가 [ga]	구 [gu]	기 [gi]	러 [reo]	기 [gi]

거 [geo]	기 [gi]	누 [nu]	나 [na]	구 [gu]	두 [gu]	가 [ga]	다 [da]	나 [na]	가 [ga]	다 [da]

다 [da]	리 [ri]	나 [na]	라 [ra]	우 [u]	리 [ri]	노 [no]	루 [ru]	라 [ra]	디 [di]	오 [o]

쓰기 연습

ㅑ [ya]	ㅑ								
ㅕ [yeo]	ㅕ								
ㅛ [yo]	ㅛ								
ㅠ [yu]	ㅠ								
ㅁ	ㅁ								
ㅂ	ㅂ								
ㅅ	ㅅ								
ㅇ	ㅇ								
ㅈ	ㅈ								
ㅊ	ㅊ								
ㅋ	ㅋ								
ㅌ	ㅌ								
ㅍ	ㅍ								
ㅎ	ㅎ								

쓰기 연습

자음 \ 모음	ㅏ	ㅑ	ㅓ	ㅕ	ㅗ	ㅛ	ㅜ	ㅠ	ㅡ	ㅣ
ㄱ	가 [ga]									
ㄴ		냐 [nya]								
ㄷ			더 [deo]							
ㄹ				려 [ryeo]						
ㅁ					모 [mo]					
ㅂ						뵤 [byo]				
ㅅ							수 [su]			
ㅇ								유 [yu]		
ㅈ									즈 [jeu]	
ㅊ										치 [chi]
ㅋ									크 [keu]	
ㅌ								튜 [tyu]		
ㅍ							푸 [pu]			
ㅎ						효 [hyo]				

쓰기 연습

나 [na]	무 [mu]	머 [meo]	리 [ri]	비 [bi]	누 [nu]	나 [na]	비 [bi]	어 [eo]	머 [meo]	니 [ni]
나	무							어	머	니
		머	리							
				비	누					
						나	비			
사 [sa]	이 [i]	서 [seo]	다 [da]	지 [ji]	구 [gu]	모 [mo]	자 [ja]	바 [ba]	나 [na]	나 [na]
사	이					모	자			
				지	구					
								바	나	나
		서	다							
오 [o]	후 [hu]	호 [ho]	수 [su]	허 [heo]	리 [ri]	거 [geo]	미 [mi]	키 [ki]	다 [da]	리 [ri]
오	후							키	다	리
				허	리					
		호	수							
						거	미			

쓰기 연습

고 [go]	추 [chu]	치 [chi]	마 [ma]	크 [keu]	다 [da]	투 [tu]	수 [su]	타 [ta]	자 [ja]	기 [gi]
고	추									
		치	마							
				크	다			타	자	기
						투	수			
포 [po]	도 [do]	조 [jo]	카 [ka]	코 [ko]	트 [teu]	우 [u]	표 [pyo]	도 [do]	토 [to]	리 [ri]
포	도							도	토	리
		조	카							
				코	트					
						우	표			
보 [bo]	리 [ri]	파 [pa]	도 [do]	커 [keo]	피 [pi]	카 [ka]	드 [deu]	토 [to]	마 [ma]	토 [to]
보	리			커	피					
								토	마	토
		파	도							
						카	드			

쓰기 연습

모음 / 자음	ㅏ [a]	ㅑ [ya]	ㅓ [eo]	ㅕ [yeo]	ㅗ [o]	ㅛ [yo]	ㅜ [u]	ㅠ [yu]	ㅡ [eu]	ㅣ [i]
ㄲ [kk]	까 [kka]									
ㄸ [tt]			떠 [tteo]							
ㅃ [pp]					뽀 [ppo]					
ㅆ [ss]							쑤 [ssu]			
ㅉ [jj]									쯔 [jjeu]	

쓰기 연습

까 [kka]	치 [chi]	꼬 [kko]	리 [ri]	뜨 [tteu]	다 [da]	따 [tta]	다 [da]	빠 [ppa]	르 [reu]	다 [da]
까	치							빠	르	다
		꼬	리							
				뜨	다					
						따	다			

뿌 [ppu]	리 [ri]	아 [a]	빠 [ppa]	싸 [ssa]	다 [da]	쓰 [sseu]	다 [da]	아 [a]	저 [jeo]	씨 [ssi]
뿌	리							아	저	씨
				싸	다					
						쓰	다			
		아	빠							

가 [ga]	짜 [jja]	버 [beo]	찌 [jji]	사 [sa]	또 [tto]	뽀 [ppo]	뽀 [ppo]	아 [a]	가 [ga]	씨 [ssi]
가	짜									
		버	찌					아	가	씨
				사	또					
						뽀	뽀			

쓰기 연습

개 [gae]	미 [mi]	세 [se]	수 [su]	체 [che]	조 [jo]	사 [sa]	과 [gwa]	쉬 [swi]	어 [eo]	요 [yo]
개	미			체	조					
		세	수							
								쉬	어	요
						사	과			

재 [jae]	미 [mi]	시 [si]	계 [gye]	얘 [yae]	기 [gi]	쉬 [swi]	다 [da]	예 [ye]	쁘 [ppeu]	다 [da]
재	미							예	쁘	다
		시	계							
				얘	기					
						쉬	다			

과 [gwa]	자 [ja]	그 [geu]	네 [ne]	회 [hoe]	의 [ɯi]	뛰 [ttwi]	다 [da]	외 [oe]	래 [rae]	어 [eo]
과	자									
		그	네							
				회	의			외	래	어
						뛰	다			

2. 음절의 구성과 음운의 활용 Silbenaufbau und Konjugation

2.1 음절의 구성 Silbenaufbau

한국어의 여러 받침은 [ㄱ, ㄴ, ㄷ, ㄹ, ㅁ, ㅂ, ㅇ]의 7개 대표음(Repräsentativer Laut)만 발음한다. 이 이외의 겹자음은 이 일곱 자음 중의 하나로 바뀌며 모음으로 시작되는 조사(책을[채글]), 어미(신다[신따] → 신어서[시너서]), 접미사(저녁녘[저녁녁] → 저녁녘에[저녁녀케])와 결합되는 경우에는 뒤 음절 첫소리로 옮겨 발음한다.

1) 홑받침 Auslautkonsonanten

홑받침	음가	예
ㄱ, ㅋ	[ㄱ : k]	책[책; chaek], 부엌[부억; bueok]
ㄴ	[ㄴ : n]	선생님[선생님; seonsaengnim]
ㄷ, ㅅ, ㅈ, ㅊ, ㅌ, ㅎ	[ㄷ : t]	걷다[거따; geotta], 옷[옫; ot], 낮[낟; nat], 꽃[꼳; kkot], 밑[믿; mit], 좋다[조타; jota]
ㄹ	[ㄹ : l]	거울[거울; geoul]
ㅁ	[ㅁ : m]	밤[밤; bam]
ㅂ, ㅍ	[ㅂ : p]	밥[밥; bap], 앞[압; ap]
ㅇ	[ㅇ : ng]	동생[동생; dongsaeng]

① ㄱ, ㄲ, ㅋ → ㄱ[k] :

책[책; chauk] - 책을[채글; chaegeul]

약속[약쏙; yakssok] - 약속으로[약쏘그로; yakssogeuro]

부엌[부억; bueok] - 부엌에[부어케; bueoke]

* 모음과 결합되는 경우에는 받침 ㄱ, ㄲ, ㅋ → ㄱ[k]으로, 뒤 음절 첫소리로 옮겨 발음한다.

② ㄴ → ㄴ[n] :

손[손; son] - 손이[소니; soni]

인간[인간; ingan] - 인간에게[인가네게; inganege]

신다[신따; sintta] - 신어서[시너서; sineoseo]

* 모음과 결합되는 경우에는 받침 ㄴ을 뒤 음절 첫소리로 옮겨 발음한다.

③ ㄷ, ㅅ, ㅆ, ㅈ, ㅊ, ㅌ, ㅎ → ㄷ[t] :

믿다[미따; mitta] – 믿으니[미드니; mideuni]

옷[옫; ot] – 옷이[오시; osi]

있다[읻따 – 이따; itta] – 있으면[이쓰면; isseumyeon]

낮[낟; nat] – 낮에[나제; naje]

꽃[꼳; kkot] – 꽃에[꼬체; kkoche]

끝[끋; kkeut] – 끝으로[끄트로; kkeuteuro]

좋다[조타; jota] – 좋은[조은; joeun]

* ‘ㅎ’이 ‘ㅂ, ㄷ, ㅈ, ㄱ’과 결합되는 경우에는 [ㅂ] → [ㅍ], [ㄷ] → [ㅌ], [ㅈ] → [ㅊ], [ㄱ] → [ㅋ]으로 바뀌고, 모음과 결합되는 경우에는 ㄷ, ㅅ, ㅆ, ㅈ, ㅌ, ㅎ을 뒤 음절 첫소리로 옮겨 발음한다.

④ ㄹ → [l] / [r]:

물[물; mul] – 물에[무레; mure]

얼굴[얼굴; eolgul] – 얼굴이[얼구리; eolguri]

* 모음과 결합되는 경우에는 받침 ‘ㄹ’을 [r]로 발음한다. 즉 ‘ㄹ’이 초성에서는 [r]로, 종성에서는 [l]로, ‘ㄹ’ 받침이 모음으로 시작되는 조사, 어미, 접미사와 결합되는 경우에는 초성 [r]로 발음한다.

⑤ ㅁ → ㅁ[m]:

마음[마음; maeum] – 마음이[마으미; maeumi]

봄[봄; bom] – 봄에[보메; bome]

* 모음과 결합하는 경우에는 받침 ㅁ[m]을 뒤 음절 첫소리로 옮겨 발음한다.

⑥ ㅂ, ㅍ → ㅂ[p]:

집[집; jip] – 집에[지베; jibe]

앞[압; ap] – 앞으로[아프로; apeuro]

* 모음과 결합하는 경우에는 받침 ㅂ, ㅍ을 뒤 음절 첫소리 ㅂ[b], ㅍ[p]로 옮겨 발음한다.

⑦ ㅇ → ㅇ[ng]:

방[방; bang] – 방에서[방에서; bangeseo]

공항[공항; gonghang] - 공항에서[공항에서; gonghangeseo]

2) **겹받침** Doppel-und Zusammengesetzte Konsonanten

겹받침은 어말 또는 자음 앞에서 하나만 발음된다.

겹받침	음가	예
ㄲ	[ㄱ : k]	닦다[닥따 : daktta]
ㅆ	[ㄷ : t]	있다[읻따/이따 : itta]
ㄳ	[ㄱ : k]	몫[목 : mok]
ㄵ	[ㄴ : n]	앉다[안따 : antta]
ㄶ	[ㄴ : n]	많다[만타 : manta]
ㄺ	[ㄱ/ㄹ : k/l]	읽다[익따 : iktta]/읽어[일거 : ilgeo]
ㄻ	[ㅁ/ㄹ : m/l]	젊다[점따 : jeomtta]/젊어[절머 : jeolmeo]
ㄼ	[ㄹ/ㅂ : l/p]	넓다[널따 : neoltta]/밟다[밥따 : baptta]
ㄽ	[ㄹ : l]	외곬수[외골쑤 : oegolssu]
ㄾ	[ㄹ : l]	핥다[할따 : haltta]
ㄿ	[ㅂ : p]	읊다[읍따 : euptta]
ㅀ	[ㄹ : l]	옳다[올타 : olta]
ㅄ	[ㅂ : p]	없다[업따 : eoptta]

* 겹받침 중 첫 자음이 발음되는 것, 끝 자음이 발음되는 것, 그리고 앞 또는 뒷 자음이 다 발음되는 것은 다음과 같다.

① 첫 자음이 발음되는 것

ㄳ → ㄱ[k] : 몫[목; mok] - 몫으로[목스로; mokseuro]

ㄵ → ㄴ[n] : 앉다[안따; antta] - 앉아서[안자서; anjaseo]

ㄶ → ㄴ[n] : 많다[만타; manta] - 많으면[마느면; maneumyeon]

ㄽ → ㄹ[l] : 외곬[외골; yogol] - 외곬으로[외골쓰로; yogolsseuro]

ㄾ → ㄹ[l] : 훑다[훌타; hulta] - 훑으니[훌트니; hulteuni]

ㅀ → ㄹ[l] : 잃다[일타; ilta] - 잃어서[이러서; ireoseo]

ㅄ → ㅂ[p] : 없다[업따; eoptta] - 없으니까[업쓰니까; eopsseunikka]

② 끝 자음이 발음되는 것

ㄻ → ㅁ[m] : 젊다[점따; jeomtta] - 젊어서[절머서; jeolmeoseo]

ㄿ → ㅂ[p] : 읊다[읍따; euptta] - 읊어[을퍼; eulpeo]

③ 앞 또는 뒷 자음을 다 발음하는 것

ㄼ → ㄹ[l] : 얇다[얄따; yaltta] - 얇아서[얄바서; yalbaseo]

→ ㅂ[p] : 밟다[밥따; baptta] - 밟아서[발바서; balbaseo]

ㄺ → ㄹ[l] : 밝다[발따; baltta] - 밝고[발꼬; balkko] - 밝은[발근; balgeun]

→ ㄱ[k] : 흙[흑; heuk] - 흙으로[흘그로; heolgeuro]

홑받침 쓰기 연습

논	문	걷	다	구	름	무	릎	숟	가	락
[non]	[mun]	[geot]	[da]	[gu]	[reum]	[mu]	[reup]	[sut]	[ga]	[rak]

병	원	입	술	상	품	달	걀	한	국	어
[byeong]	[won]	[ip]	[sul]	[sang]	[pum]	[dal]	[gyal]	[hang]	[guk]	[eo]

잠	수	낱	말	창	문	필	통	선	생	님
[jam]	[su]	[nat]	[mal]	[chang]	[mun]	[pil]	[tong]	[seon]	[saeng]	[nim]

홑 · 겹받침 쓰기 연습

책	편	지	신	문	잡	지	읽	다	듣	다
[chaek]	[yeon]	[ji]	[sin]	[mun]	[jap]	[ji]	[il]	[da]	[deut]	[da]

낮	많	다	적	다	있	다	없	다	닭	다
[nat]	[man]	[da]	[jeok]	[da]	[it]	[da]	[eop]	[da]	[dak]	[da]

밥	부	엌	않	다	젊	다	늙	다	밟	다
[bap]	[bu]	[eok]	[an]	[da]	[jeom]	[da]	[neuk]	[da]	[bal]	[da]

2.2 음운의 활용 Konjugation

한 음운의 앞과 뒤에서 어떤 소리와 만나느냐에 따라 그 소리가 달라지는데 이런 현상을 음운의 변동 또는 활용이라 한다. 이 음운의 변동은 규칙적 활용(모음조화, 축약과 탈락, 자음동화, 경음화, 격음화와 구개음화)과 불규칙활용이 있다.

1) 규칙활용 Regelmäßige Konjugation

① 모음조화 Vokalharmonie

양성모음(ㅏ, ㅗ)은 양성모음끼리, 음성모음(ㅓ, ㅜ, ㅡ, ㅣ, ㅚ, ㅟ)은 음성모음끼리 어울리는 현상이다. 주로 의태어나 의성어(예 : 파랗다 – 퍼렇다) 그리고 어미(연결어미, 종결어미)에서 이런 현상이 일어난다.

	선행모음	후행모음	예[발음]
양성모음	ㅏ	ㅏ	잡다 → 잡+아요 → 잡아요[자바요; jabayo]
			→ 잡+았다 → 잡았다[자바따; jabatta]
			→ 잡+아서 → 잡아서[자바서; jabaseo]
			→ 잡+아도 → 잡아도[바빠도; bappado]
			→ 잡+아야 → 잡아야[자바야; jabaya]
	ㅗ		보다 → 보+아요 → 보아요/봐요[바요; bayo]
음성모음	ㅓ	ㅓ	먹다 → 먹+어요 → 먹어요[머거요; meogeoyo]
			→ 먹+었다 → 먹었다[머거따; meogeotta]
			→ 먹+어서 → 먹어서[머거서; meogeoseo]
			→ 먹+어도 → 먹어도[머거도; meogeodo]
			→ 먹+어야 → 먹어야[머거야; meogeoya]
	ㅜ		나누다 → 나누+어서 → 나누어서[나누어서; nanueoseo]
	ㅡ		쓰다 → 쓰+어요 → 쓰어요 → 써요[써요; sseoyo]
	ㅣ		신다 → 신+었다 → 신었다[시너따; sineotta]
	ㅚ		되다 → 되+어서 → 되어서[되어서; sineoseo]
	ㅟ		쉬다 → 쉬+어요 → 쉬어요[쉬어요; swieoyo]

② 축약과 탈락 Abkürzung und Ausfallen

축약은 두 음정이 줄어서 한 음절로 소리나는 것이고, 탈락은 두 음절 중 한 음절이 떨어지는 것이다.

<축약>

선행모음	후행모음	축약	예
ㅗ	ㅏ	ㅘ	보다 → 보+았다 → 보았다 → 봤다 → 보+아 → 보아 → 봐 → 보+아서 → 보아서 → 봐서 → 보+아도 → 보아도 → 봐도 → 보+아야 → 보아야 → 봐야
ㅜ	ㅓ	ㅝ	주다 → 주+었다 → 주었다 → 줬다
ㅣ	ㅓ	ㅕ	기다리다 → 기다리+어야 → 기다리어야 → 기다려야
ㅣ	ㅗ	ㅛ	아니다 → 아니+오 → 아니오 → 아뇨

<탈락>

선행모음	후행모음	탈락	예
ㅏ	ㅏ	ㅏ	가다 → 가+았다 → 갔다[가따; gatta] → 가+아서 → 가서[가서; gaseo] → 가+아도 → 가도[가도; gado] → 가+아야 → 가야[가야; gaya]
ㅓ	ㅓ	ㅓ	서다 → 서+었다 → 섰다[서따; seotta]
ㅡ	ㅓ	ㅡ	쓰다 → 쓰+었다 → 썼다[써따; sseotta]
ㅣ	ㅏ	ㅣ	크지 않다 → 크잖다[크잔타; keujanta]

③ 자음동화 Konsonantenassimilation

음절 끝 자음이 그 뒤에 오는 자음과 만날 때, 어느 한 쪽 자음이 다른 쪽 자음을 닮아서 그와 비슷한 소리로 바뀌거나 같은 소리로 바뀌기도 하고, 양쪽이 서로 닮아서 두 소리가 다 바뀌기도 한다. 이러한 현상을 자음동화라 한다.

• /ㅂ, ㄷ, ㄱ/ + /ㅁ, ㄴ/ → [ㅁ, ㄴ, ㅇ] + [ㅁ, ㄴ]

예) 'ㅂ' + /ㅁ, ㄴ/ → [ㅁ] + [ㅁ]; 입맛[임맏; immat]

'ㄷ' + /ㅁ, ㄴ/ → [ㄴ] + [ㄴ]; 믿는다[민는다; minneunda]

'ㄱ' + /ㅁ, ㄴ/ → [ㅇ] + [ㅁ]; 박물관[방물관; bangmulgwan]

• /ㅁ, ㅇ/ + 'ㄹ' → [ㅁ, ㄴ] + [ㄴ]

예) /ㅁ/ + ‘ㄹ’ → [ㅁ] + [ㄴ]; 금리[금니; geumni]

/ㅇ/ + ‘ㄹ’ → [ㅇ] + [ㄴ]; 종로[종노; jongno]

· /ㅂ, ㄱ/ + ‘ㄹ’ → /ㅂ, ㄱ/ + /ㄴ/ → [ㅁ, ㅇ] + [ㄴ]

예) /ㅂ/ + ‘ㄹ’ → /ㅂ/ + /ㄴ/ → [ㅁ] + [ㄴ]; 협력[혐녁; hyemnyek]

/ㄱ/ + ‘ㄹ’ → /ㄱ/ + /ㄴ/ → [ㅇ] + [ㄴ]; 목록[몽녹; mongnok]

· /ㄴ/ + /ㄹ/ → [ㄴ] + [ㄴ]; 판단력[판단녁; pandannyek]

· /ㄴ/ + /ㄹ/, [ㄹ] + [ㄴ] → [ㄹ] + [ㄹ], [ㄹ] + [ㄹ]

예) /ㄴ/ + /ㄹ/ → [ㄹ] + [ㄹ]; 인류[일류; ilryu]

/ㄹ/ + /ㄴ/ → [ㄹ] + [ㄹ]; 실내[실래; silrae]

④ 경음화 Tensification(aus Englisch)

두 개의 무성음이 만날 때 뒤의 소리는 경음화(ㅃ, ㄸ, ㅉ, ㅆ, ㄲ)가 되고, 무성음과 유성음이 만날 때는 경음화가 되는 것도 있고 유성음화가 되는 것도 있다.

· 무성음 +무성음

ㅂ + ㅂ → [ㅂ] + [ㅃ]; 십분[십뿐; sipppun]

+ ㄷ → [ㅂ] + [ㄸ]; 입대[입때; ipttae]

+ ㅈ → [ㅂ] + [ㅉ]; 답장[답짱; dapjjang]

+ ㅅ → [ㅂ] + [ㅆ]; 밥상[밥쌍; bapssang]

+ ㄱ → [ㅂ] + [ㄲ]; 입국[입꾹; ipkkuk]

ㄷ + ㅂ → [ㄷ] + [ㅃ]; 돋보기[돋뽀기/도뽀기; dtppogi]

+ ㄷ → [ㄷ] + [ㄸ]; 믿다[믿다/미따; mitta]

+ ㅈ → [ㄷ] + [ㅉ]; 걷자[걷짜/거짜; geojja]

+ ㅅ → [ㄷ] + [ㅆ]; 맏사위[맏싸위/마싸위; massawi]

+ ㄱ → [ㄷ] + [ㄲ]; 듣고[듣꼬/드꼬; deukko]

ㄱ + ㅂ → [ㄱ] + [ㅃ]; 학부모[학뿌모; hakppumo]

+ ㄷ → [ㄱ] + [ㄸ]; 식당[식땅; sikttang]

+ ㅈ → [ㄱ] + [ㅉ]; 학자[학짜; hakjja]

+ ㅅ → [ㄱ] + [ㅆ]; 학생[학쌩; hakssaeng]

+ ㄱ → [ㄱ] + [ㄲ]; 학교[학꾜/하꾜; hakkyo]

· 유성음 + 무성음

ㅁ + /ㅂ, ㄷ, ㅈ, ㅅ, ㄱ/ → [ㅁ] + [ㅃ]; 봄볕[봄뼏; bomppyeot]

ㄴ + /ㅂ, ㄷ, ㅈ, ㅅ, ㄱ/ → [ㄴ] + [ㅃ]; 문법[문뻡; munppeop]
ㅇ + /ㅂ, ㄷ, ㅈ, ㅅ, ㄱ/ → [ㅇ] + [ㄸ]; 용돈[용똔; yongtton]

⑤ 격음화 Aspiration

평음 /ㅂ, ㄷ, ㄱ, ㅈ/이 'ㅎ' 앞 뒤에서 격음화하여 격음[ㅍ, ㅌ, ㅋ, ㅊ]으로 발음된다.

- ㅂ + ㅎ → [ㅍ]; 입학[이팍; ipak]
- ㄷ + ㅎ, ㅎ + ㄷ → [ㅌ]; 맏형[마텽; matyeong], 빨갛다[빨가타; ppalgata]
- ㅈ + ㅎ, ㅎ + ㅈ → [ㅊ]; 앉히다[안치다; anchida], 옳지[올치; olchi]
- ㄱ + ㅎ, ㅎ + ㄱ → [ㅋ]; 축하하다[추카하다; chukahada], 많군[만쿤; mankun]

⑥ 구개음화 Palatalisierung

끝소리 /ㄷ, ㅌ/이 모음 'ㅣ[i]'나 반모음 'ㅣ[j]'와 만나면 [ㅈ, ㅊ]으로 발음된다. 이런 현상을 구개음화라 한다.

- ㄷ + 이 → [지]; 해돋 + 이 → 해돋이[해도지; haedoji]
- ㅌ + 이 → [치]; 같 + 이 → 같이[가치; gachi]
- ㄷ + ㅎ + 이 → ㅌ + 이 → [치]; 닫 + 히다 → 닫히다[다치다; dachida]

2) **불규칙 활용** Unregelmäßige Konjugation

① ㄷ 불규칙 : 듣다, 묻다, 걷다, 싣다 등

<table>
<tr><td colspan="13">원형 : 듣다</td></tr>
<tr><td rowspan="2">격식체 :
ㅂ/습니다</td><td colspan="4">현재</td><td colspan="4">과거</td><td colspan="4">미래</td></tr>
<tr><td colspan="4">ㅂ/습니다 :
듣습니다</td><td colspan="4">았/었/였습니다 :
들었습니다</td><td colspan="4">-겠습니다 :
듣겠습니다</td></tr>
<tr><td>비격식체:
아/어/여요</td><td colspan="4">아/어/여요 :
들어요/들으세요</td><td colspan="4">았/었/였어요 :
들었어요/들으셨어요</td><td colspan="4">-겠어요 :
듣겠어요</td></tr>
<tr><td>화법동사</td><td colspan="3">ㄹ수 있다 :
들을 수 있다</td><td colspan="3">ㄹ수 없다 :
들을 수 없다</td><td colspan="3">고 싶다 :
듣고 싶다</td><td colspan="3">아/어/여야 하다 :
들어야 한다</td></tr>
<tr><td>연결어미</td><td colspan="3">고 : 듣고</td><td colspan="3">지만 : 듣지만</td><td colspan="3">아/어/여서 : 들어서</td><td colspan="3">(으)면 : 들으면</td></tr>
</table>

② ㄹ 불규칙 : 살다, 만들다, 놀다, 멀다, 졸다 등

<table>
<tr><td colspan="5">원형 : 살다</td></tr>
<tr><td rowspan="2">격식체 :
ㅂ/습니다</td><td colspan="2">현재</td><td>과거</td><td>미래</td></tr>
<tr><td colspan="2">ㅂ/습니다 :
삽니다</td><td>았/었/였습니다 :
살았습니다</td><td>-겠습니다 :
살겠습니다</td></tr>
<tr><td>비격식체:
아/어/여요</td><td colspan="2">아/어/여요 :
살아요/사세요</td><td>았/었/였어요 :
살았어요/사셨어요</td><td>-겠어요 :
살겠어요</td></tr>
<tr><td>화법동사</td><td>ㄹ수 있다 :
살 수 있다</td><td>ㄹ수 없다 :
살 수 없다</td><td>고 싶다 :
살고 싶다</td><td>아/어/여야 하다 :
살아야 한다</td></tr>
<tr><td>연결어미</td><td>고 : 살고</td><td>지만 : 살지만</td><td>아/어/여서 : 살아서</td><td>(으)면 : 살면</td></tr>
</table>

③ ㅂ 불규칙 : 덥다, 춥다, 무겁다, 고맙다, 어렵다, 아름답다 등

<table>
<tr><td colspan="5">원형 : 무겁다</td></tr>
<tr><td rowspan="2">격식체 :
ㅂ/습니다</td><td colspan="2">현재</td><td>과거</td><td>미래</td></tr>
<tr><td colspan="2">ㅂ/습니다 :
무겁습니다</td><td>았/었/였습니다 :
무거웠습니다</td><td>-겠습니다 :
무겁겠습니다</td></tr>
<tr><td>비격식체:
아/어/여요</td><td colspan="2">아/어/여요 :
무거워요/무거우세요</td><td>았/었/였어요 :
무거웠어요/무거우셨어요</td><td>-겠어요 :
무겁겠어요</td></tr>
<tr><td>화법동사</td><td>ㄹ수 있다 :
무거울 수 있다</td><td>ㄹ수 없다 :
무거울 수 없다</td><td>고 싶다 :
무겁고 싶다</td><td>아/어/여야 하다 :
무거워야 한다</td></tr>
<tr><td>연결어미</td><td>고 :
무겁다고</td><td>지만 :
무겁지만</td><td>아/어/여서 :
무거워서</td><td>(으)면 :
무거우면</td></tr>
</table>

④ ㅅ 불규칙 : 짓다, 붓다, 젓다, 잇다, 긋다 등

<table>
<tr><td colspan="5">원형 : 짓다</td></tr>
<tr><td rowspan="2">격식체 :
ㅂ/습니다</td><td colspan="2">현재</td><td>과거</td><td>미래</td></tr>
<tr><td colspan="2">ㅂ/습니다 :
짓습니다</td><td>았/었/였습니다 :
지었습니다</td><td>-겠습니다 :
짓겠습니다</td></tr>
<tr><td>비격식체:
아/어/여요</td><td colspan="2">아/어/여요 :
지어요/지으세요</td><td>았/었/였어요 :
지었어요/지으셨어요</td><td>-겠어요 :
짓겠어요</td></tr>
<tr><td>화법동사</td><td>ㄹ수 있다 :
지을 수 있다</td><td>ㄹ수 없다 :
지을 수 없다</td><td>고 싶다 :
짓고 싶다</td><td>아/어/여야 하다 :
지어야 한다</td></tr>
</table>

연결어미	고 : 짓고	지만 : 짓지만	아/어/여서 : 지어서	(으)면 : 지으면

⑤ ㅎ 불규칙 : 빨갛다, 파랗다, 하얗다, 노랗다, 그렇다, 이렇다, 저렇다 등

원형 : 하얗다				
격식체 : ㅂ/습니다	현재	과거	미래	
	ㅂ/습니다 : 하얗습니다	았/었/였습니다 : 하얬습니다	-겠습니다 : 하얗겠습니다	
비격식체: 아/어/여요	아/어/여요 : 하얘요/하야세요	았/었/였어요 : 하얬어요/하야셨어요	-겠어요 : 하얬겠어요	
화법동사	ㄹ수 있다 : 하얄 수 있다	ㄹ수 없다 : 하얄 수 없다	고 싶다 : 하얗고 싶다	아/어/여야 하다 : 하해야 한다
연결어미	고 : 하얗고	지만 : 하얗지만	아/어/여서 : 하해서	(으)면 : 하야면

⑥ 르 불규칙 : 모르다, 다르다, 고르다, 자르다, 부르다, 바르다 등

원형 : 다르다				
격식체 : ㅂ/습니다	현재	과거	미래	
	ㅂ/습니다 : 다릅니다	았/었/였습니다 : 달랐습니다	-겠습니다 : 달랐겠습니다	
비격식체: 아/어/여요	아/어/여요 : 달라요/다르세요	았/었/였어요 : 들달랐어요/다르셨어요	-겠어요 : 다르겠어요	
화법동사	ㄹ수 있다 : 다를 수 있다	ㄹ수 없다 : 다를 수 없다	고 싶다 : 다르고 싶다	아/어/여야 하다 : 달라야 한다
연결어미	고 : 다르고	지만 : 다르지만	아/어/여서 : 달라서	(으)면 : 다르면

⑦ 으 불규칙 : 쓰다, 아프다, 예쁘다, 크다, 바쁘다, 끄다 등

원형 : 바쁘다			
격식체 : ㅂ/습니다	현재	과거	미래
	ㅂ/습니다 : 바쁩니다	았/었/였습니다 : 바빴습니다	-겠습니다 : 바빴겠습니다

비격식체: 아/어/여요	아/어/여요 : 바빴어요/바쁘세요	았/었/였어요 : 바빴어요/바쁘셨어요		-겠어요 : 바빴겠어요
화법동사	ㄹ수 있다 : 바쁠 수 있다	ㄹ수 없다 : 바쁠 수 없다	고 싶다 : 바쁘고 싶다	아/어/여야 하다 : 바빠야 한다
연결어미	고 : 바쁘고	지만 : 바쁘지만	아/어/여서 : 바빠서	(으)면 : 바쁘면

3. **문장** Aufsatz

한국어는 체언(주어 : 명사, 대명사, 수사), 용언(서술어 : 동사, 형용사, 서술격 조사 '이다'), 수식어(관형사, 부사), 관계언(조사)과 독립어(감탄사)의 9품사가 존재한다.

문장성분으로는 주성분(피수식어 : 주어, 목적어, 서술어, 보어)과 부속성분(수식어 : 관형어, 부사어)으로 나뉜다.

1) **한국어 문장의 어순** Satzfolge

한국어 문장의 일반적인 어순은 주어(체언 + 조사) + 목적어(체언 + 조사) + 서술어(용언)이고 한국어의 기본문형은 서술어가 결정한다.

① 주어 + 목적어 + 서술어

예) 학생들이 공부를 합니다.

[학쌩드리 공부를 합니다; hakssaengdeuri gongbureul hamnida]

② 주어 + 보어 + 서술어

예) 아들이 선생님이 되었다.

[아드리 선생니미 되어따; adeuri seonsaengnimi doeeotta]

③ 주어 + 필수부사어 + 서술어

예) 이 옷이 너에게 잘 어울린다.

[이오시 너에게 잘 어울린다; iosi neoege jal eoulrinda]

④ 주어 + 목적어 + 필수부사어 + 서술어

예) 오빠는 내 친구를 아내로 맞이했다.

[오빠는 내칭구를 아내로 마지해따; oppaneun naechinggureul anaero majihaetta]

⑤ 주어 + 서술절(주어2 + 서술어)

예) 토끼는 귀가 길다

[토끼는 귀가 길다; tokkineun gwiga gilda]

- 문장 성분의 종류

① 문장에서 가장 중요한 필수적 성분

주 어 : '무엇이', '누가'에 해당하는 말

서술어 : '어찌하다, 어떠하다, 무엇이다'에 해당하는 말

목적어 : '무엇을, 누구를'에 해당하는 말

보 어 : '아니다', '되다', 앞의 '무엇이', '누가'에 해당하는 말

② 가장 중요한 성분의 내용을 꾸며주는 생략 가능한 성분

관형어 : '어떠한', '무엇의'와 같이 체언을 수식하는 말

부사어 : '어떻게', '어찌'와 같이 용언을 한정하는 말

③ ①, ②와 달리 따로 떨어져 있으며 생략 가능한 성분

독립어 : 느낌이나 부름, 대답을 표현하는 말

2) **한국어의 문장 특징** Satzeigenschaften des Koreanischen

한국어는 일반적으로 주어와 목적어 뒤에 조사가 동반되고 높임말인 경어법이 발달되어 있으며 주어는 생략이 가능하다. 그리고 어순이 고정적이지 않고 비교적 자유로운 편이지만 다음과 같은 문장의 어순은 고정적이다.

① 수식어(관형사, 부사) - 피수식어(체언, 용언)

예) 재미있는 책(수식어 : 재미있는 - 피수식어 : 책)

나는 재미있는 책을 읽는다.

[나는 재미인는 채글 잉는다; naneun jaemiinneun chaegeul ingneunda]

② 본용언 - 보조용언

예) 읽고 있다.(본용언 : 읽다 - 보조용언 : 있다)

나는 재미있는 책을 읽고 있다.

[나는 재미인는 채글 일꼬이따; naneun jaemiinneun chaegeul ilkkoitta]

③ 큰 의미 - 작은 의미

예) 서울시 강남구 청담동(시 - 구 - 동)

나의 주소는 서울시 강남구 청담동 한신아파트 121동 302호이다.

[나에 주소는 서울시 강남구 청담동 한신아파트 백 이십 일똥 삼백 이호이다;

nae jusoneun seoulsi gangnamgu cheongolamdong hansinapat baek isip ilttong sambaek ihoida]

3) **두 문장 이상의 연결** Satzverknüpfung

한국어에서 문장의 서술어인 용언은 평서형, 의문형, 명령형, 청유형의 종결어미가 있고, 두 문장 이상이 연결 될 경우, 서술어에 비종결어미인 연결어미로 두 문장을 연결한다.

예) 나는 선물을 샀다. + 나는 선물을 친구에게 주었다.

→ 나는 선물을 사서 친구에게 주었다.(연결어미 : 아/어서)

[나는 선무를 사서 칭구에게 주어따; naneun seonmureul saseo chingguege jueotta]

인사

안	녕	하	십	니	까	?					

[안녕하십니까; annyeonghasimnikka] Guten Tag!

반	갑	습	니	다	.						

[반갑씁니다; bangapsseumnida] Ich freue mich, Sie kennen zu lernen.

제		이	름	은		뮐	러	입	니	다	.

[제 이름은 뮐러입니다; je ireumeun mwilreoimnida] Mein Name ist Müller.

저	는		독	일		사	람	입	니	다	.

[저는 도길싸람입니다; jeneun dogilssaramimnida] Ich bin Deutscher.

저	는		대	학	생	입	니	다	.		

[저는 대학쌩입니다; jeneun daehakssaengimnida] Ich bin Student.

요	즘		어	떻	게		지	내	십	니	까	?	

[요즘 어떠케 지내심니까; yojeum eotteoke jinaesimnikka] Wie geht's Ihnen?

잘		지	냅	니	다	.							

[잘 지냄니다; jal jinaemnida] Es ist mir gut.

부	모	님	께	서	도		안	녕	하	십	니	까	?

[부모님께서도 안녕하심니다; bumonimkkeseodo anyeonghasimnida] Geht es Ihren Eltern gut?

네	,	안	녕	하	십	니	다	.					

[네 안녕하심니다; ne annyeonghasimnida] Ja, es geht meinen Eltern gut.

안	녕	하	십	니	까	?			

[안녕하십니까; annyeonghasimnikka]] Guten Tag!

처	음		뵙	겠	습	니	다	.	

[처음 뵙겓씀니다; cheoeum boepkketsseumnida] Es freut mich, Sie zu sehen.

저	는		뮐	러	입	니	다	.	

[저는 뮐러임니다; jeoneun muilreoimnida] Ich bin Müller.

만	나	서		반	갑	습	니	다	.

[만나서 반갑씀니다; mannaseo banggapsseumnida] Sehr angenehm.

안	녕	히		가	십	시	오	.	

[안녕히가십씨오; annyeonghigasipssio] Tschüss!

안	녕	히		계	십	시	오	.	

[안녕히계십씨오/게십씨오; annyeonghigyesipssio] Auf Wiedersehen!

또		뵙	겠	습	니	다	.		

[또뵙께씀니다; ttoboepkkesseumnida] Auf Wiedersehen!/Sehen wir uns nachher!

실	례	합	니	다	.
[실례/실례합니다; silryeo/silrehamnida] Entschuldigung!					

미	안	합	니	다	.
[미안합니다; mianhamnida] Es tut mir sehr leid.					

괜	찮	습	니	다	.
[괜찬씀니다; gaenchansseumnida] Das macht nichts.					

고	맙	습	니	다	.
[고맙씀니다; gomapsseumnida] Danke schön!					

청유/명령

시	작	합	시	다	.			

[시작합씨다; sijakhakssida] Fangen Sie bitte an!

공	부	합	시	다	.			

[공부합씨다; gongbuhapssida] Arbeiten Sie bitte!

쓰	십	시	오	.				

[쓰십씨오; sseusipssio] Schreiben Sie bitte!

읽	으	십	시	오	.			

[일그십씨오; ilgeusipssio] Lesen Sie bitte!

목차 Inhalt

	김 교수님 계십니까? Ist Frau Professorin Kim zu Hause?	시/시간 N에(시간) N쯤 A/V-았/었/였(했) 동사의 축약 N이 아니라 N예요/이에요 안 V -겠-	전화 Am Telefon
5	내 방에는 여러 가지 물건들이 있습니다. In meinem Zimmer gibt es viele Sachen.	앞/뒤/옆/위/아래/왼쪽/오른쪽/맞은편/ 건너편 N(으)로 사물의 단위(개, 권, 장 등)	가구 및 주거지 Möbel und Wohnort
6	내 딸은 예뻐요. Meine Tochter ist schön.	나이 : 살/세 정도/쯤 착용동사 -지 않다 V지 마세요/지 마십시오 -(으)ㄴ/는 N(관형사형 어미 1)	외모 Aussehen 성격 Charaktereigenschaft
7	내일 뭐 해요? Was machen sie morgen?	날짜 -(으)ㄴ/ㄹ N(관형사형 어미 2) V(으)ㄹ거예요/겁니다/것이다 -(이)지요./? V거나 N(이)나 (으)ㄹ 수 있다 ↔ (으)ㄹ 수 없다 -아/어/예(해)서/니까	생필품 Lebensmittel 단위 Mengenangaben
8	어제 뭐 했어요? Was haben Sie gestern gemacht?	어떤/무슨 N 뭐 V(으)ㄴ 적이 있다 ↔ V(으)ㄴ 적이 없다 Vㄹ까요?/(으)ㄹ래요? V(으)ㅂ시다	건물 Gebäude 상점/가게 Geschäft/Laden

		V아/어/여(해)야 하다/되다 V아/어/여(해)야겠다 A(으)ㄴ데/V는데/N인데	
9	어떤 운동을 좋아합니까? Welchen Sport mögen Sie?	못V -지 못하다 V기 좋아하다 제일/가장 좋아하다 ↔ 제일 싫어하다/전혀 안 좋아하다 N(으)로 V(으)ㄴ/는 것 -(으)면 N이면/마다 움직임과 관련된 동사의 변화형	운동 Sport
10	조리사가 되고 싶어요. Ich möchte Köchin werden.	-네요 V(으)ㄴ지 V기 전에 V(으)ㄴ 후에 -(으)며/면서 V고 싶다 ↔ V고 싶지 않다 V고 싶어 하다	식당 Restaurant
11	어느 계절을 좋아해요? Welche Jahreszeiten mögen Sie?	N 때문에/V기 때문에 -기 때문이다/왜냐하면 -기 때문이다 N보다 더 Vㄴ/는다고 해요/N(이)라고 해요 Vㄴ/는다고 하던데	계절 Jahreszeit
12	날씨는 어떻습니까? Wie ist das Wetter?	N처럼/같이 -(으)ㄴ/는/ㄹ 것 같다 -아/어 지다 V기로 하다 V(으)러 V(으)려고 하다 -군요	의류 Kleidung 모양 Form

		V ㄹ 것이라고 한다/합니다 N부터 N까지	
13	지하철을 타는 게 좋은 것 같아요. Es ist besser, mit der U-Bahn zu fahren.	그러나/하지만 V(으)ㄴ적이 있다 ↔ 없다 A(으)ㄴ/는 편이다	교통 Verkehr
14	어떤 동물을 키우고 싶어요? Welche Tiere mögen Sie haben?	V(으)ㄴ/는 듯하다 V ㄴ/는 다는 점이다/-는 다는 것이다 V곤/고는 하다/했다 -더니(만)	동물 Tier 동물소리 Tiergeräusche
15	몸이 좋지 않아요. Ich fühle mich nicht wohl.	V더라도 -(으)ㄴ/는데도/-(으)ㄴ데도 불구하고 V다가(는) V지 말다/-지 말자	신체 Körper
16	한국의 전통음악 체험 Erlebnis der koreanischen traditionellen Musik.	-(으)ㄴ데요	악기 Musikinstrument
17	어떤 음식을 즐겨 먹어요? Welche Speise essen Sie gerne?	-(으)ㄹ 때	취미 Hobby
18	한국의 잔치문화 Koreanische Partykultur.	-거든요 매번/항상/언제나 N에 따라	기념일 Feiertag
19	다양한 문화의 수용 Kulturenvielfalt	-(으)를 이르는 말이다 V(으)ㄴ 채 (시간)경에	지도 Landkarte
20	이 책은 무엇에 대한 것인가요? Worum geht es in diesem Text?	N란 즉/다시 말하면	대중매체 Massenkommuni-kationsmedium

Ⅱ 본문 Lektion

제1과 자기소개
Lektion 1. Sich vorstellen

김 선생님	안녕하십니까? 반갑습니다. 제 이름은 김미란입니다. 저는 한국어 선생님입니다.
학생들	안녕하십니까?
김 선생님	이름이 무엇입니까?
뮐러	제 이름은 크리스티안 뮐러입니다.
김 선생님	독일 사람입니까?
뮐러	네, 독일 사람입니다.
진백진	제 이름은 진백진입니다. 중국 사람입니다.
파타	제 이름은 담브 파타입니다. 제 고향은 몽골입니다.
왕영호	저는 중국 사람입니다. 제 이름은 왕영호입니다.
김 선생님	학생입니까?
왕영호	네, 학생입니다.
스미스	제 이름은 존 스미스입니다. 제 고향은 미국입니다.
유키	제 이름은 나카야마 유키입니다. 저는 일본 사람입니다.
김 선생님	여러분, 만나서 반갑습니다.

Lektion 1. Sich vorstellen

Lehrerin Kim	Guten Tag! Ich freue mich, Sie kennen zu lernen.
	Mein Name ist Kim Mi-Ran.
	Ich bin die Koreanischlehrerin.
Studenten	Guten Tag!
Lehrerin Kim	Wie heißen Sie?
Müller	Ich heiße Christian Müller.
Lehrerin Kim	Sind Sie Deutscher?
Müller	Ja, ich bin Deutscher.
Jin Baek-Jin	Mein Name ist Jin Baek-Jin. Ich bin Chinesin.
Pata	Ich heiße Damba Pata. Ich komme aus der Mongolei.
Wang Young-Ho	Ich bin Chinese. Mein Name ist Wang Young-Ho.
Lehrerin KIm	Sind Sie Student?
Wang Young-Ho	Ja, ich bin Student.
Smith	Mein Name ist John Smith. Ich komme aus Amerika.
Yuki	Ich heiße Yuki. Ich bin Japanerin.
Lehrerin Kim	Ich freue mich sehr, Sie alle kennen zu lernen.

문법

1. N은[eun]/는[neun]

> • 그 성분이 문장에서 주제임을 나타내거나 대조 및 강조의 뜻을 나타내는 조사
> -은 : 받침 있는 명사에서
> -는 : 모음으로 끝나는 명사에서
> **Themapartikel**
> N은 : wenn das Substantiv mit einem Konsonanten endet.
> N는 : wenn das Substantiv mit einem Vokal endet.

예) 고향은 독일입니다.
[고향은 도길임니다; gohyangeon dogilimnida]
Meine Heimat ist Deutschland.
저는 독일 사람입니다.
[저는 도길싸람임니다; jeoneun dogilssaramimnida]
Ich bin Deutscher.

2. N이[i]/가[ga]

> • 문장의 주어임을 나타내는 조사
> -이 : 받침 있는 명사에서
> -는 : 모음으로 끝나는 명사에서
> **Nominativpartikel**
> N이 : wenn das Substantiv mit einem Konsonanten endet.
> N가 : wenn das Substantiv mit einem Vokal endet.

예) 누가 뮐러 씨입니까?
[누가 뮐러씨임니까; nuga mwilreossiimnikka]
Wer ist Herr Müller?
→ 제가 뮐러입니다.

[제가 뮐러입니다; jega mwilreoimnida]

Ich bin Herr Müller.

3. N 씨[ssi]/-님[nim]

- '씨'라는 말은 성년이 된 사람의 성이나 이름 뒤에 쓰여 그 사람을 대접하여 부르는 높임말이고, '님'은 '씨'보다 더 높임의 뜻을 나타내는 호칭.

씨 : [의존명사] 남의 성이나 이름 뒤에 써서 존경의 뜻을 나타내는 말.

님 : [접미사] 남의 이름이나 호칭, 또는 다른 명사 뒤에 붙어 높임의 뜻을 나타내는 말.

Das Nominalsuffix '-씨' ist eine höffliche Anredeform mit der Bedeutung "Herr" bzw. "Frau", die bei gleichgestellten Personen, die man beim Vornamen nennt, verwendet wird. Das Honorativsuffix '-님' wird an Titeln und Amtsbezeichnungen angehängt, nicht an Namen.

'선생님' ist zusammengesetzt aus '선생' und dem Honorativsuffix '-님' und ist eine höffliche Anredeform, die bei gleich- oder höhergestellten Personen verwendet wird. Die Anrede steht hinter dem Familiennamen.

예) 안녕하십니까, 뮐러 씨?

[안녕하십니까 뮐러씨; annyeonghasimnikka muilreossi]

Guten Tag, Herr Müller?

김 선생님, 안녕하십니까?

[김선생님 안녕하십니까; gimseonsaengnim anyeonghasimnikka]

Guten Tag, Frau Kim?

4. N의[ɯi] N

- (명사와 일부 조사 뒤에서) 명사와 명사를 연결하여 앞 명사가 뒤 명사를 수식하게 하는 조사

* '의'의 발음

① 의자와 같이 첫 음절에서 자음이 앞서지 않으면 이중모음 [의; ɯi]로 발음된다.

② 자음을 첫소리로 가지는 음절의 '의'(예 : 희망, 무늬, 띄어쓰기 등)와 둘째 음절 이하 (예 : 강의, 회의 등)에서는 [이; i]로 발음된다.

③ 소유격 조사 '의'(예 : 우리의 소원)는 [에 : e]로 발음된다.

Genitivpartikel

Die Partikel '의' wird an das Normen angehängt und zeigt Zugehörigkeit oder Besitz an. Üblicherweise wird '-의' im Gespräch ausgelassen.

*Aussprache von '의'

① [ɯi] am Wort- und Silbenanfang als Diphthong (z.B. 의자[ɯija], 의사[ɯisa])

② [i] nach Konsonanten oder zweiten Silben (z.B. 희망[himang], 무늬[muni])

③ [e] am Genitivpartikel (z.B. 우리의 소원[urie sowon])

예) 나의 가족을 소개합니다.

[나에 가조글 소개함니다; nae gajogeul sogaehamnida]

Ich stelle Ihnen meine Famillie vor.

누구의 책입니까?

[누구에 채김니까; nugue chaekimnikka]

Wessen Buch ist das?

→ 친구의 책입니다.

[친구에 채김니다; chingue chaekimnida]

Es ist das Buch eines Freundes.

할머니의 안경입니다.

[할머니에 안경임니다; halmeunie ankyeongimnida]

Die Brille gehört meiner Großmutter.

5. -의 축약

Abkürzung von Genitivpartikel

나의[naɯi] → 내[nae]: mein

너의[neoɯi] → 네[ne]: dein

저의[jeoɯi] → 제[je]: die Höflichkeit von mein

'-의' bezeichnet die attributive Zuordnung von zwei Nomen.

In vielen Fällen kann '-의' ausgelassen werden.

예) 저의 이름은 뮐러입니다.

[저에 이름은 뮐러임니다; jeoe ireumeun mwilreoimnida]

→ 제 이름은 뮐러입니다.

[제 이름은 뮐러임니다; je ireumeun mwilleoimnida]

Mein Name ist Müller./ Ich bin Herr Müller.

6. N이다/입니다[ida/imnida]

- 대상의 부류나 속성을 지정하는 뜻을 나타내는 문장의 용언
  '-이다'의 존칭 표현은 '-입니다'
  Aussageendung : sein
  N입니다 : Höfliche formale Form von 'N이다'

예) 저는 독일 사람입니다.

[저는 도길싸람임니다; jeuneun dogilssaramimnida]

Ich bin Deutscher.

7. N이/가 아니다/아닙니다[i/ga anida/animnida]

- '-이/가 아니다'는 '이다'의 부정형
  Negative Aussageendumg : nicht sein
  N이/가 아니다 : Negative Form von 'N이다'

예) 저는 선생님이 아닙니다. 학생입니다.

[저는 선생임이 아님니다. 학쌩임니다; jeoneun seonsaengnimi animnida hakssaengimnida]

Ich bin kein Lehrer, sondern Student.

문장과 단어 : 국적, 직업

1. 국적[국쩍; gukjjeok] Nationalität

F : 어디에서 왔습니까?

[어디에서 와씀니까 : eodieseo wasseumnikka] Woher kommen Sie?

A : 독일에서 왔습니다.

[도기레서 와씀니다; dogireseo wasseumnida]

Ich komme aus Deutschland.

국가[gukka] Land	국적[gukjjeok] Nationalität	언어[eoneo] Sprache
독일[dogil] Deutschland	독일 사람[dogil saram] Deutscher	독일어[dogileo] Deutsch
몽골[monggol] Mongolei	몽골 사람[mongol saram] Mongoler	몽골어[mongoleo] Mongolisch
미국[miguk] USA	미국 사람[miguk saram] Amerikaner	영어[yeongeo] Englisch
일본[ilbon] Japan	일본 사람[ilbon saram] Japaner	일본어[ilboneo] Japanisch
중국[jungguk] China	중국 사람[jungguk saram] Chineser	중국어[junggukeo] Chinesisch
한국[hangguk] Korea	한국 사람[hangguk saram] Koreaner	한국어[hanggugeo] Koreanisch
헝가리[heonggari] Ungarn	헝가리 사람[heonggari saram] Ungarer	헝가리어[heonggarieo] Ungarisch

2. 직업[jigeop] Beruf

F : 직업이 무엇입니까?

[지거비 무어심니까; jigeobi mueosimnikka] Was machen Sie beruflich?

A : 대학생입니다.

[대학쌩임니다; daehakssaengimnida] Ich bin Studentin.

가수[gasu] Sänger	경찰관[gyeongchalgwan] Polizist
교수[gyosu] Professor	미용사[miyongsa] Friseur
비서[biseo] Sekretär	사장[sajang] Direktor
사업가[saeopga] Geschäftsmann	소방관[sobanggwan] Feuerwehrmann
선생[seonsaeng] Lehrer	선수[seonsu] Sportler
약사[yaksa] Apotheker	요리사[yorisa] Koch
운전사[unjeonsa] Fahrer	의사[uisa] Arzt
작가[jakga] Schriftsteller	학자[hakja] Wissenschaftler
학생[haksaong] Student	화가[hwaga] Maler
판매원[panmaewon] Verkäufer	

연습문제

Ⅰ. 다음을 읽고 쓰십시오.

김미란 씨는 한국어 선생님입니다. 김 선생님은 오늘 여러 외국인 학생들과 만나 인사를 합니다. 서로 자기소개를 합니다. 진백진 씨의 고향은 중국입니다. 왕영호 씨의 고향도 중국입니다. 왕영호 씨는 대학생입니다. 파타 씨는 몽골에서 왔습니다. 파타 씨는 한국에서 경영학을 공부하고 싶어 합니다. 유키 미쯔마사 씨는 일본 사람입니다. 크리스티안 뮐러 씨는 독일인입니다. 존 스미스 씨는 미국에서 왔습니다.

1. 한국어 선생님은 누구입니까?

→

2. 진백진 씨와 왕영호 씨의 고향은 어디입니까?

→

3. 몽골사람은 누구입니까?

→

4. 뮐러 씨는 어느 나라 사람입니까?

→

5. 나를 소개하십시오.

→

II. 다음을 읽고 질문에 답하십시오.

> 김 선생님은 한국 사람이고 한국어 선생님입니다.
> 김 선생님은 여러 나라에서 온 학생들과 처음으로 만나 인사를 합니다.
> 왕영호 씨는 중국 사람이고 학생입니다. 김 선생님이 왕영호 씨에게 한국 생활이 어떠냐고 묻고 친구가 많으냐고 묻습니다. 왕영호 씨는 한국 생활이 재미있고 한국 친구들이 많다고 대답합니다.
> 그리고 김 선생님은 왕영호 씨에게 한국말 공부하기가 어떠냐고 물어봅니다.
> 왕영호 씨는 한국말 공부하기가 어렵지만 재미있다고 대답합니다.

1. 김 선생님의 직업은 무엇입니까?
→

2. 왕영호 씨는 어느 나라 사람입니까?
→

3. 왕영호 씨는 한국 생활이 어떻습니까?
→

4. 왕영호 씨는 어느 나라 친구가 많습니까?
→

5. 왕영호 씨는 한국말 공부하는 것이 어떻습니까?
→

III. 다음 질문에 답하십시오.

1. 이름이 무엇입니까?
→

2. 어디에서 왔습니까?
→

3. 지금 무엇을 배우고 있습니까?

→

4. 한국어는 어떻습니까?

→

제2과 이것은 무엇입니까?
Lektion 2. Was ist das?

김 선생님	뮐러 씨, 여기는 어디입니까?
뮐러	여기는 교실입니다.
김 선생님	네, 우리는 교실에 있습니다.
	진백진 씨, 이것은 무엇입니까?
진백진	그것은 책상입니다.
김 선생님	파타 씨, 그것은 무엇입니까?
파타	이것은 볼펜입니다.
김 선생님	왕영호 씨, 저것은 무엇입니까?
왕영호	저것은 벽시계입니다.
김 선생님	스미스 씨, 여기 교실에 무엇이 있습니까?
스미스	교실에 칠판, 교탁, 책상, 의자, 벽시계, 선풍기 그리고 텔레비전이 있습니다.
김 선생님	진백진 씨, 또 무엇이 있습니까?
진백진	문, 창문, 커튼, 칠판지우개와 분필이 있습니다.
김 선생님	네, 이곳 교실에는 많은 물건들이 있습니다.
	뮐러 씨, 이것은 의자입니까?
뮐러	네. 그것은 의자입니다.
김 선생님	유키 씨, 그것은 책입니까?
유키	아닙니다. 이것은 볼펜입니다.
김 선생님	파타 씨, 저것은 선풍기입니까?
파타	저것은 선풍기가 아닙니다. 저것은 텔레비전입니다.
김 선생님	왕영호 씨, 이것은 의자입니까?
왕영호	아닙니다. 그것은 의자가 아닙니다. 그것은 책상입니다.
김 선생님	스미스 씨, 교실에 꽃이 있습니까?
스미스	아닙니다. 교실에는 꽃이 없습니다.

Lektion 2. Was ist das?

Lehrerin Kim	Herr Müller, wo sind wir?
Müller	Im Klassenzimmer.
Lehrerin Kim	Ja, wir sind im Klassenzimmer. Frau Jin, was ist das?
Jin Baek-Jin	Das ist ein Tisch.
Lehrerin Kim	Herr Pata, was ist das?
Pata	Das ist ein Kugelschreiber.
Lehrerin Kim	Herr Wang Young-Ho, was ist das da?
Wang Young-Ho	Das ist eine Wanduhr.
Lehrerin Kim	Herr Smith, was haben wir im Klassenzimmer?
Smith	Im Klassenzimmer haben wir eine Wandtafel, ein Pult, eine Wanduhr, einen Ventilator, einen Videomonitor, Tische und Stühle.
Lehrerin Kim	Frau Jin, was haben wir noch?
Jin Baek-Jin	Eine Tür, ein Fenster, einen Vorhang, einen Schwamm und Kreide.
Lehrerin Kim	Ja, wir haben viele Sachen im Klassenzimmer. Herr Müller, ist das ein Stuhl?
Mülle	Ja. Das ist ein Stuhl.
Lehrerin Kim	Frau Yuki, ist das ein Buch?
Yuki	Nein, das ist ein Kugelschreiber.
Lehrerin Kim	Herr Pata, ist das da ein Ventilator?
Pata	Das ist kein Ventilator. Das ist ein Videomonitor.
Lehrerin Kim	Herr Wang Young-Ho, ist das ein Stuhl?
Wang Young-Ho	Nein, das ist kein Stuhl. Das ist ein Tisch.
Lehrerin Kim	Herr Smith, ist eine Blume im Klassenzimmer?
Smith	Nein. Im Klassenzimmer ist keine Blume.

문법

1. N입니까?[imnikka]

→ 네[ne]/예[ye], N입니다[imnida].

→ 아니오[anio], N이/가 아닙니다[animnida].

> • (윗사람이나 높임의 대상인 상대방에게 쓰여) 정중하게 물어 보면서 문장을 끝맺는 종결어미
> 대답 (긍정) : 네/예, -입니다
> (부정) : 아니오, -이/가 아닙니다
> **Die Frageform der formellen Höflichkeit : Frageendung von 'N입니다'**
> → 네, N입니다 : '네' und '예' haben gleiche Bedeutung.
> → 아니오, N이/가 아닙니다 : Negative Form von 'N입니다'

예) 대학생입니까?

[대학쌩임니까; daehakssaengimnikka]

Sind Sie eine Studentin?

→ 네, 대학생입니다

[네 대학쌩임니다; ne, daehakssaengimnida]

Ja, ich bin eine Studentin.

→ 아니오, 대학생이 아닙니다.

[아니오 대학쌩이 아님니다; anio, daehakssaengi animnida]

Nein, ich bin keine Studentin.

2. 이것[igeot], 그것[geugeot], 저것[jeogeot], 무엇[mueot]

> • 사물을 가리키는 지시대명사
> 이 : 말하는 사람의 영역에서 가까운 것은 '이-'
> 그 : 듣는 사람의 영역에서 가까운 것은 '그-'
> 저 : 말하는 사람과 듣는 사람의 영역에서 떨어진 대상을 가리킬 때는 '저-'
> 물음의 대상을 나타내는 의문대명사 '무엇'
> * '누구'는 사람의 정체를 '무엇'은 주로 사물의 정체를, '어디'는 처소나 방향을, '몇'은 수효를 물을 때 사용

Das hinweisende Fürwort : Demonstrativpronomen

이 : Nähe oder Zugehörigkeit zur eigenen Person(sehr nah/dieser)

그 : Nähe oder Zugehörigkeit zur anderen Personen, Gesprächsgegenstand(etw. entfernt)

저 : Abstand oder Nichtgehörigkeit zur eigenen oder anderen Person(weit weg/jener/dort)

Interrogativpronomen

누구 : Mensch

무엇 : Was

어디 : Wo

몇 : Wie viele

예) 이것은 무엇입니까?

[이거슨 무어심니까; igeoseun mueosimnikka]

Was ist das?

→ 그것은 책입니다.

[그거슨 채김니다; geugeoseun chaegimnida]

Das ist ein Buch.

→ 그것은 무엇입니까?

[그거슨 무어심니까; geugeoseun mueosimnikka]

Was ist das?

→ 이것은 공책입니다.

[이거슨 공책임니다; igeoseun gongchaekimnida]

Das ist ein Heft.

→ 저것은 무엇입니까?

[저거슨 무어심니까; jeogeoseun mueosimnikka]

Was ist das?

→ 저것은 벽시계입니다.

[저거슨 벽씨게임니다; jeogeoseun byeokssigeimnida]

Das ist eine Wanduhr.

3. 여기[yeogi]/이곳[igot]-거기[geogi]/그곳 [geugot]-저기[keogi]/저곳[jeogot]

- 장소를 가리키는 지시대명사

여기/이곳 : 말하는 사람의 영역에서 가까운 장소

거기/그곳 : 듣는 사람의 영역에서 가까운 장소

저기/저곳 : 말하는 사람과 듣는 사람의 영역에서 떨어진 장소를 가리킬 때

Pronomen eines Ort

여기/이곳 : sehr nah/hier

거기/그곳 : etw. entfernt/da

저기/저곳 : weit weg/dort/jener Ort

예) 여기는/이곳은 교실입니다.

[여기는/이고슨 교실임니다; yeogineun/igoseun gyosilimnida]

Hier ist das Klassenzimmer.

거기가/그곳이 한국대학교입니까?

[거기가/그고시 항국대하꾜임니까; geogiga/geugosi hanggukdaehakkyoimnikka]

Ist das die Uni. Hanguk?

저기가/저곳이 남대문시장입니다.

[저기가/저고시 남대문시장임니까; jeogiga/jeogosi namdaemunsijangimnida]

Das ist der Namdaemunmarkt.

4. N에[e]/(에)서[eseo](장소)

- (명사 뒤에서) 장소나 지향점, 시간, 공간적 범위 등을 나타내는 조사

'에' : '있다', '없다' 등의 서술어를 갖는 문장으로 도달점 자체를 나타낼 때

'에서' : 이동의 출발점 나타내는 '-로부터'의 의미

Partikel-Ort

Der Partikel '에' wird an das Nomen angehängt und funktioniet als Ortangabe, Richtungsangabe und Zeitangabe.

N에(=an, in) : lokal, temporal, direktional

Hier drückt '에' den Ort aus. : normalerweise folgt ihr das Verb '있다, 없다, 가다, 오다, 다니다'.

Der Partikel '에서' wird an das Nomen angehängt und markiert den Ort der Handlung oder des Ursprungs.

N에서(=an, in, von – her, aus) : lokal, direktional
'-에서' kann in der gesprochnen Sprache nach vokalisch auslautendem Normen zu '-서' gekürzt werden.

예) 저는 도서관에 있습니다.
[저는 도서과네 이씁니다; jeoneun doseokwane isseumnida]
Ich bin in der Bibliothek.
저는 도서관에서 공부합니다.
[저는 도서과네서 공부함니다; jeneun doseokwaneseo gongbuhamnida]
Ich lerne in der Bibliothek.

5. N와/과/하고[wa/gwa/hago]

- (명사 뒤에서) 여러 사람이나 사물을 열거하거나 행위를 함께 하는 대상임을 나타내는 조사. 구어에서는 '하고'도 많이 사용된다.

-와 : 모음으로 끝나는 명사에서
-과 : 받침 있는 명사에서

Partikel : und, sowie

Der Partikel '와/과' verknüpft in der Schriftsprache zwei oder mehrere Nomen und wird als "und" übersetzt. An vokalisch auslautende Normen wird '와' und an konsonatisch auslautende Normen '과' angehängt.
In der gesprochenen Sprache wird unabhängig von Auslautkonsonanten die Partikel '하고' verwendet.
N와 : wenn das Substantiv mit einem Vokal endet.
N과 : wenn das Substantiv mit einem Konsonanten endet.

예) 교실에 선생님과/하고 학생이 있습니다.
[교시레 선생님과/하고 학쌩이 이씁니다;
gyeosire seonsaengnimgwa/hago haessaengi isseumnida]
Es gibt im Klassenzimmer eine Professorin und Studenten.

6. N도[do]

> • 여러 가지 대상이나 사태를 나열하거나 어떤 대상이나 사태에 더함을 나타내는 조사
> '-도'가 올 경우 조사 '-이/가, -은/는, -을/를'을 사용하지 않는다.
> * '또/또다시'는 '도'와 함께 어떤 대상이나 사태를 추가하는 표현
>
> **Partikel**
>
> -도 bezeichnet eine Hervorhebung des Nomens(auch, sogar) und ersetzt die Partikel -이/가, -을/를, -은/는.
>
> Die Bedeutung von '또' ist dazu od. und
>
> * 또/또 다시 : noch einmal/wieder

예) 책상위에 책이 있습니다. 연필도 있습니다.
[책쌍위에 채기이씀니다 연필도 이씀니다;
achaekssanguie chaegi isseumnida geurigo yeonpildo isseumnida]
Auf dem Schreibtisch gibt es ein Buch und auch einen Bleistift.
나는 한국어를 할 수 있습니다.
[나는 항구거를 할쑤이씀니다; naneun hangugeoreul halssuisseumnida]
Ich kann Koreanisch sprechen.
또 독일어도 할 수 있습니다.
[또 도기러도 할쑤이씀니다; tto dogireodo halssuisseumnida]
Und ich kann Deutsch sprechen.

7. N이/가 있습니다[i/ga isseumnida] ↔ N이/가 없습니다[i/ga eopsseumnida]

> • (윗사람이나 높임의 대상인 상대방에게 쓰여) 정중하게 자신의 생각이나 사실을 말하면서 문장을 끝맺는 종결어미
> '-이/가 있습니다'는 '-이/가 있다'의 존칭표현이고
> '-이/가 없습니다'는 '-이/가 있습니다' 의 부정 표현
>
> **Verb der formellen Höflichkeit**
>
> N이 있다 : sein
> N이 있습니다 : Höfliche Form von '있다'
> N이 없다 : Negative Form von 'N이/가 있다'
> N이 없습니다 : Negative Form von 'N이/가 있습니다'

예) 책상이 있습니다.

[책쌍이 이씀니다; chaekssangi isseumnida]

Es ist ein Schreibtisch/ Es gibt einen Schreibtisch.

의자가 있습니다.

[의자가 이씀니다; uijaga isseumnida]

Es ist ein Stuhl/ Es gibt einen Stuhl.

꽃이 없습니다.	–	시계가 없습니다.
[꼬치 업씀니다;		[시게가 업씀니다;
sigyega eopsseumnida]		sigyega eopsseumnida]
Es ist keine Blume.		Es ist keine Uhr.

문장과 단어 : 대학교[daehakkyo] Universität

F : 전공이 무엇입니까?

[정공이 무어심니까; jeonggongi mueosimnikka]

Was studieren Sie?

A : 경영학입니다.

[경영학 임니다; kyeongyeonghak imnida]

Ich studiere Betriebswirtschaft.

F : 한국어를 할 수 있어요?

[항구거를 할쑤 이써요; hanggugeoreul halssu isseoyo]

Sprechen Sie Koreanisch?

A : 아니오, 그렇지만 영어는 해요.

[아니오 그러치만 영어는 해요; anio geureochiman yeongeoneun haeyo]

Nein, aber ich spreche Englisch.

A : 유감스럽게도, 한국어를 전혀 못해요.

[유감스럽께도 항구거를 저녀 모태요;

yugamseureopkkedo hanggugeoreul jeonyeo mottaeyo]

Leider spreche ich überhaupt kein Koreanisch.

A : 한국어를 잘 못해요.

[항구거를 잘 모태요; hanggugeoreul jal mottaeyo]

Ich spreche Koreanisch nicht gut.

A : 한국어를 조금 할 수 있어요.

[항구거를 조금 할쑤이써요; hanggugeoreul jogeum halssuisseoyo]

Ich kann ein bisschen Koreanisch sprechen.

F : 이해했습니까?

[이해해씀니까; ihaehaesseumnikka]

Verstehen Sie?

A : 죄송합니다. 잘 모르겠어요.

[죄송함니다 잘 모르게써요; joesonghamnida jal moreugesseoyo]

Verzeihung. Ich habe das nicht verstanden.

A : 무슨 뜻인지 모르겠어요.

[무슨뜨신지 모르게써요; museuntteusinji moreugesseoyo]

Ich weiß nicht, was das Wort … bedeutet.

A : 천천히 말해 주세요.

[천처니 말해 주세요; cheoncheoni malhae juseyo]

Bitte sprechen Sie langsam!

A : 잘 못 들었어요.

[잘 모뜨러써요; jal motteureosseoyo]

Ich habe das nicht verstanden.

A : 다시 한 번 말해 주세요.

[다시한번 말해주세요; dasihanbeon malhaejuseyo]

Bitte wiederholen Sie!

A : 좀 더 천천히 말해 주세요.

[좀더 천처니 말해주세요; gomdeo cheoncheoni malhaejuseyo]

Bitte sprechen Sie langsamer!

말해 주세요.

[말해주세요; malhaejuseyo]

Bitte sagen Sie mir…!

말해 줄 수 있어요?

[말해 줄쑤이써요; malhae julssuisseoyo]

Können Sie mir … sagen?

설명해 주세요.

[설명해주세요; seolmyeonghaejuseyo]

Bitte erklären Sie mir … !

설명해 줄 수 있어요?

[설명해 줄쑤 이써요; seolmyeonghae julssu isseoyo]

Können Sie mir … sagen?

늦어서 미안합니다.

[느저서 미안함니다; neujeoseo mianhamnida]

Entschuldigung, dass ich zu spät bin.

괜찮아요.

[괜차나요; gwaenchanayo]

Macht nichts!

방해해서 죄송합니다.

[방해해서 죄송함니다; banghaehaeseo joesonghamnida]

Verzeihung, dass ich Sie gestört habe.

천만에요.

[천마네요; cheonmaneyo]

Bitte!

실례합니다. 도서관이 어디에 있습니까?

[실레함니다 도서과니 어디에 이씀니까; silrehamnida doseogwani eodie isseumnikka]

Entschuldigung, Wo ist die Bibliotheck?

고맙습니다.

[고맙씀니다; gomapsseumnida]

Vielen Dank!

별 말씀을요.

[별말쓰믈료; byeolmalsseumeulyo]

Keine Ursache!

강의/수업[gangui/sueop] Unterricht
강의실[ganguisil] Seminaraum
결석[gyeolsseok] Abwesentheit ↔ 출석[chulsseok] Anwesentheit
교수님[gyosunim] Professor
교재/책[gyojae/chaek] Text/Buch
기숙사[gisukssa] Studentenwohnheim
논문[nonmun] Arbeit
도서관[doseokwan] Biblioteck - 도서[doseo] Bücher
동아리/써클[dongari/sseokeul] Studentengruppe
대학교[daehakkyo] Universität
등록[deungrok] Immatrikulation
리포트/보고서[ripoteu/bogoseo] Hausarbeit
발표[balpyo] Referat ↔ 제출[jechul] Abgeben
매점[maejeom] Cafeteria
선생님[seonsaengnim] Lehrer
성적 평가[seongjeokpyeongkka] Bewertung
시험[siheom] Prüfung
전공[jeonggong] Fach
- 학사[hakssa] Bachelorstudiengang
- 석사[seokssa] Magister
- 박사[bakssa] Promotion

학과[hakkwa] Abteilung
학생[hakssaeng] Student
- 동급생[donggeupssaeng] Kollege
- 선배[seonbae] Vorgänger
- 후배[hubae] Jüngere

학교식당[hakkyosikttang] Mensa
학생처[hakssaengcheo] Abteilung für Studentenleben

연습문제

Ⅰ. 다음을 읽고 쓰십시오.

한국어 수업이 시작됩니다. 김 선생님은 여기가 어디냐고 왕영호 씨에게 묻습니다. 왕영호 씨는 교실이라고 대답합니다. 김 선생님은 교실에 있는 여러 가지 물건들을 가리키며 학생들에게 묻고, 학생들은 대답합니다.

김 선생님	진백진 씨, 이것은 무엇입니까?
진백진	그것은 책상입니다.
김 선생님	파타 씨, 그것은 무엇입니까?
파타	이것은 볼펜입니다.
김 선생님	뮐러 씨, 저것은 무엇입니까?
뮐러	저것은 벽시계입니다.
김 선생님	스미스 씨, 여기 교실에는 무엇이 있습니까?
스미스	교실에는 칠판, 교탁, 책상, 의자, 벽시계, 선풍기, 텔레비전이 있습니다.
김 선생님	진백진 씨, 또 무엇이 있습니까?
진백진	문, 창문, 커튼, 칠판지우개와 분필이 있습니다.
김 선생님	네, 이곳 교실에는 많은 물건들이 있습니다.

학생들은 오늘 수업에서 여러 가지 물건들의 이름에 대해 공부합니다.
교실에는 꽃이 없습니다. 그러나 선생님은
"교실에 꽃이 있습니까?"라고 스미스 씨에게 묻습니다.
김 선생님의 물음에 스미스 씨는
"아닙니다. 교실에는 꽃이 없습니다."라고 대답합니다.

1. 이곳은 어디입니까?

→

2. 우리는 어디에 있습니까?

→

3. "교실에는 칠판, 교탁, 책상, 의자, 벽시계, 선풍기, 텔레비전이 있다"고 누가 말합니까?

→

4. 교실에는 무엇이 있습니까?

→

5. 교실에 꽃이 있습니까?

→

6. 나의 책상에는 무엇이 있습니까?

→

II. 다음을 읽고 쓰십시오.

소현 씨와 뮐러 씨가 길에서 만나 이야기를 합니다. 소현 씨는 뮐러 씨에게 어디 가는 길이냐고 묻습니다. 뮐러 씨는 학교에 간다고 대답합니다. 뮐러 씨는 소현 씨에게 식당에 가냐고 묻습니다. 소현 씨는 식당에 가는 것이 아니고 도서관에 가는 중이라고 말합니다. 소현 씨는 도서관에 자주 갑니다. 소현 씨는 도서관에서 책을 읽습니다.

1. 뮐러 씨는 어디에 갑니까?

→

2. 소현 씨는 식당에 갑니까?

→

3. 소현 씨는 도서관에서 무엇을 합니까?

→

4. 뮐러 씨는 도서관에서 책을 읽습니까?

→

III. 다음 질문에 답하십시오.

1. 당신은 어디에서 점심식사를 합니까?

→

2. 당신은 도서관에 갑니까?

→

3. 당신은 도서관에서 무엇을 합니까?

→

4. 도서관에는 무엇이 있습니까?

→

IV. 물음에 답하십시오.

1. 당신은 지금 공부하고 있습니까?

→

2. 당신은 지금 어디에 있습니까?

→

3. 당신이 있는 이곳에 무엇이 있습니까?

→

4. 당신은 핸드폰이 있습니까?

→

5. 당신은 어디에 살고 있습니까?

→

6. 당신의 방에는 무엇이 있습니까?

→

7. 당신의 방에 화분이 있습니까?

→

제3과 나의 가족
Lektion 3. Meine Familie

김 선생님	제 가족은 시 할머님, 시 아버님, 시 어머님, 남편, 아들과 딸이 있습니다. 우리는 모두 한집에서 살고 있습니다.
	89세이신 시 할머님께서는 꽃을 좋아하십니다.
	시 아버님과 시 어머님께서는 오전에 등산을 가십니다.
	두 분은 운동을 좋아하십니다.
	아들과 딸은 학생입니다.
	남편과 나는 아침에 함께 출근합니다.
	뮐러 씨부터 이야기 해 보십시오.
	뮐러 씨, 가족이 한국에 있습니까?
뮐러	네, 제 아내와 딸은 한국에 있습니다.
김 선생님	파타 씨, 부모님께서 한국에 계십니까?
파타	아니오, 부모님은 몽골에 계십니다.
김 선생님	형제가 있습니까?
파타	네, 형이 한 명 있고 남동생도 있습니다.
김 선생님	진백진 씨, 조부모님이 계십니까?
진백진	네, 할아버지와 할머니가 계십니다.
김 선생님	할아버지와 할머니께서는 건강하십니까?
진백진	두 분 모두 건강하십니다.
	저의 할아버지는 농부이십니다.
김 선생님	유키 씨는 자매가 있습니까?
유키	아니오, 언니와 여동생이 없습니다.
	제게는 오빠 한 명만 있습니다.
김 선생님	오빠는 무엇을 합니까?
유키	오빠는 일본에서 회사에 다닙니다.
김 선생님	왕영호 씨는 누나가 있습니까?
왕영호	네, 누나가 한 명 있습니다.

	누나는 선생님이고 아이들을 좋아합니다.
김 선생님	진백진 씨는 부모님께 편지를 씁니까?
진백진	네, 편지를 씁니다.

Lektion 3. Meine Familie

Lehrerin Kim	Zu meiner Familie gehören die Großmutter meines Mannes, mein Schwiegervater, meine Schwiegermutter, mein Mann, mein Sohn und meine Tochter.
	Wir wohnen alle zusammen.
	Die 89 jährige Großmutter meines Mannes mag Blumen sehr.
	Mein Schwiegervater und meine Schwiegermutter machen vormittags eine Bergtour. Beide mögen Sport sehr.
	Mein Sohn und meine Tochter sind Studenten. Mein Mann und ich gehen am Vormittag zur Arbeit.
	Herr Müller, fangen Sie an, über Ihre Familie zu sprechen.
	Herr Müller, wohnt Ihre Familie in Korea?
Müller	Ja, meine Frau und meine Tochter wohnen in Korea.
Lehrerin Kim	Herr Pata, wohnen Ihre Eltern in Korea?
Pata	Nein, meine Eltern wohnen in der Mongolei.
Lehrerin Kim	Haben Sie Brüder?
Pata	Ja, ich habe einen älteren und einen jüngeren Bruder.
Lehrerin Kim	Herr Jin Baek-Jin, haben Sie Großeltern?
Jin Baek-Jin	Ja, ich habe einen Großvater und eine Großmutter.
Lehrerin Kim	Sind der Großvater und die Großmutter gesund?
Jin Baek-Jin	Sie beide sind gesund.
	Mein Großvater ist Bauer.
Lehrerin Kim	Frau Yuki, haben Sie eine Schwester?
Yuki	Nein, ich habe keine Schwester.
	Ich habe nur einen älteren Bruder.
Lehrerin Kim	Was macht er beruflich?
Yuki	Er arbeitet bei einer japanischen Firma.
Lehrerin Kim	Herr Wang Young-Ho, haben Sie eine ältere Schwester?
Wang Young-Ho	Ja, ich habe eine ältere Schwester.

	Sie ist Lehrerin und mag gerne Kinder.
Lehrerin Kim	Frau Jin Baek-Jin, schreiben Sie einen Brief an Ihre Eltern?
Jin Baek-Jin	Ja, ich schreibe einen Brief.

문법

1. N들

• 문장의 주어가 복수임을 나타내는 보조사 **Partikel : Plural**

예) 우리들은/우리는 축구를 해요.

[우리드른/우리는 추꾸를해요; urideureun/urineun chukkureulhaeyo]

Wir spielen Fußball.

2. -고/그리고[go/geurigo]

-고 ① (명사 뒤에서) 둘 이상의 사물을 같은 자격으로 똑같이 선택함을 나타내는 조사 ② (용언 뒤에서) 두 가지 이상의 행위나 상태, 사실을 연결함을 나타내는 연결어미 * -아/어서 : 두 행위나 상태, 사실을 연결하는 어미로 앞의 행위나 뒤의 행위가 밀접한 관계를 가질 때 쓰인다. ① N고 **Partikel : und** ② V고 **Verknüpfungssilbe : und, bzw. und danach** Mit '고' können zwei oder mehrere Sätze mit "und" bzw. "und danach" verknüpft werden. * V아/어서: Diese Verknüpfungssilbe wird benutzt, wenn sich die Aktion im ersten Satz auf die Aktion im zweiten Satz bezieht.

예) ① 조사[josa] Partikel

책상위에 책이 있고 연필도 있습니다.

[책쌍위에 채기이꼬 연필도 이씀니다; chaekssangwie chaegiikko yeonpildo isseumnida]

Auf dem Schreibtisch gibt es ein Buch und auch einen Bleistift.

② 연결어미[yeonggyeoleomi] Verknüpfungssilbe

이 옷은 싸고, 예뻐요./이 옷은 쌉니다. 그리고 예쁩니다.

[이오슨 싸고 에뻐요; ioseun ssago yeppeoyo/
이오슨 쌈니다 그리고 에쁨니다; ioseun ssamnida geurigo yeoppeumnida]
Diese Kleidung ist billig und hübsch.
저는 운동을 하고, 밥을 먹어요.
[저는 운동을하고 바블머거요; jeoneun undongeulhago babeulmeogeoyo]
Ich mache Sport und danach esse ich.
* 시장에 가서 과일을 사요
[시장에 가서 과이를 사요; sijange gaseo gwaireul sasseoyo]
Ich gehe zum Markt und dann kaufe Obst/Ich kaufe Obst auf dem Markt.

3. 에게[ege]/한테[hante]/께[kke]/께서[kkeseo]

- 행위의 영향을 받는 대상임을 나타내는 조사

-에게/한테 : 사람이나 동물을 나타내는 명사에 붙어 행위의 영향을 받는 대상임을 나타내는 조사.

-께 : 높임을 나타내는 사람 명사에 붙어 행위의 영향을 받는 사람임을 나타내는 조사. '에게'의 높임말.

-께서 : 높임을 나타내는 사람 명사에 붙어 문장의 주어임을 나타내는 조사. '이/가'의 높임말. 용언에서 '-(으)시'와 결합되어 사용한다.

Partikel-Dativ

N에게/한테 : die Bedeutung ist 'jemandem, an/für jemanden. Diese Partikel benutzt man bei Personen.

N한테 : Sie meist wird in der gesprochenen Sprache und besonders für Tiere verwendet.

N께/께서 : Höflichkeit
'-께서' ist die honorative Entsprechung für die Nominativ-Partikel '-이/가'.
Sie wird gesetzt in Verbindung mit der Verbstammerweiterung '-(으)시' oder honorativen Verben.

Vergleich : 이/가 → 께서
은/는 → 께서는

예) 저는 친구에게/한테 편지를 씁니다.
[저는 친구에게/한테 편지를 쓰니다; jeoneun chinguege/hantte pyeonjireul sseumnida]
Ich schreibe meiner Freundin einen Brief.

고양이한테 우유를 줍니다.

[고양이한테 우유를 줌니다; goyangihante uyureul jumnida]

Ich gebe der Katze Milch.

저는 어머니께 편지를 씁니다.

[저는 어머니께 편지를 씀니다; jeoneun eomeonikke pyeonjireul sseumnida]

Ich schreibe meiner Mutter einen Brief.

어머니께서 동생에게 편지를 쓰십니다.

[어머니께서 동생에게 편지를 쓰심니다;

eomeonikkeseo dongsaengege pyeonjireul sseusimnida]

Meine Mutter schreibt meinem Bruder einen Brief.

4. -(으)시[(eu)si]

- (동사와 형용사 어간. '이다', '아니다' 뒤에 또는 다른 어미 옆에서) 문장의 주어를 존대하는 의미를 나타내는 어미

* 서술어인 용언은 형용사, 동사 그리고 서술격 조사 '이다'를 말한다.

원형(용언) → 용언의 어간 + 시(주체 높임의 선어말 어미) + 다

예) 가다 → 가시다

-으시 : 'ㄹ'을 제외한 받침 있는 동사나 형용사 어간 뒤에 사용한다.

-시 : 받침 없는 동사나 형용사 어간 'ㄹ' 받침으로 끝나는 동사나 형용사 어간 '이다', '아니다'에 사용한다.

Verknüpfungssilbe mit Höflichkeit

V/A(으)시 drückt nach dem Verbstamm den Respekt vor jemandem aus.

* Adjektiv, Verb und 이다 gehören zum Verbstamm.

V/A으시 : wenn der Verbstamm mit einem Konsonanten endet.

V/A시 : wenn der Verbstamm mit einem Vokal und 'ㄹ' endet.

Infinitiv → Informelle Höflichkeitsform

자다 [jada] → 주무시다[jumusida] schlafen

먹다/마시다[meokda/masida] → 드시다[deusida] essen/trinken

있다[idda] → 계시다[gyesida] da sein

가다[gada] → 가시다[gasida] gehen

예) 친구가 식당에 간다.

[칭구가 식땅에 간다; chingguga sikttange ganda]

Mein Freund geht zum Restaurant.

선생님께서 식당에 가십니다.

[선생님께서 식땅에 가심니다; seonsaengnimkkeseo sikttange gasimnida]

Meine Lehrerin geht zum Restaurant.

언니가 신문을 읽는다.

[언니가 신무늘 잉는다; eonniga sinmuneul ingneunda]

Meine Schwester liest die Zeitung.

아버지께서 신문을 읽으십니다.

[아버지께서 신무늘 일그심니다; abeojikkeseo sinmuneul ilgeusimnida]

Mein Vater liest die Zietung.

동생은 집에 있다.

[동생은 지베이따; dongsaengeun jibeitta]

Meine Schwester ist zu Hause.

어머니께서는 집에 계십니다.

[어머니께서는 지베게심니다; eomeonikkeseoneun jibegyesimnida]

Meine Mutter ist zu Hause.

5. V(으)ㅂ니까/습니까?[((eu)pseumnikka]

- 의문형 종결어미

Verb der Frageform mit formeller Höflichkeit

Der Fragesatz wird gebildet, indem man an den Verbstamm an 'ㅂ니까' oder '습니까' anhängt. Auch diese Form ist für alle Personen dieselbe.

예) 한국어를 공부합니까?

[항구거를 공부함니까; hanggugeoreul gongbuhamnikka]

Lernen Sie Koreanisch?

→ 네, 한국어를 공부합니다.

[네 항구거를 공부함니다; ne hanggugeoreul gongbuhamnida]

Ja, ich lerne Koreanisch.

김치를 먹습니까?

[김치를 먹씀니까; gimchireul meoksseumnikka]

Essen Sie Kimchi?

→ 네, 김치를 먹습니다.

[네 김치를 먹씀니다; ne gimchireul meoksseumnida]

Ja, ich esse Kimchi

6. N예요[yeyo]/이에요[ieyo]

- '-입니다'의 비존칭 표현

'이다', '아니다'의 경우 친구나 아랫사람에게 '-야'를 써 윗사람이나 높임의 대상인 상대방에게 '-야요'를 쓰지 않고 '-어요'를 쓰며, 또 '-에요'를 쓰기도 한다.

-예요 : 받침 없는 명사와 결합한 '이'는 '-어요', '-에요'가 붙어 줄어든 '-여요', '-예요' 형태

-이에요 : 받침을 갖는 명사에서 '아니다'는 '아녀요', '아네요' 형태

Informelle Aussageendung von 'N 입니다.'

N예요 : wenn das Substantiv mit einem Vokal endet.

N이에요 : wenn das Substantiv mit einem Konsonanten endet.

예) 이것은 자전거예요?

[이거슨 자정거예요; igeoseun jajeonggeoyeyo] Ist das ein Fahrrad?

이것은 책이에요?

[이거슨 채기에요; igeoseun chaegieyo] Ist das ein Buch?

7. V(으)세요[(eu)seyo]/(으)ㅂ시오[(eu)psio]/십시오[sipsio]

- (용언 뒤에서) 문장의 주어를 높이면서 어떤 사실을 서술하거나 물음, 명령, 요청을 나타내며 문장을 끝맺는 종결어미

어미 '-으시'와 '-아요'가 함께 쓰인 '-으시어요'의 준말

-으십시오 : 받침 있는 동사에서

-십시오 : 모음 또는 ㄹ받침으로 끝나는 동사에서

Imperativer Verb mit Befehl

Die Imperativform bildet man, indem man an den Verbstamm entweder '(으)세요' für die

informelle Höfflichkeitsform oder '(으)십시오' für die formelle Höflichkeitsform anhängt.
V으십시오[eusibssio] : wenn das Verb mit einem Konsonanten endet.
V십시오[sibssio] : wenn das Verb mit einem Vokal bzw. 'ㄹ' endet

예) 맛있게 드세요.

[마시께 드세요; masikke deuseyo]

Guten Appetit!

받으세요.

[바드세요; badeuseyo]

Nehmens Sie bitte!

어서 오십시오.

[어서 오십씨오; eoseo osipssio]

Kommen Sie bitte!/Treten Sie ein!

읽으십시오.

[일그십씨오; ilgeusipssio]

Lesen Sie bitte!

여권을 보여주십시오.

[여꺼늘 보여주십씨오; yekkeoneul boyeojuseyo]

Zeigen Sie bitte Ihren Pass!

8. 만[man]

• 다른 것은 전부 배제하고 어느 것을 한정함을 나타내는 조사
Beschränkte Partikel
Die Bedeutung von '만' ist nur.

예) 바나나와 키위를 샀어요?

[바나나와 키위를 사써요; bananawa kiwireul sasseoyo]

Haben Sie Bananen und Kiwi gekauft?

→ 아니오, 바나나만 샀어요.

[아니오 바나나만 사써요; anio bananaman sasseoyo]

Nein, ich habe nur Bananen gekauft.

9. N을[eul]/를[reul]

- (명사 뒤에서) 문장의 목적어임을 나타내는 조사
  -을 : 받침 있는 명사에서
  -를 : 모음으로 끝나는 명사에서

  Partikel-Akkusativ

  '-을/를' bezeichnet das Satzobjekt.

  N을 : wenn das Substantiv mit einem Konsonanten endet.

  N를 : wenn das Substantiv mit einem Vokal endet.

예) 그림을 그립니다.

[그리믈 그림니다; geurimeul geurimnida]

Ich male ein Bild.

택시를 탑니다.

[택씨를 탐니다; taekssireul tamnida]

Ich nehme ein Taxi.

10. V고 있다[go itta]/있습니다[go isseumnida]

- (동사 뒤에서) 어떤 동작이 진행되고 있음을 나타내는 표현
  * '-고 있다'와 관련된 표현으로 어떤 행위가 끝난 후 그 상태나 결과가 지속되고 있음을 나타내는 표현으로 'V아/어 있다'가 있다.

  Verb mit Dauerform

  Bei prozessiven Verben wird die durative Aktionsart mit der Verbindung der koordinativen Konjunktionalform auf '-고' mit dem Hilfsverb '있다' gebildet.

  V고 있다 : im Gang sein

  V고 있습니다 : die Höflichkeit von '고 있다'

예) 지금 무엇을 하고 있습니까?

[지금 무어슬하고 이씀니까; jigeum mueoseulhago isseumnikka]

Was machen Sie jetzt?

→ 책을 읽고 있습니다. – 의자에 앉아 있습니다.

[채글 일꼬 이따; chaegeul ilkko isseumnida] [의자에 안자이따; ɯijae anjaitta]

Jetzt lese ich ein Buch. Ich sitze auf dem Stuhl.

문장과 단어 : 신상정보, 가족

1. 신상정보[sinsangjeongbo] Angaben zur Person

여권을 보여 주십시오.

[여꺼늘 보여주십씨오; yeokkeoneul boyeojusipssio]

Zeigen Sie mir Ihren Ausweis.

F : 이름이 무엇입니까?

[이르미 무어심니까; ireumi mueosimnikka]

Wie heißen Sie?

A : 제 이름은 왕영호입니다.

[제 이르믄 왕영호임니다; je ireumeun wangyeonghoimnida]

Ich heiße Wang Yeong-Ho.

F : 생년월일은 언제 입니까?

[생녀너리른 언제임니까; saengnyeoneorireun eonje imnikka]

Wann haben Sie Geburstag?

A : 1985년 3월 20일입니다.

[청구백 팔씨보년 사멀 이시빌임니다;

cheonggubaek palssibonyeon sameol isibilimnida]

Ich bin am 20.3.1985 geboren.

F : 직업은 무엇입니까?

[지거븐 무어심니까; jigeobeun mueosimnikka]

Was machen Sie beruflich?

A : 학생입니다.

[학쌩임니다; hakssaengimnida]

Ich bin Student.

F : 주소는 어디입니까?

[주소는 어디임니까; jusoneun eodiimnikka]

Wo wohnen Sie?

A : 서울 청담동 한신 아파트 121동 503호입니다.

[서울 청담동 한신아파트 백 이시빌똥 오백사모임니다;

seoeul cheongdamdong hansinapat baek isibilttong obaek samoimnida]

Ich wohne in Hansinapartment 121-503 Cheongdamdong, Seoul.

F : 전화번호는 몇 번입니까?

[전하버노는 며뻔임니까; jeonhabeonhoneun myeoppeonimnikka]

Ihre Telefonnummer bitte?

A : 02-379-1234입니다.

[공이 삼칠구에 일리삼사임니다; gongi samchilgue ilisamsaimnida]

Meine Telefonnummer ist 02-379-1234.

성[seong] Familienname	이름[ireum] Name
생년월일[saengnyeonworil] Geburtsdatum	
출생지[chulsaengji] Geburtsort	
국적[gukjjeok] Nationalität	
남성[namseong] maskulin	
여성[yeoseong] feminin	
사진[sajin] Foto	
키[ki] Körpergröße	
학력[hangnyeok] Bildungsstand	
직업[jigeop] Beruf	
혼인관계[honingwangye] Familienstand	
주소[juso] Adresse	
직장[jikjjang] Berufsort	
거주지[geojuji] Wohnort	
전화번호[jeonhabeono] Telefonnummer	
e 메일[i meil] E-Mail	

2. 가족구성원[gajok guseongwon] Familienmitglieder

F : 결혼했습니까?

[겨론해씀니까; gyeoronhaesseumnikka]

Sind Sie verheiratet?

A : 네, 결혼했습니다.

[네 겨론해씀니다; ne gyeoronhaesseumnida]

Ja, ich bin verheiratet.

F : 자녀가 있습니까?

[자녀가 이씀니까; janyeoga isseumnikka]

Haben Sie Kinder?

A : 네, 아들과 딸이 있습니다.

[네 아들과 따리 이씀니다; ne adeulgwa ttari isseumnida]

Ja, ich habe einen Sohn und eine Tochter.

F : 결혼했습니까?

A : 아니오. 미혼입니다.

[아니오 미호님니다; anio mihonimnida]

Nein, ich bin ledig.

조부모[jobumo] Großeltern	할아버지[harabeoji] Großvater 할머니[halmeoni] Großmutter
부모[bumo] Eltern	아버지/아빠[abeoji/appa] Vater 어머니/엄마[eomeoni/eomma] Mutter
부부[bubu] Ehepaar	남편[nampyeon] Ehemann 아내[anae] Ehefrau
자녀[janyeo] Kinder	아들[adeul] Sohn 딸[ttal] Tochter
형제[hyeongje] Geschwister	형[hyeong] Bruder eines Mannes 오빠[oppa] Bruder einer Frau
자매[jamae] Geschwister	언니[eonni] Schwester einer Frau 누나[nuna] Schwester eines Mannes
동생[dongsaeng] Geschwister	남동생[namdongsaeng] Bruder 여동생[yeodongsaeng] Schwester
친척[chincheok] Verwandtschaft	사촌[sachon] Cousine/Cousin 고모[gomo] Tante väterlicherseits

- 이모[imo] Tante mütterlicherseits
- 삼촌[samchon] Onkel väterlicherseits
- 외삼촌[oesamchon] Onkel mütterlicherseits

시부모[sibumo] Schwiegereltern einer Frau

- 시아버지[siabeoji] Schwiegervater einer Frau
- 시어머니[sieomeoni] Schwiegermutter einer Frau

장인 장모[jangin jangmo] Schwiegereltern eines Mannes

- 장인[jangin] Schwiegervater eines Mannes
- 장모[jangmo] Schwiegermutter einer Mannes

사위[sawi] Schwiegersohn

며느리[myeoneuri] Schwiegertochter

손주[sonju] Enkel

- 손자[sonja] Enkel
- 손녀[sonnyeo] Enkelin

연습문제

Ⅰ. 다음을 읽고 대답하십시오.

> 김 선생님은 학생들에게 선생님의 가족들에 대해서 소개합니다. 선생님께는 89세이신 시할머니, 69세 되신 시아버지, 65세이신 시어머니, 남편 그리고 중학생인 아들과 초등학생인 딸이 있습니다. 모두 한 집에서 살고 있습니다.
> 뮐러 씨는 아내와 딸과 함께 한국에서 살고 있습니다. 뮐러 씨의 딸은 6살입니다.
> 파타 씨는 혼자 한국에서 살고 있습니다. 파타 씨에게는 부모님, 형과 남동생이 있습니다. 파타 씨의 아버지는 의사이고 어머니도 의사입니다. 그리고 형은 회사원이고 동생은 고등학생입니다. 가족들은 모두 몽골에서 살고 있습니다.
> 진백진 씨에게는 조부모님이신 할아버지와 할머니가 계십니다.
> 유키 씨의 가족은 일본에서 살고 있습니다. 유키 씨에게는 오빠만 있습니다.
> 왕영호 씨는 누나가 두 명 있습니다.

1. 김 선생님은 누구와 함께 삽니까?

→

2. 뮐러 씨의 부인과 딸은 어디에 삽니까?

→

3. 진백진 씨는 조부모님이 계십니까?

→

4. 유키 씨는 자매가 있습니까?

→

5. 파타 씨의 부모님은 어디에 살고 계십니까?

→

6. 왕영호 씨의 누나는 몇 명입니까?

→

II. 다음을 읽고 쓰십시오.

오늘은 일요일입니다. 할아버지께서 책을 읽고 계십니다. 꽃에 물을 주고 있는 사람은 할머니입니다. 할머니께서는 꽃을 좋아하십니다. 아버지께서 신문을 읽고 계십니다. 아버지께서는 대학교에서 역사를 가르치십니다. 음식을 만들고 있는 사람은 어머니입니다. 어머니께서는 요리를 잘 하십니다. 오빠와 여동생은 텔레비전을 보고 있습니다. 오빠는 올해 스물여덟 살이고 회사에 다닙니다. 나와 여동생은 대학교에 다닙니다.

1. 가족이 몇 명입니까?

→

2. 할머니는 무엇을 하고 계십니까?

→

3. 신문을 읽고 있는 사람은 누구입니까?

→

4. 어머니께서는 무엇을 하고 계십니까?

→

5. 누가 텔레비전을 보고 있습니까?

→

III. 다음을 읽고 쓰십시오.

안녕하십니까? 저는 이경민입니다. 지금부터 저희 가족을 소개하겠습니다.
저희 가족은 아버지, 어머니, 형, 저, 여동생, 모두 다섯 명입니다. 아버지께서는 회사에 다니십니다. 아침 일찍부터 저녁까지 열심히 일하십니다. 어머니께서는 작년까지 회사에 다니셨습니다. 그렇지만 지금은 집에 계십니다. 형은 은행에 다닙니다. 형도 아침에 일찍 출근하고, 저녁에 늦게 퇴근합니다. 동생은 고등학생입니다. 저는 대학교 2학년이고, 전공은 경영학입니다. 제 취미는 여행입니다.

1. 이경민 씨는 여자입니까?

→

2. 이경민 씨 부모님께서는 무슨 일을 하십니까?

→

3. 이경민 씨 형의 직업은 무엇입니까?

→

4. 이경민 씨의 동생은 무슨 일을 합니까?

→

5. 본인의 가족을 소개 하십시오.

→

IV. 경어법으로 고치십시오.

있다 → 계시다, 먹다 → 드시다/잡수시다, 주다 → 드리다, 자다 → 주무시다,
말하다 → 말씀하시다, 묻다 → 여쭙다, 아프다 → 편찮으시다, 죽다 → 돌아가시다,
가다 → 가시다, 하다→ 하시다, 나이 → 연세, 집 → 댁,
이름 → 성함, 생일 → 생신, 아내 → 부인

1. 진백진 씨, 부모님은 안녕하십니까?

→

2. 뮐러 씨, 많이 먹으십시오.

→

3. 선생님, 어제 몇 시간 잤습니까?

→

4. 동생이 아버지에게 선물을 줍니다.

→

Ⅴ. 물음에 답하십시오.

우리 가족은 할아버지, 아버지, 어머니, 누나, 동생, 그리고 나 모두 여섯 명입니다. 할아버지<u>는</u>(①) <u>나이가 많습니다</u>.(②). 그렇지만 아주 <u>건강합니다</u>(③). 할머니<u>는</u>(④) 작년에 <u>죽었습니다</u>(⑤). 아버지와 어머니<u>는</u>(⑥) 회사에서 <u>일합니다</u>(⑦). 누나와 나는 대학교에 다니고, 동생은 고등학교에 다닙니다. 오늘은 일요일입니다. 그래서 가족들이 모두 집에 있습니다. 할아버지<u>는</u>(⑧) 방에서 <u>잡니다</u>(⑨). 아버지<u>는</u>(⑩) 거실에서 신문을 <u>보고</u>(⑪), 어머니<u>는</u>(⑫) 아버지 옆에서 과일을 <u>깎습니다</u>(⑬). 동생은 텔레비전을 봅니다. 누나는 아버지<u>에게</u>(⑭) 차를 가져다 <u>주고</u>(⑮) 동생에게는 우유를 가져다 줍니다. 나는 친구에게 편지를 씁니다.

1. 위의 글을 읽고 답하십시오.

1) 가족이 모두 몇 명입니까?

→

2) 부모님께서는 무슨 일을 하십니까?

→

3) 할아버지, 할머니와 함께 사십니까?

→

4) 형제가 몇 명입니까? 또 형제들은 무슨 일을 합니까?

→

5) 가족들은 어디에 살고 있습니까?

→

2. 밑줄 친 부분들을 경어법으로 고치십시오.

①

②

③

④

⑤

⑥

⑦

⑧

⑨

⑩

⑪

⑫

⑬

⑭

⑮

제4과 김 교수님 계십니까?
Lektion 4. Ist Frau Professorin Kim zu Hause?

뮐러	여보세요.
	안녕하세요.
	저는 뮐러입니다. 김 선생님 계십니까?
아주머니	아닙니다. 전화를 잘못 거셨어요.
뮐러	죄송합니다. 전화번호가 031-379-4821 아닙니까?
아주머니	아닙니다. 이곳은 031-379-4921입니다.
뮐러	미안합니다.
아주머니	괜찮습니다.

(뮐러 씨는 031-379-4821 번호로 다시 전화를 겁니다)

뮐러	여보세요.
	김 선생님 댁입니까?
아주머니	네, 그렇습니다. 실례지만, 누구세요?
뮐러	저는 뮐러입니다.
	김 선생님께 한국어를 배우고 있는 학생입니다.
	선생님 계십니까?
아주머니	아니요, 지금 안 계세요.
	저녁 7시에 돌아오실 거예요.
뮐러	알겠습니다. 8시쯤에 다시 전화하겠습니다.
	안녕히 계세요.

Lektion 4. Ist Frau Professorin Kim zu Hause?

Müller	Hallo! Guten Tag! Hier ist Müller. Ist Frau Kim da?
Frau	Nein. Sie haben sich vewählt.
Müller	Entschuldigung. Die Telefonnummer lautet 031-379-4821, nicht wahr?
Frau	Nein. Hier ist 031-379-4921.
Müller	Entschuldigen Sie bitte!
Frau	Das macht nichts.

(Herr Müller ruft die Nummer 031-379-4821 an.)

Müller	Guten Tag! Kann ich mit Frau Kim sprechen?
Frau	Ja, darf ich fragen, wer da spricht?
Müller	Ich bin Müller. Ich bin Schüler von Frau Kim und lerne Koreanisch bei ihr. Ist sie jetzt zu Hause?
Frau	Nein, sie ist im Moment nicht zu Hause. Sie kommt um 7 Uhr abends zurück.
Müller	O.K. Ich rufe gegen 8 Uhr noch einmal an. Auf Wiederhören.

문법

1. 숫자[sujja]

한국어에서 숫자는 기수를 나타낼 때 쓰는 고유어와 한자어 그리고 서수인 고유어가 있다.

Zahlen : Im koreanischen gibt es zwei verschiedene Zahlreihen : die sinokoreanischen Zahlen, die sich an das Chinesische anlehnen und die (rein) koreanischen Zahlen. Sie werden mit unterschiedlichen Zahlwörtern benutzt.

• 기수[**gisu**] **Grundzahl**

한자어[hanssaeo] Sinokoreanische	고유어[goyueo] Koreanische	독일어[dogireo] Deutsche
1[il]	하나[hana] / (한[han])	ein
2[i]	둘[dul] / (두[du])	zwei
3[sam]	셋[set] / (세[se])	drei
4[sa]	넷[net] / (네[ne])	vier
5[o]	다섯[daseot]	fünf
6[yuk]	여섯[yeoseot]	sechs
7[chil]	일곱[ilgop]	sieben
8[pal]	여덟[teodeol]	acht
9[gu]	아홉[ahop]	neun
10[sip]	열[yeol]	zehn
11[sibil]	열하나[yeolhana] / (열한[yelhan])	elf
20[isip]	스물[seumul] / (스무[seumu])	zwanzig
30[samsip]	서른[seoreun]	dreißig
40[sasip]	마흔[maheun]	vierzig
50[osip]	쉰[swin]	fünfzig
60[yuksip]	예순[yesun]	sechzig
70[chilsip]	일흔[ilheun]	siebzig
80[palsip]	여든[yedeun]	achzig
90[gusip]	아흔[aheun]	neunzig
100[baek]	백[baek]	ein hundert

- **서수[seosu] Ordnungszahl**

1	첫 번째[cheoppeonjjae]	erst
2	두 번째[dubeonjjae]	zweit
3	세 번째[sebeonjjae]	dritt
4	네 번째[nebeonjjae]	viert
	……	
10	열 번째[yeolppeonjjae]	zehnt
11	열한 번째[yeolhanbeonjjae]	elft
12	열두 번째[yeoldubeonjjae]	zwölft
13	열세 번째[yeolsebeonjjae]	dreizehnt
14	열네 번째[yeolnebeonjjae]	vierzehnt
	……	
20	스무 번째[seumubeonjjae]	zwanzigst
30	서른 번째[seoreunbeonjjae]	dreißigst

- **수의 단위[sue danwi] Zahleinheit**

공/영[gong/yeong]	0
일[il]	1
십[sib]	10
백[baek]	100
천[cheon]	1,000
만[man]	10,000
십만[sibman]	100,000
백만[baekman]	1,000,000
천만[cheonman]	10,000,000
억[eok]	100,000,000
십억[sibeok]	1,000,000,000
백억[baekeok]	10,000,000,000
천억[cheoneok]	100,000,000,000
조[jo]	1,000,000,000,000

예) 제 전화번호는 031-379-6568입니다.

[제 전하번호는 공사밀 삼칠구에 유고육팔임니다;

je jeonhabeonhoneun gongsamil samchilgue yugoyukpal imnida]

Meine Telefonnummer ist 031-379-6568.

2. -지만[jiman]

- 앞뒤 문장이 반대되는 내용임을 나타내는 연결어미

'-지마는'의 준말

Gegensätzliche Satzverknüfung : aber

Die gegensätzliche Satzverknüfung wird gebildet, indem sie an den Verbstamm des ersten Satzes '지만' angehängt wird. Mit '지만' kann man kontrastive Sätze verknüpfen. Dies wird im Deutschen mit "aber" bzw. "zwar"…, "aber"…, "obwohl"… übersetzt.

예) 편지를 보냈지만 답장이 없습니다.

[편지를 보내찌만 답짱이 업씀니다; pyeonjireul bonaejjiman dapjjangi eopsseumnida]

Der Antwortbrief ist nicht angekommen, obwohl ich einen Brief geschickt habe.

한국어는 어렵지만 재미있습니다.

[항구거는 어렵찌만 재미이씀니다; hanggugeoneun eoryeopjjiman jaemiisseumnida]

Koreanisch ist zwar schwierig aber interessant.

3. 시[si]/시간[sigan]

- 단위에 따라 숫자가 고유어숫자와 한자어숫자로 읽는다.

예를 들면 시/시간의 경우는 한 시, 두 시, 세 시, 네 시, 다섯 시 등과 같이 '고유어+시/시간'으로 분은 일 분, 오 분, 십 분, 삼십 분 등과 같이 '한자어+분'으로 그리고 초의 경우는 일 초, 이 초, 오십 초, 육십 초 등과 같이 '한자어+초'로 읽는다.

Zeit 시[si] : Koreanische Zahl + Stunde

분[bun] : Sinokoreanische Zahl + Minute

초[cho] : Sinokoreanische Zahl + Sekunde

오전[ojeon] : Vormittag.

오후[ohu] : Nachmittag

정각[jeonggak] : um ...Uhr

예) 몇 시입니까?

[며씨임니까; myeossi imnikka]

Wie spät ist es?

→ 12시 정각입니다.

[열두시 정가김니다; yeoldusi jeonggagimnida]

Es ist um zwölf Uhr.

→ 12시 30분입니다.

[열두시 삼시뿐임니다; yeoldusi samsippunimnida]

Es ist halb eins.

4. N에[e](시간)

- (명사 뒤에서) 시간을 나타내는 조사

Partikel-Zeit

예) 몇 시에 만납니까?

[며씨에 만남니까; myeossie mannamnikka]

Um wieviel Uhr treffen wir uns?

→ 오후 5시에 만납니다.

[오후 다서씨에 만남니다; ohu daseossie mannamnida]

Wir treffen uns um 5 Uhr nachmittags.

5. N쯤[jjeum]

- 명사나 대명사 뒤에서 시간적으로 대략의 의미를 지닌 '정도'를 나타내는 접미사

Ausdrückende Form der Zeit

Die Bedeutung von 쯤[jjeum] ist gegen, etwa.

예) 몇 시에 잡니까?

[며씨에 잠니까; myeossie jamnikka]

Um wieviel Uhr gehen Sie ins Bett?

→ 11시 쯤 잡니다.

[열한시쯤 잠니다; yeolhansiejjeum jamnida]

Ich gehe gegen elf Uhr ins Bett.

6. -았[at]/었[eot]/였[yeot](했[haet])-

- 문장이 나타내는 상황이나 사건이 일어난 때가 과거임을 나타내는 어미

-았- : 양성모음 ㅏ, ㅗ의 동사나 형용사에서

-었- : 음성모음 ㅓ, ㅜ, ㅡ, ㅣ의 동사나 형용사 및 '이다', '아니다'에서

-였- : '-하'를 가진 형용사와 동사에서

원형 -	현재; 비존칭/존칭 -	과거; 비존칭/존칭
가다(양성모음)	간다; 가요/갑니다	갔다; 갔어요/갔습니다
어렵다(음성모음)	어렵다; 어려워요/어렵습니다	어려웠다; 어려웠어요/어렵습니다
이다	이다; 이에요(예요)/입니다	이었다/였다; 였어요/였습니다
하다	한다; 해요/합니다	하였다/했다; 했어요/했습니다

Vergangenheit (Präteritum oder Perfekt)

V/A았-(Helle Laute) : wenn das Verb bzw. das Adjektiv mit ㅏ, ㅗ endet.

V/A었-(Dunkle Laute) : wenn das Verb bzw. das Adjektiv mit ㅓ, ㅜ, ㅡ, ㅣ und '이다', '아니다' endet.

V/A였- : wenn das Verb bzw. das Adjektiv mit -하 endet.

Inf.	- informelle Höflichkeit (Gegenwart /Vergangenheit)	- formelle Höflichkeit (Gegenwart /Vergangenheit)
가다	- 가요/갔어요	- 갑니다/갔습니다

예) 집에 가다; 간다/가요/갑니다.

[지베 가다; 간다/가요/감니다; jibe gada; ganda/gayo/gamnida]

Ich gehe nach Hause.

→ 집에 갔다/갔어요/갔습니다.

[지베 가따/가써요/가씀니다; jibe gatta/gasseoyo/gasseumnida]

Ich bin nach Hause gegangen.

옷을 입다; 입는다/입어요/입습니다.

[오슬 입따; 임는다/이버요/입씀니다; oseul iptta; imneunda/ibeoyo/ipsseumnida]

Ich ziehe meine Kleidung an

→ 옷을 입었다/입었어요/입었습니다.

[오슬 이버따/이버써요/이버씀니다; oseul ibeotta/ibeosseoyo/ibeosseumnida]

Ich habe meine Kleidung angezogen.

엄마와 이야기하다/이야기해요/이야기합니다.

[엄마와 이야기하다; 이야기한다/이야기해요/이야기함니다;

eommawa iyagihada; iyagihanda/iyagihaeyo/iyagihamnida]

Ich spreche mit meiner Mutter.

→ 엄마와 이야기했다/이야기 했어요/이야기했습니다.

[엄마와 이야기해따/이야기해써요/이야기해씀니다;

eommawa iyagihaetta/iyagihaesseoyo/iyagihaesseumnida]

Ich habe mit meiner Mutter gesprochen.

7. 동사의 축약[dongsae chugyak]

> • **Abkürzung der Verben**
> z.B. 보았습니다 → 봤습니다
> 어떠하였습니까? → 어떠했습니까? → 어땠습니까?

예) 어제 친구와 영화를 보았어요/봤어요

[어제 칭구와 영하를 보아써요/바써요; eoje chingguwa yeonghareul boasseoyo/basseoyo]

Gestern habe ich mit meinem Freund einen Film gesehen.

8. N이/가 아니라 N예요/이에요

> • **'예요/이에요'의 부정 표현**
> -예요 : 명사가 모음으로 끝날 때
> -이에요 : 받침 있는 명사로 끝날 때
> **Negative Form von 'N예요/이에요'**
> N예요 : wenn das Substantiv mit einem Vokal endet.
> N이에요 : wenn das Substantiv mit einem Konsonanten endet.
> Die Bedeutung ist "nicht…, sondern…"

예) 사과는 야채예요? [사과는 야체예요; sagwaneun yachaeyeyo]

Ist der Apfel ein Obst?

→ 아니오, 사과는 야채가 아니라 과일이에요.

[아니오 사과는 야채가아니라 과일이에요; anio sagwaneun yachaegaanira gwailieyo]

Nein, das ist kein Gemüse, sondern Obst.

저것은 축구공이에요? [저거슨 축꾸공이에요; jeogeoseun chukkugongieyo]

Ist das ein Fußball?

→ 아니오, 저것은 축구공이 아니라 배구공이에요.

[아니오 저거슨 축구공이아니라 배구공이에요;

anio jeogeoseun chukkugongianira baegugongieyo]

Nein, das ist kein Fußball, sondern ein Basketball.

9. 안[an] V

- 의도부정
  1. 형용사나 동사 앞에 쓰여 어떤 상태나 성질 또는 행동이나 작용 또는 기능을 부정 하는 '아니'는 흔히 준말 '안'으로 많이 쓰인다.
  2. 용언의 어근에 '-하다'가 붙어서 이루어진 형용사나 동사에서 '-하다' 앞에 쓰여 어떤 상태나 성질 또는 행동이나 작용 또는 기능을 부정하는 뜻을 나타낸다.

Absichtsnegation : nicht

Eine kurze Negationsform mit '안' vor dem Hauptverb kann ebenfalls von fast allen Verben gebildet werden. Sie ist eher umgangssprachlich und stellt eine kategorische Verneigung dar. z.B. 하다(tun, machen) → 안하다(nicht machen), 공부하다(arbeiten) → 공부 안하다(nicht arbeiten)

예) 오늘 남자 친구를 만납니까?

[오늘 남자칭구를 만남니까; oneul namjachinggureul manamnikka]

Treffen Sie heute den Freund?

→ 아니요, 오늘은 남자 친구를 안 만납니다.

[아니오 오느른 남자칭구를 안 만남니다;

aniyo oneuleun namjachinggureul an mannamnida]

Nein, ich treffe ihn heute nicht.

10. -겠-[get]

- 희망이나 의지, 추측을 나타내는 어미

  '-을 것'이 주로 어떤 객관적이고도 일반적인 사례에 근거하여 추측할 때 쓰이는 반면 '-겠-'은 말하는 사람 자신의 주관적인 판단에 근거하여 추측할 때 주로 쓰인다.

  * V(으)시겠- : 존칭표현

  Morphem als Futurform

  Die Deutung als Futur, Dubiativ oder Intentionalis hängt von der Sprechsituation bzw. von Kontext ab. Die Verwendung von '-겠' ist auch eine Möglichkeit, höflich die eigene Absicht auszudrücken.

  Die Bedeutung von '겠' ist "wollen oder werden".

  * V(으)시겠- : Die honorative Verstammerweiterung '-(으)시' wird zwischen Verbalbasis und '-겠-' eingefügt.

예) 어디에서 기다리(시)겠습니까?

[어디에서 기다리(시)게씀니까; eodieseo gidari(si)gesseumnikka]

Wo wollen Sie warten?

→ 서울역에서 기다리겠습니다.

[서울려게서 기다리게씀니다; seoeulryeogeseo gidarigesseumnida]

Ich wollte auf dem Bahnhof Seoul warten.

내일은 비가 오겠습니다.

[내이른 비가 오게씀니다; naeireun biga ogesseumnida]

Morgen wird es regnen.

문장과 단어 : 시간, 전화통화

1. 시간[sigan] Zeit

F : 오늘은 몇 년, 몇 월, 며칠입니까?

[오느른 면년 며덜 며칠임니까; oneureun myeonnyeon myeodeol myeochilimnikka]

Welches Jahr, welchen Monat, welches Datum haben wir heute?

A : 오늘은 2010년 1월 1일입니다.

[오느른 이천 심년 이럴 이릴임니다; oneureun icheon simnyeon ireol irilimnida]

Heute ist der erste Januar 2010.

F : 지금은 몇 시 몇 분입니까?

[지그믄 며씨 며뿐임니까; jigeumeun myeossi myeoppunimnikka]

Wie spät ist es jetzt?

A : 지금은 오전 10시 10분입니다.

[지그믄 오전 열씨 시뿐임니다; jigeumeun ojeon yeolssi sippunimnida]

Es ist jetzt 10 nach 10.

- **날짜[naljja] Datum** –1999.12.31.[cheon gubaek gusip gunyeon sibiwol samsipiril]
- **달[dal] Monate**
  - 일월[irwol] Januar
  - 이월[iwol] Februar
  - 삼월[samwol] März
  - 사월[sawol] April
  - 오월[owol] Mai
  - 유월[yuwol] Juni
  - 칠월[chirwol] Juli
  - 팔월[parwol] August
  - 구월[guwol] September
  - 시월[siwol] Oktober
  - 십일월[sibirwol] November
  - 십이월[sibiwol] Dezember

- 주[ju] **Woche**
  - 요일[yoil] Wochentage
  - 월요일[woryoil] Montag
  - 화요일[hwayoil] Dienstag
  - 수요일[suyoil] Mittwoch
  - 목요일[mogyoil] Donnerstag
  - 금요일[geumnyoil] Freitag
  - 토요일[toyoil] Samstag
  - 일요일[iryoil] Sonntag
- 시간[**sigan**] **Uhrzeit**
  - 시[si] Uhr – 분[bun] Minute – 초[cho] Sekunde
  - 오전[ojeon] Vormittag – 오후[ohu] Nachmittag
  - 정각[jeonggak] um – 반[ban] halb
  - 전[jeon] vor – 후[hu] nach

2. 전화통화[jeonhwa/jenhatongha] Am Telefon

여보세요.

[여보세요; yeoboseyo]

Ja, Hallo!

안녕하세요?

[안녕하세요; annyeonghaseyo]

Guten Tag!

김 선생님과 통화할 수 있습니까?/김 선생님 계십니까?

[김선생님과 통하할쑤 이씀니까/김선생님 게심니까;

gimseonsaengnimgwa tonnghwahalssu isseumnikka/gimseonsaengnim gyeosimikka]

Kann ich bitte mit Frau Kim sprechen?

잠깐만 기다리세요. 실례지만 , 누구세요?

[잠깜만 기다리세요 실레지만 누구세요; jamkkanman gidariseyo silryejiman nuguseyo]

Einen Moment bitte. Entschuldigung, mit wem spreche ich denn?

통화 중입니다.

[통하중임니다; tonghajungimnida]

Sie telefoniert gerade.

여기에 그런 사람 안 살아요. 전화 잘 못 거셨습니다.

[여기에 그런 사람 안 사라요 전하 잘몯 거셔씀니다;

yeogie geureon saram an sarayo jeonhwa jalmot geosyeosseumnida]

Hier wohnt diese Person nicht. Sie haben sich verwählt.

잘 못 걸었습니다.

[잘몯 거러씀니다; jalmot georeosseumnida]

Sie sind falsch verbunden.

안 계십니다. 실례지만, 누구십니까?

[안게심니다 실례지만 누구심니까; angyesimnida silrejiman nugusimnikka]

Sie ist im Moment nicht da. Entschuldigung, mit wem spreche ich denn?

저는 뮐러입니다.

[저는 뮐러임니다; jeoneun mwilreoimnida]

Ich bin Herr Müller.

메시지를 남길 수 있습니까?

[메씨지를 남길쑤이씀니까; messijireul namgilssuisseumnikka]

Kann ich etwas ausrichten?

제가 전화했다고 전해주시겠습니까?

[제가 전하해따고 전해주시게씀니까; jega jeonhwahaettago jeonhaejusigesseumnikka]

Können Sie bitte ausrichten, dass ich angerufen habe?

제가 나중에 다시 전화하겠다고 전해줄 수 있습니까?

[제가 나중에 다시 전하하게따고 전해줄쑤 이씀니까;

jega najunge dasi jeonhahagettago jeonhaejulsu isseumnikka]

Können Sie bitte ausrichten, dass ich später noch mal anrufen werde?

전해드릴게요.

[전해드릴께요; jeonhaedeurilkkeyo]

Ich werde es ausrichten.

안녕히 계세요.

[안녕히게세요; annyeonghigyeseyo]

Auf Wiederhören.

- 전화[**jeonhwa/jeonha**] **Telefon**
  - 전화번호[jenhwabbeono] Telefonnummer
  - 집전화기[jipjenhwagi] Festnetztelefon
  - 핸드폰[haendeupon] Handy
  - 전화박스[jeonhwabaksseu] Telefonzelle
  - 전화가입자[jeonhwagaipjja] Telefonteilnehmer
  - 전화번호부책[jeonhwabeonhobuchaek] Telefonbuch
  - 전화번호안내 114[jeonhwabeonhoannae ililssa] Telekomnummerauskunft 11833
  - 대표전화[daepyojeonhwa] Direktanschlussnummer
  - 전화국[jeonhwaguk] Telefonamt
  - 전화요금[jeonhwayogeum] Telefongebühr
  - 자동전화[jadongjeonhwa] Selbstanschluss
- 동사[**dongsa**] **Verben**
  - 전화 걸다/하다[jeonhwageolda/hada] anrufen
  - 전화 받다[jeonhwabatta] Anruf bekommen
  - 통화중이다[tonghwajungida] besetzt

연습문제

Ⅰ. 다음을 읽고 대답하세요.

뮐러 씨가 김 선생님 댁에 전화를 합니다. 그러나 뮐러 씨는 처음에 전화를 잘못 걸었습니다. 김 선생님의 전화번호는 031-379-4821인데 뮐러 씨는 031-379-4921로 전화를 걸었던 것입니다. 뮐러 씨는 미안하다고 사과를 하고 김 선생님 댁에 다시 전화를 걸었습니다. 그러나 김 선생님은 댁에 계시지 않았습니다. 김 선생님은 저녁 7시에 돌아오신다고 합니다. 그래서 뮐러 씨는 저녁 8시에 다시 전화를 걸겠다고 말하고 전화를 끊었습니다.

1. 뮐러 씨는 누구에게 전화를 합니까?
→

2. 전화번호 031-379-4821은 어떻게 읽습니까?
→

3. 뮐러 씨는 김 선생님과 통화를 하였습니까?
→

4. 김 선생님은 몇 시에 집에 계십니까?
→

5. 뮐러 씨는 몇 시에 다시 전화를 하겠다고 했습니까?
→

Ⅱ. 다음을 읽고 쓰십시오.

저는 중국 사람입니다. 2월에 한국에 왔습니다. 지금 대학 기숙사에 살고 있습니다. 그리고 대학교에서 한국어를 공부합니다. 우리 반 학생은 모두 12명입니다. 김 선생님과 전 선생님 그리고 박 선생님이 우리를 가르치십니다. 한국어 공부는 어렵지만 재미있습니다. 우리는 공부를 하고 학생 식당에 갑니다. 학생 식당은 싸고 맛있습니다. 저는 밥을 먹고 도서관에 갑니다. 도서관에서

숙제를 하고 책을 읽습니다. 책을 읽고 난 후 기숙사에 갑니다. 기숙사에서 한국 친구들과 이야기를 하고 함께 기숙사 식당에서 저녁을 먹습니다. 저녁을 먹은 후 텔레비전을 봅니다. 그리고 음악을 들으며 책을 읽기도 합니다. 그리고 밤 11시에는 잠을 잡니다. 내일은 토요일입니다. 토요일에는 수업이 없습니다. 저는 주말에 보통 학교 운동장에서 친구들과 축구나 농구 같은 운동을 하거나 영화관에 갑니다. 그러나 내일은 운동을 하지 않고 산에 갈 겁니다. 저는 운동을 좋아합니다. 특히 등산을 좋아합니다. 오랜만에 등산을 가는 것이기 때문에 내일이 기대됩니다. 빨리 내일이 되었으면 좋겠습니다.

1. 이 사람은 어디에서 왔습니까?

→

2. 이 사람은 한국에서 무엇을 합니까?

→

3. 학생은 모두 몇 명입니까?

→

4. 한국어 공부가 어떻습니까?

→

5. 점심은 어디에서 먹습니까?

→

6. 점심을 먹고 어디에 갑니까? 그리고 그 곳에서 무엇을 합니까?

→

7. 이 사람은 저녁을 먹고 무엇을 합니까?

→

8. 이 사람은 주말에 보통 무엇을 합니까?

→

III. 다음을 읽고 쓰십시오.

뮐러 씨는 소현 씨와 함께 오늘 재래시장에 갔습니다. 뮐러 씨는 재래시장이 처음입니다. 재래시장에는 여러 가지 물건들이 있었습니다. 뮐러 씨는 포장마차에서 발걸음을 멈추고, 그 곳을 살펴보았습니다. 한 아주머니가 음식들을 만들고 여러 명의 젊은 사람들이 그 음식들 주변에 앉거나 서서 음식을 먹고 있었습니다. 뮐러 씨는 그 음식 중에서 처음 보는 것이 있었습니다. 독일에서 빵과 함께 먹는 소시지와 비슷하지만 색깔은 검은색으로 달랐습니다. 뮐러 씨는 궁금했습니다. 그래서 소현 씨에게 물어 보았습니다.

"소현 씨, 이것의 이름은 무엇이지요?"

"그것은 순대예요."

"맛있습니까?"

"글쎄요, 한국 사람들은 간식으로 순대를 즐겨 먹어요."

"그럼, 저기 아가씨들이 먹는 빨간색 고춧가루를 많이 넣어 만든 음식은 무엇인가요?"

"아, 저것은 떡볶이라고 해요."

"많이 매운가요?"

"네, 외국 사람들에게는 매울 수 있어요.
그렇지만 한국의 젊은 사람들은 그 매운 맛 때문에 떡볶이를 즐겨 먹어요."

"그런데 떡볶이와 함께 마시는 음료수는 물인가요?"

"아니요. 그것은 물이 아니고 '어묵국물'이에요. 그런데 사람들은 '어묵'을 '오뎅'이라고들 해요. 그래서 '오뎅국물'이라는 말로 더 많이 들을 수 있을 거예요.
뮐러 씨 앞에 나무고치에 끼운 것이 어묵이에요. 어묵과 무 그리고 여러 가지 해산물을 넣어 오랫동안 끓여 만든 국물이에요. 이 어묵국물은 추운 겨울에 마시면 정말 따뜻하고 맛있어요. 우리도 함께 먹어볼까요?"

"그렇게 하지요. 음, 어떤 것부터 먹어 볼까…"

"아주머니, 떡볶이와 순대 1인분씩 주세요. 그리고 어묵 2개와 국물 좀 주세요."

소현 씨와 뮐러 씨는 맛있게 떡볶이와 순대 그리고 어묵을 먹은 후 옷가게 등을 더 둘러보고 돌아 왔습니다.

1. 누가 누구와 어디에서 무엇을 얼마나 먹었습니까?

→

2. 포장마차에서 무엇을 팝니까?

→

3. 어묵국물은 어떻게 만듭니까?

→

4. 당신은 포장마차에서 음식을 먹어 보았습니까? 무엇을 먹어 보았습니까?

→

제5과 내 방에는 여러 가지 물건들이 있습니다.
Lektion 5. In meinem Zimmer gibt es viele Sachen.

김 선생님　왕영호 씨는 어디에서 삽니까?

왕영호　저는 기숙사에 삽니다.

김 선생님　기숙사에 대해 설명해 주겠습니까?

왕영호　네, 기숙사 건물은 4층입니다.
1층에는 식당과 매점 그리고 컴퓨터실과 휴게실이 있습니다.

김 선생님　휴게실에는 무엇이 있습니까?
휴게실에는 텔레비전이 있습니다. 그리고 텔레비전 앞에는 탁자와 소파가 있습니다.
텔레비전 오른쪽에는 신문과 잡지들이 있습니다.

김 선생님　그럼, 왕영호 씨의 방에 대해서도 설명해 줄 수 있습니까?

왕영호　제 방은 2층에 있습니다.
방에는 책상과 침대가 있습니다.

김 선생님　침대 옆에 무엇이 있습니까?

왕영호　침대 옆에 옷장이 있습니다.

김 선생님　텔레비전도 있습니까?

왕영호　아니오, 텔레비전은 없고 책상위에 라디오가 있습니다.

김 선생님　침대 밑에는 무엇이 있습니까?

왕영호　침대 밑에는 큰 가방이 있습니다.

김 선생님　설명을 잘 해 주셨어요.
그러면 이제 다른 분들은 왕영호 씨의 방을 그림으로 그려 보세요.

Lektion 5. In meinem Zimmer gibt es viele Sachen.

Lehrerin Kim	Herr Wang, wo wohnen Sie?
Wang Young-Ho	Ich wohne im Studentenwohnheim.
Lehrerin Kim	Sprechen Sie bitte einmal über Ihr Wohnheim?
Wang Young-Ho	Ja, gerne. Das Studentenwohnheim ist vierstöckig. Im Erdgeschoss gibt es eine Mensa, einen Kiosk, einen Computer und Gemeinschaftsraum.
Lehrerin Kim	Was gibt es im Gemeinschaftsraum?
Wang Young-Ho	Im Gemeinschaftsraum gibt es einen Fernseher. Vor dem Fernseher stehen ein Couchtisch und ein Sofa. Auf der rechten Seite des Fernsehers sind Zeitungen und Zeitschriften.
Lehrerin Kim	Und dann, sprechen Sie bitte auch einmal über Ihr Zimmer?
Wang Young-Ho	Mein Zimmer ist im zweiten Stock. Im Zimmer sind ein Schreibtisch und ein Bett.
Lehrerin Kim	Was steht neben dem Tisch?
Wang Young-Ho	Neben dem Tisch steht ein Schrank.
Lehrerin Kim	Gibt es auch einen Fernseher?
Wang Young-Ho	Nein, es gibt keinen Fernseher. Aber ein Radio steht auf dem Schreibtisch
Lehrerin Kim	Was liegt unter dem Tisch?
Wang Young-Ho	Unter dem Tisch liegt ein großer Koffer.
Lehrerin Kim	Sie haben das gut erklärt. Jetzt malen alle das Zimmer von Herrn Wang.

문법

1. 앞[ap]/뒤[dwi]/옆[yeop]/위[wi]/아래[arae]/오른쪽[oreunjjok]/왼쪽[oenjjok]/맞은편[majeunpyeon]/건너편[geonneopyeon]

- 위치 전치사

Partikel-Stellungsort

앞 : vorn

뒤 : hinter

옆 : beiseite/neben

왼쪽 : links

오른쪽 : rechts

위 : oben

아래(=밑) : unten

Partikel-Standort

오른쪽 : rechts

왼쪽 : links

건너편/맞은편 : gegenüber

예) 신문은 어디에 있습니까?

[심무는 어디에 이씀니까; sinmuneun eodie isseumnikka]

Wo ist die Zeitung?

→ 책상위에 있습니다.

[책쌍위에 이씀니다; chaekssangwie isseumnida]

Die Zeitung ist auf dem Schreibtisch.

우체국이 어디에 있습니까?

[우체구기 어디에 이씀니까; uchegugi eodie isseumnikka]

Wo ist das Postamt?

→ 길 건너편에 있습니다.

[길 건너펴네 이씀니다; gil geonneopyeone isseumnida]

Das Postamt ist auf der anderen Straßenseite.

2. N(으)로[(eu)ro]

- 움직임의 방향, 경로 그리고 변화의 방향을 나타내는 조사
  -으로 : 받침 있는 명사에서
  -로 : 모음 또는 'ㄹ'받침으로 끝나는 명사에서
  Partikel-Richtungsangabe
  N으로 : wenn das Substantiv mit einem Konsonanten endet.
  N로 : wenn das Substantiv mit einem Vokal oder 'ㄹ' endet.

예) 국립박물관은 어디에 있습니까?
[궁닙방물과는 어디에 이씀니까; gungnipbangmulgwaneun eodie isseumnikka]
Wo ist das Nationalmuseum?
가는 길을 가르쳐 주시겠습니까?
[가는 기를 가르처 주시게씀니까; ganeun gireul gareuchyeo jusigesseumnikka]
Können Sie mir den Weg zum Nationalmuseum zeigen?
→ 이 길로 직진하세요. 그 다음에 왼쪽으로 가세요.
[이 길로 직찐하세요 그 다으메 왼쪼그로 가세요;
i gilro jikjjinhaseyo geu daeume oenjjogeuro gaseyo]
Sie gehen diese Straße geradeaus. Und dann biegen Sie nach links ab.

3. 사물의 단위[samule danwi]

- **Zahlwörter**
  사람[saram]/명[myeng]/분[bun] Mensch : 한 사람, 두 사람, 세 사람, 네 사람
  살[sal]/세[se] Alter : 열 살, 스무 살, 서른 살, 마흔 살, 쉰 살, 예순 살
  사물[samul] Gegenstände:
  개[gae] Stück : 사과 한 개, 바나나 두 개
  병[byeong] Flasche : 맥주 세 병, 막걸리 네 병
  잔[jan] Tasse : 우유 다섯 잔, 주스 여섯 잔
  권[gwon] Buchband : 책 일곱 권, 책 여덟 권
  장[jang] Blatt Papier : 종이 아홉 장, 사진 열 장
  대[dae] Maschine : 자동차 한 대, 컴퓨터 두 대
  마리[mari] Tier : 개 한 마리, 고양이 두 마리

송이[songi] Blume : 장미 한 송이, 튤립 두 송이
벌[beol] Kleidungsstück : 양복 한 벌, 원피스 두 벌
켤레[kyeolre]/짝[jjak] Schuhe : 신발 세 켤레, 양말 네 켤레
그루[geuru] Baum : 나무 다섯 그루
자루[jaru] Stift : 볼펜 여섯 자루, 연필 일곱 자루
층[cheung] Gebäudestock : 일 층, 이 층

예) 책상위에 공책 한 권과 책 세권 그리고 볼펜이 한 자루 있습니다.
[책쌍위에 공책 항권과 책 세권 그리고 볼페니 한자루이씀니다;
chaekssangwie gongchaek hangwongwa chaek segwon geurigo bolpeni han jaru isseumnida]
Auf dem Schreibtisch gibt es ein Heft, drei Bücher und einen Kugelschreiber.

문장과 단어 : 가구류 및 거주지[gaguryumit geojuji] Möbel und Wohnort

F : 집 안에는 무엇이 있습니까?
[지바네는 무어시 이씀니까; jibaneneun mueosi isseumnikka]
Was gibt es im Haus?
A : 집 안에는 여러 가지 물건들이 있습니다.
[지바네는 여러 가지 물건드리 이씀니다; jibaneneun yeoreogaji mulgeondeuriisseumnida]
Im Haus gibt es verschiedene Sachen.
침실에는 옷장, 침대, 이불과 화장대가 있습니다.
[침시레는 오짱 침대 이불과 화장때가 이씀니다;
chimsireneun ojjang chimdae ibulgwa hwajangdaega isseumnida]
Im Schlafzimmer gibt es einen Kleiderschrank, ein Bett, eine Decke und einen Parfümtisch.
서재에는 서가와 책, 책상과 의자, 컴퓨터 그리고 안락의자가 있습니다.
[서재에는 서가와 책 책쌍과 의자 컴퓨터 그리고 알락의자가 이씀니다; seojaeeneun

seogawa chaek chaekssanggwa ɯija cheompyuteo geurigo alrakɯisaga isseumnida]

Im Arbeitszimmer gibt es ein Bücherregal, Bücher, einen Schreibtisch, einen Stuhl, einen Computer und einen Sessel.

거실에는 소파와 탁자, 텔레비전, 전축, 꽃과 화분이 있습니다.

[거시레는 소파와 탁짜 텔레비전 전축 꼳꽈 화부니이씀니다;
geosireneun ssopawatakjja telrebijeon jeonchuk kkotkwa hwabuniisseumnida]

Im Wohnzimmer gibt es ein Sofa, einen Tisch, einen Fehrnseher, eine Stereoanlage, einen Blumentoft und Blumen.

부엌에는 냉장고, 가스렌즈, 전자렌즈, 식탁과 의자 그리고 찬장과 그릇이 있습니다.

[부어케는 냉장고 가스렌즈 전자렌즈 식탁꽈 의자 그리고 찬짱과 그르시이씀니다;
bueokeneun naengjanggo gaseurenjeu jeonjarenjeu siktakkkwaɯija geurigo chanjjanggwa geureusiisseumnida]

In der Küche gibt es einen Kühlschrank, einen Gasherd, eine Mikrowelle, einen Esstisch, einen Schrank, Stühle und Geschirre.

욕실에는 샤워기, 욕조, 거울, 칫솔과 치약, 면도기, 샴푸와 린스, 비누와 수건 그리고 머리빗이 있습니다.

[욕씨레는 샤어기 욕쪼 거울 치쏠과 치약 면도기 샴푸와 린쓰 비누와 수건 그리고 머리비시이씀니다; yokssireneun syaeogi yokjjo geoul chissolgwa chiyak myeondogi syampuwa rinsseu binuwasugeon geurigo meoribisiisseumnida]

Im Badezimmer gibt es Dusche, Badewanne, Spiegel, Zahnbürste, Zahnpasta, Rasierapparat, Shampoo, Haarspülung, Seife, Handtuch und Kamm.

- 가구[**gagu**] **Möbel**
  - 옷장[ojjang] Kleiderschrank
  - 서가[seoga] Bücherregal
  - 소파[sopa] Sofa
  - 식탁[siktak] Esstisch
  - 안락의자[alrakɯija] Sessel
  - 찬장[chanjjang] Küchenschrank
  - 책상[chaekssang] Schreibtisch
  - 책장[chaekjjang] Bücherregal

- 침대[chimdae] Bett
- 화장대[hwajangdae] Parfümtisch

• 가전제품[gajeonjepum] **Elektronisches Gerät**
  - 냉장고[naengjanggo] Kühlschrank
  - 세탁기[setakki] Waschmaschine
  - 선풍기[seonpunggi] Ventilator
  - 에어컨[eeokeon] Klimaanlage
  - 전축[jeonchuk] Stereoanlage
  - 컴퓨터[keompyuteo] Computer
  - 텔레비전[telrebijeon] Fernseher

• 부엌용품[bueongyongpum] **Küchensache**
  - 식기류[sikkiryu] Geschirr und Besteck
  - 그릇[geureut] Geschirr
  - 접시[jepssi] Teller
  - 컵[keop] Glas
  - 냅킨[naepkin] Serviette
  - 숟가락[sukkarak] Löffel
  - 젓가락[jeokkarak] Stäbchen
  - 칼/나이프[kal/naipeu] Messer
  - 포크[pokeu] Gabel

• 방[bang] **Zimmer**
  - 거실[geosil] Wohnzimmer
  - 침실[chimsil] Schlafzimmer
  - 서재[seojae] Arbeitszimmer
  - 부엌[bueok] Küche
  - 욕실[yokssil] Badezimmer
  - 화장실[hwajangsil] Toilette

• 세[se] **Miete**
  - 월세[wolsse] monatliche Miete
  - 전세[jeonse] Miete für eine Wohnung gegen Hinterlegung von Schlüsselgeld

• 집[jip] **Haus**
  - 아파트[apateu] Apartment

- 단독주택[dandokjutaek] Haus
- 연립주택[yeolripjutaek] Reihewohnung
- 원룸[wonrum] Einzimmerwohnung

• **호텔[hotel] Hotel**
  - 여관[yeogwan] Gaststätte
  - 콘도[kondo] Ferienwohnung
  - 민박집[minbakjjip] Privat-Ferienwohnung

연습문제

Ⅰ. 읽고 대답하십시오.

왕영호 씨가 자신이 살고 있는 기숙사와 방에 대해서 설명을 합니다. 왕영호 씨는 기숙사에 삽니다. 기숙사 건물은 4층입니다. 1층에는 식당과 매점 그리고 휴게실이 있습니다. 휴게실에는 텔레비전이 있습니다. 그리고 텔레비전 앞에는 작은 탁자와 소파가 있습니다. 텔레비전 오른쪽에는 신문과 잡지들이 있습니다. 왕영호 씨의 방은 2층에 있습니다. 방에는 책상과 침대가 있습니다. 침대 옆에 옷장이 있습니다. 왕영호 씨의 방에는 텔레비전이 없고 책상위에 라디오가 있습니다. 침대 밑에는 큰 가방이 있습니다.

1. 기숙사는 몇 층 건물입니까?

→

2. 1층에는 무엇이 있습니까?

→

3. 왕영호 씨의 방은 몇 층에 있습니까?

→

4. 왕영호 씨의 방에는 무엇이 있습니까?

→

5. 텔레비전은 방에 있습니까?

→

6. 침대 옆에는 무엇이 있습니까?

→

7. 라디오는 어디에 있습니까?

→

8. 침대 밑에는 무엇이 있습니까?

→

9. 당신의 방안에는 무엇이 있습니까?

→

II. 다음을 읽고 알맞게 연결하십시오.

여기는 제 방입니다. 제 방은 2층에 있습니다. 제 방에는 책상과 침대가 있습니다. 침대 위에는 공책과 연필이 있습니다. 제 방에는 냉장고도 있습니다. 냉장고는 책상 옆에 있습니다. 제 가방은 의자 옆에 있고 시계는 책상 위에 있습니다. 책상 아래에는 구두가 있습니다. 제 방에는 텔레비전과 꽃은 없습니다. 저는 제 방에서 한국어 공부를 합니다.

1. 냉장고 ·	· 침대 위
2. 연필 ·	· 책상 옆
3. 가방 ·	· 없다
4. 시계 ·	· 책상 위
5. 공책 ·	· 책상 아래
6. 신발 ·	· 의자 옆
7. 텔레비전 ·	· 침대 위

III. 다음을 읽고 쓰십시오.

경민	안녕하십니까? 왕영호 씨는 도서관에 자주 옵니까?
왕영호	예, 저는 날마다 도서관에 옵니다. 저는 기숙사에 삽니다.
경민	저도 날마다 도서관에 옵니다. 저는 책과 잡지를 읽습니다.

	도서관에는 잡지와 책이 많습니다. 잡지가 아주 재미있습니다.
왕영호	저는 도서관에서 숙제를 합니다. 숙제가 많습니다.
	오늘은 신문을 읽고 싶습니다.
	신문은 어디에 있습니까? 신문을 읽고 싶습니다.
경민	신문은 도서관 5층에 있습니다. 여러 가지 신문이 있습니다.
왕영호	누가 신문을 읽습니까?
경민	학생들이 신문을 읽습니다.

1. 왕영호 씨와 경민 씨는 매일 어디에 갑니까?

→

2. 도서관에는 무엇이 있습니까?

→

3. 신문은 어디에 있습니까?

→

4. 여러분은 도서관을 자주 갑니까?

→

IV. 다음 물건을 어떻게 셀까요? 단어를 골라서 쓰십시오.

사과	강아지	구두	볼펜	의자	종이	카메라	꽃	냉장고
주스	컴퓨터	맥주	책상	연필	양말	고양이	책	텔레비전
염소	감자	피자	수첩	커피	공책	자동차	옷	수건

개 :

병 :

권 :

대 :

켤레 :

벌 :

송이 :

마리 :

자루 :

판 :

잔 :

장 :

제6과 제 딸은 예뻐요.
Lektion 6. Meine Tochter ist schön.

김 선생님	저는 1남 1녀를 두고 있습니다.
	첫째가 아들이에요.
	나이는 15살이고 키는 170cm 정도에 안경을 썼어요.
	둘째는 13살의 단발머리 소녀예요.
	뮐러 씨, 뮐러 씨도 따님이 한 명 있지요?
	뮐러 씨의 따님은 누굴 닮았어요?
뮐러	제 딸은 6살이고 아내를 닮아 초록색의 예쁜 눈을 가졌어요.
	그리고 머리 색깔은 금발이에요.
김 선생님	왕영호 씨, 왕영호 씨는 키가 몇이지요?
왕영호	1m 82cm예요.
김 선생님	유키 씨는 눈이 예뻐요.
	유키 씨, 어머님의 모습을 이야기 해 줄 수 있나요?
유키	저의 어머님은 키가 크시지 않고 158cm 정도의 아담한 키에 안경을 쓰셨지만, 맑고 큰 눈을 가지셨어요.
	사람들은 제가 저의 어머니를 닮았다고 해요.
김 선생님	스미스 씨는 부모님 중 어느 분을 더 닮았나요?
스미스	눈, 코, 입, 그리고 머리 색깔은 아버지를 닮았고, 세심한 성격은 어머니를 닮은 것 같아요.
김 선생님	외형적 모습은 아버님을 닮았고 심성은 어머님을 닮았군요.

Lektion 6. Meine Tochter ist schön.

Lehrerin Kim	Ich habe einen Sohn und eine Tochter. Der Sohn ist mein erstes Kind. Er ist 15 Jahre alt und 1,70m groß und trägt eine Brille. Das zweite Kind ist 13 Jahre alt und hat einen Bubikopf. Herr Müller, haben Sie auch eine Tochter? Wem sieht sie ähnlich?
Müller	Meine Tochter ist 6 Jahre alt und sie sieht ihrer Mutter ähnlich. Sie hat schöne grüne Augen und blonde Haare.
Lehrerin Kim	Herr Wang Young-Ho, wie groß sind Sie?
Wang Young-Ho	1,82m
Lehrerin Kim	Frau Yuki hat schöne Augen. Frau Yuki, wie sieht Ihre Mutter aus?
Yuki	Meine Mutter ist nicht groß, nur 1,58m, elegant und trägt eine Brille. Sie hat jedoch klare und große Augen.
Lehrerin Kim	Herr Smith, welchem Elternteil ähneln Sie mehr?
Smith	Die Augen, die Nase, der Mund und Haarfarbe sind meinem Vater ähnlich. Mein sorgfältiger Charakter ist meiner Mutter ähnlich.
Lehrerin Kim	Ihre Äußerlichkeiten sind Ihrem Vater ähnlich. Aber Sie haben den Charakter Ihrer Mutter.

문법

1. 나이 : 살[sal]/세[se]

- 나이 : 숫자 + 세/살

Alter

Die Bedeutung von '나이/살/세' ist Jahre alt

예) 나이가 어떻게 됩니까? [naiga eotteoke doemnikka]

= 몇 살입니까? [myeossalimnikka]

= 몇 세지요? [myeossejiyo]

Wie alt sind Sie?

→ 20살입니다. [seumusalimnida] Ich bin zwanzig Jahre alt.

2. 정도[jeongdo]/쯤[jjeum]

- 어떤 상태가 지속된 시간을 정확하게 계산하지 않고 나타내는 표현

'정도' drück eine Form der Zeit aus.

Die Bedeutung ist gegen oder etwa.

'쯤' hat die gleiche Bedeutung mit '정도'.

예) 뮐러 씨는 한국어를 배운 지 1년 정도 되었습니다.

[mwilreossineun hanggugeoreul baeunji ilnyeonjeongdo dwoeosseumnida]

Herr Müller hat etwa ein Jahr lang Koreanisch gelernt.

여기에서 대학까지는 얼마나 걸립니까?

[yeogieseo daehakkkajineun eolmana geolrimnikka]

Wie lange dauert es von hier bis zur Uni?

→ 이곳에서 대학까지는 버스로 20분 정도 걸립니다.

[igoseseo daehakkkajineun beoseuro isippun jeongdo geolrimnida]

Es dauert etwa 20 Minuten mit dem Bus.

3. 착용동사

- 의복, 모자, 신발 등을 입거나 쓰거나 신는 것으로 사람의 몸이나 몸과 관련되는 것에 대해서 쓰인다.

Sichkleidensverben

쓰다[sseuda] tragen : 모자, 안경, 우산

입다[iptta] anziehen : 옷

신다[sintta] anziehen : 신발, 양말

끼다[kkida] tragen : 장갑, 반지

매다[maeda] binden : 넥타이

하다[hada] tragen : 귀걸이

차다[chada] tragen : 시계

메다[meda] tragen : 배낭, 가방

예) 소현 씨는 흰색셔츠와 검정색 바지를 입습니다.

[sohyeonssineun hinsaeksyeocheuwa geomjeongsaek bajireul ipsseumnida]

Frau So-Hyun zieht ein weißes T-Shirt und eine schwarze Hose an.

4. -지 않다[ji antta]

- 의도부정 : 상반되는 상황을 대조적으로 이어 줌을 나타내는 어미.

용언(형용사와 동사)은 반드시 어미 '-지'를 가져야 하고 긴 문장에서 주로 쓰인다.

* '이다'의 부정은 '아니다'

'있다'의 부정은 '없다'

Absichtsnegation

Zeichen der Negation ist das Adverb '아니', gekürzt zu '안'. Es steht in der Verneigungsform vor dem Hilfsverb '하다', gekürzt zu '않다', nach dem mit '-지' norminalisierten Hauptverb. Das Verbalnomen auf '-지' tritt unmittelbar an die Verbalbasis an.

z.B. 하다(tun, machen) → 하지 않다(nicht machen), 깨끗하다 (sauber sein) → 깨끗하지 않다

* Die Negation der Kopula '이다'(sein) lautet '아니다'(nicht sein) das Existenzverb '있다' (vorhanden sein) wird mit '없다'(nicht vorhanden sein) verneint.

예) 김치를 좋아합니까?

[gimchireul joahamnikka] Mögen Sie Kimchi?

→ 네, 좋아합니다.

[ne joahamnida] Ja, ich mag es.

→ 아니요, 좋아하지 않습니다.

[aniyo joahaji ansseumnida] Nein, ich mag kein Kimchi.

김치를 좋아하지 않습니까?

[gimchreul joahaji ansseumnikka] Mögen Sie kein Kimchi?

→ 아니요, 좋아합니다.

[aniyo joahamnida] Doch, ich mag es.

→ 네, 좋아하지 않습니다.

[ne joahaji ansseumnida] Nein, ich mag es nicht.

술을 마시지 않는다. = 술을 안 마신다.

[sureul masiji anneunda] [sureul ammasinda]

Ich trinke kein Alkohl.

5. V지 마세요[ji maseyo]/-지 마십시오[ji masipssio]

• 금지를 나타내는 동사

Verb-Imperativ : Verbot

Mit der Imperativ-Verbotsform drückt man ein Verbot bzw. eine strenge Aufforderung, etwas nicht zu tun, aus.

Man bildet sie, indem man an den Verstamm entweder '지 마십시오' oder '지 마세요' anhängt.

예) 술을 많이 마시지 마세요.

[sureul mani masiji maseyo] Trinken Sie nicht so viel Alkohol.

들어가지 마십시오.

[deureogaji masipssio] Treten Sie nicht ein!

6. -(으)ㄴ/는 N

- **관형사형 어미 1**

어미의 하나로 동사나 형용사의 어간에 붙어 명사를 수식하는 기능을 한다. 관형사형 어미는 시제를 나타내는 기능도 아울러 가지고 있으며 품사에 따라 달리 나타난다.

현재시제

-ㄴ N : 모음이나 ㄹ로 끝나는 형용사와 서술격 조사 '이다' 뒤에서

-은 N : 받침 있는 형용사에서

-운 N : ㅂ받침에서

-는 N : 동사나 있다/없다 뒤에 쓰이며, 동작이 어느 시점에서 지속적인 상태에 있을 때

Partizip Präsens

Das Partizip Präsens wird gebildet, indem an den Verbstamm '는' oder '(으)ㄴ' angehängt wird. Es steht vor dem Nomen und dient dessen Beschreibung. Bei Eigenschaftsverben entspricht die Funktion des Partizip Präsens der eines Adjektivs. Das Normen ist im Satz Subjekt oder Objekt.

'는' wird im Präsens mit Prozessiven Verben bzw. '있다/없다' verwendet. '(으)ㄴ' wird bei Eigenschaftsverben verwendet. Der Relativsatz existiert im Koreanischen nicht, stattdessen wird das Partizip Präsens verwendet.

Aㄴ N : wenn das Adjektiv mit einem Vokal oder 'ㄹ' und '이다' endet.

A은 N : wenn das Adjektiv mit einem Konsonanten endet.

Aㅂ운 N : wenn das Adjektiv mit 'ㅂ' endet.

V는 N : hinter dem Verb mit '있다/없다'.

예) ① 예쁘다 + 옷 → 예쁜 옷

오늘 예쁜 옷을 샀어요.

[oneul yeppeun oseul sasseoyo]

Heute habe ich eine hübsche Kleidung gekauft.

② 좋다 + 친구 → 좋은 친구

소현 씨는 좋은 친구예요.

[sohyeonssineun joeun chingguyeyo] So-Hyun ist eine gute Freundin.

③ 재미있다 + 영화 → 재미있는 영화

친구와 재미있는 영화를 봤어요.

[chingguwa jaemiinneun yeonghwareul basseoyo]

Ich habe einen interessanten Film mit meinem Freund gesehen.

④ 즐겁다 + 노래 → 즐거운 노래

즐거운 노래는 기분을 좋게 해요.

[jeulgeoun noraeneun gibunneul joke haeyo]

Das lustige Lied macht uns Spaß.

⑤ 나는 외국인이다 + 나는 한국어를 공부한다.

→ 외국인인 나는 한국어를 공부한다.

[yeoguginin naneun hanggugeoreul gongbuhanda]

Ich bin Ausländer und lerne Koreanisch.

문장과 단어 : 외모, 성격

1. 외모[oemo] Aussehen

F : 여자 친구의 외모는 어때요?

[yeoja chinggue oemoneun eottaeyo] Wie sieht Ihre Freundin aus?

A : 예뻐요.

[yeppeoyo] Sie ist hübsch.

날씬해요.

[nalssinaeyo] Sie ist schlank.

안경을 썼고 귀여워요.

[angyeongeul sseokko gwiyeowoyo] Sie trägt eine Brille und ist süß.

키가 크고 머리가 짧아요.

[kiga keugo meoriga jjalbayo] Sie ist groß und hat kurze Haare.

머리색[meorisaek] Haarfarbe
머리가 짧은[meoriga jjalbeun] mit kurzen Haaren
턱수염 있는[teokssuyeom inneun] mit Bart

안경을 낀[angyeongeul kkin] mit Brille
예쁜[yeppeun] hübsch ↔ 못 생긴[mossaenggin] hässlich
매력적인[maeryeokjjeogin] attraktiv
큰[keun] groß ↔ 작은[jageun] klein
날씬한[nalssinan] schlank ↔ 뚱뚱한[ttungttunghan] dick
스포티한[seupotihan] sportlich

2. 성격[seongkkyeok] Charaktereigenschaft

F : 여자 친구의 성격은 어떻습니까?

[yeojachingguue seongkkyeogeun eotteosseumnikka]

Wie ist der Charakter Ihrer Freundin?

A : 그녀의 성격은 차분해요

[geunyeoeseongkkyeogeun chabunhaeyo] Sie ist sanft.

친절해요

[chinjeolhaeyo] Sie ist freundlich.

재미있어요

[jaemiisseoyo] Sie ist interessant.

친절한[chinjeoran] freundlich ↔ 불친절한[bulchinjeoran] unfreundlich
사교적인[sagyojeogin] gesellig ↔ 비사교적인[bisagyojeogin] ungesellig
재미있는[jaemiinneun] interessant ↔ 지루한[jiruhan] langweilig
조용한[joyonghan] ruhig ↔ 수다스러운[sudaseureuun] gesprächig
건방진[geonbangjin] arrogant ↔ 겸손한[gyemsonan] bescheiden

연습문제

Ⅰ. 읽고 대답하십시오.

김 선생님의 자녀는 1남 1녀입니다. 큰아이가 아들이고 그의 나이는 15살이며 키는 170cm 정도에 안경을 썼습니다. 둘째는 13살의 155cm의 단발머리를 한 귀여운 여학생입니다. 뮐러 씨는 딸 한 명만 있습니다. 뮐러 씨의 딸은 뮐러 씨 보다는 뮐러 씨의 부인을 많이 닮았습니다. 뮐러 씨의 딸의 눈은 초록색이고 금발의 6살인 여자 아이입니다. 왕영호 씨의 키는 1m 82cm입니다. 유키 씨는 어머니를 많이 닮았습니다. 유키 씨의 어머니는 1m 58cm 정도의 아담한 키에 안경을 쓰셨지만 맑고 큰 눈을 가지셨습니다. 스미스 씨의 외모는 아버지를 닮았고 세심한 성격은 어머니를 닮았습니다.

1. 김 선생님의 자녀는 몇 명입니까?

→

2. 김 선생님의 자녀의 모습에 대해 쓰십시오.

→

3. 뮐러 씨의 딸은 누구를 닮았습니까?

→

4. 뮐러 씨의 딸의 모습은 어떻습니까?

→

5. 왕영호 씨의 신장은 몇입니까?

→

6. 유키 씨의 어머니의 외모를 쓰십시오.

→

7. 스미스 씨의 외모와 성격은 누구를 닮았습니까?

→

8. 당신의 외모와 성격에 대해서 쓰십시오.

→

II. 텍스트를 읽고 답하세요.

이 사람들은 모두 제 친구들이에요. ① 영호는 야구를 좋아해요. ② 스미스는 아침을 못 먹었어요. 그래서 지금 식당에 가요. ③ 소현이는 아침에 지하철을 타요. ④ 뮐러는 커피를 좋아해요. 아침에 커피를 마시면서 신문을 읽어요. ⑤ 파타는 어제 술을 많이 마셔서 피곤해요. 그래서 잠을 자요. ⑥ 저는 진백진이에요. 학교에서 중국어를 가르쳐요. 저는 이 친구들을 아주 좋아해요.

1. 야구를 좋아하는 사람은 누구입니까?

→

2. 아침을 못 먹은 사람은 누구입니까?

→

3. 아침에 지하철을 타는 사람은 누구입니까?

→

4. 커피를 마시면서 신문을 읽는 사람은 누구입니까?

→

5. 지금 잠을 자는 사람은 누구입니까?

→

6. 학교에서 중국어를 가르치는 사람은 누구입니까?

→

III. 위의 텍스트를 읽고 ________에 알맞게 고쳐 쓰십시오.

이 사람들은 모두 진백진 씨의 친구입니다.

보기 : <u>야구를 좋아하는</u> 사람은 영호입니다.

① <u>야구를 좋아하는</u> 사람은 영호입니다.
아침을 못 먹어서 지금 ② __________ 사람은 스미스입니다.
③ 아침에 __________ 사람은 소현입니다.
④ __________ 사람은 뮐러입니다. 뮐러는 커피를 좋아합니다.
지금 __________ ⑤ 사람은 파타입니다. 파타는 어제 술을 많이 마셔서 피곤합니다.
학교에서 ⑥ __________ 사람은 진백진입니다. 진백진은 중국어 선생님입니다.
진백진은 이 친구들을 아주 좋아합니다.

IV. 착용 동사를 알맞게 쓰십시오.

보기 : 입다, 쓰다, 매다, 메다, 신다, 끼다, 하다

1. 저는 안경을 (　　)고 있어요.
2. 저는 반지를 (　　)고 목걸이도 (　　)어요.
3. 햇볕이 너무 뜨겁기 때문에 모자를 (　　)어요.
4. 오늘 선생님 댁에 초대 받아 양복을 (　　)고 넥타이도 (　　)습니다.
5. 날씨가 좋아 산에 등산을 가려고 합니다. 그래서 베낭을 (　　)고 등산화를 (　　)고 등산 모자를(　　)습니다.
6. 지금 비가 오고 있어요. 그러니까 우산을 (　　)고 가세요.
7. 저는 안경을 (　　)고 있어요. 저의 언니는 작년까지 안경을 (　　)습니다. 그러나 지금은 렌즈를 (　　)니다.
8. 저는 어제 남자친구를 만났습니다. 남자 친구를 만나러 나갈 때 반지를 (　　) 고 목걸이도 (　　)어요. 그렇지만 팔찌는 (　　) 않았어요 .

9. 햇볕이 너무 뜨겁기 때문에 모자를 (　　　)어요. 모자를 (　　　)더니 덜 뜨거웠 어요.

10. 오늘 선생님 댁에 초대 받아 양복을 (　　　)고 넥타이도 (　　　)습니다.
오랜만에 양복을 (　　　) 조금은 불편 했습니다.

11. 날씨가 좋아 산에 등산을 가려고 합니다. 그래서 베낭을 (　　　)고 등산화를 (　　　)고 등산 모자를 (　　　)습니다. 그런데 조금 걸으니 등산화 끈이 풀려서 다시 (　　　)습니다.

12. 지금 비가 오고 있어요. 그러니까 우산을 (　　　)고 가세요. 우산을 (　　　) 않으면 옷이 다 젖을 거예요.

V. 다음을 읽고 답하십시오.

진백진 씨는 바지와 티셔츠, 가방을 사러 집 근처에 있는 시장에 갔습니다. 시장에는 물건을 사러 온 사람들이 많았습니다. 먼저 진백진 씨는 옷을 파는 가게에 갔습니다. 거기에는 여름에 입는 옷들이 많았습니다. 거기에서 진백진 씨는 검은(까만) 바지와 노란 티셔츠를 산후에 가방을 사러 갔습니다. 그런데 그 가방가게에는 예쁜 가방이 없었습니다. 그래서 가방은 사지 않고 그냥 집에 왔습니다.

1. 진백진 씨는 어디에 갔습니까? 그리고 그곳에서 무엇을 샀습니까?
→

2. 진백진 씨는 처음에 어디로 갔습니까?
→

3. 옷을 파는 가게에는 어느 계절 옷들이 많았습니까?
→

4. 진백진 씨는 가방을 파는 가게에서 가방을 샀습니까?
→

Ⅵ. 다음을 읽고 쓰십시오.

성질이란 원래부터 가지고 있는 사람이 지닌 본바탕인 선천적 특성에 국한되는 뜻이고 성격이란 후천적, 환경적, 교육적 조건에 의해 형성되는 가치관 즉 인생관 또는 세계관이나 품격, 인격을 말하는 것이지만 두 단어상의 정확한 의미 차이를 구별하는 힘들다. 단지 한 사람의 개인적 심리적 특성을 말할 때 '성질'보다는 '성격'이라는 단어를 주로 사용한다.

성격과 관련된 어휘들을 반대말과 함께 살펴보면 다음과 같다.

급하다 ↔ 느긋하다
열정적이다/적극적이다 ↔ 무관심하다
애교가 많다 ↔ 무뚝뚝하다
욕심이 많다 ↔ 욕심이 없다
외향적이다 ↔ 내향적이다/내성적이다
대범하다 ↔ 소심하다
이성적이다 ↔ 감정적이다
성실하다 ↔ 불성실하다
예민하다 ↔ 둔감하다
게으르다 ↔ 부지런하다
냉정하다 ↔ 따뜻하다
소탈하다 ↔ 고지식하다
긍정적이다 ↔ 부정적이다
낙천적이다 ↔ 비관적이다
꼼꼼하다 ↔ 털털하다
보수적이다 ↔ 진보적이다
책임감이 강하다 ↔ 무책임하다
이기적이다 ↔ 이타적이다
사교적이다 ↔ 비사교적이다
정직하다 ↔ 부정직하다
한결같다 ↔ 변덕스럽다
순진하다 ↔ 영악하다
밝다 ↔ 어둡다
차분하다 ↔ 덜렁대다
섬세하다 ↔ 무감각하다
냉정하다 ↔ 정이 많다
자존심이 강하다 ↔ 자존심이 없다
융통성이 있다 ↔ 융통성이 없다
우유부단하다 ↔ 결단력이 있다/ 추진력이 있다
쾌활하다/활발하다/명랑하다 ↔ 우울하다/소심하다/침울하다

1. 성격이란 무슨 뜻입니까?
→

2. 여러분은 어떤 성격을 가지고 있습니까?
→

3. 자신의 성격은 누구의 영향을 가장 많이 받았다고 생각합니까?
→

4. 여러분이 가장 좋아하는 성격과 싫어하는 성격은 무엇입니까?

→

5. 자신의 성격에 대해 정리하여 써 보십시오.

→

제7과 내일 뭐 해요?
Lektion 7. Was machen Sie morgen?

뮐러	백진 씨. 오늘 금요일인데 뭐 할 거예요?
진백진	수업 끝나고, 오후에 친구를 만날 거예요.
뮐러	좋겠네요. 친구를 만나서 뭐 할 거예요?
진백진	친구를 만나서 함께 저녁을 먹고 영화를 볼 거예요.
뮐러	내일은 뭐 할 거예요?
진백진	내일은 집에서 청소하고 책을 읽을 거예요.
뮐러	백진 씨는 주말에 보통 무엇을 해요?
진백진	친구를 만나거나 운동을 해요. 그러나 이번 주말은 집에서 쉴 거예요. 뮐러 씨는 주말에 뭐 해요?
뮐러	저는 주말에 가족과 함께 등산을 가거나 운동을 해요. 이번 주말에는 북한산에 등산 갈 거예요.
진백진	뮐러 씨는 등산을 자주 가나요?
뮐러	자주 가지는 않지만 등산하는 것을 좋아해요. 제 아내와 딸도 좋아해요. 백진 씨, 다음 주 토요일, 21일에 약속 있어요?
진백진	아니요. 아직 없는데요.
뮐러	그러면 우리 집에 올 수 있겠어요? 다음 주 토요일이 내 생일이어서 파티를 하려고 해요. 진백진 씨가 알고 있는 사람들도 여러 명 올 거예요.
진백진	그래요? 갈 수 있을 거예요.
뮐러	잘 됐네요. 그럼 다음 주 토요일 21일 오후 1시에 우리 집에 오세요. 제 아내와 딸도 백진 씨를 만나고 싶어 해요.
진백진	고마워요. 저도 뮐러 씨의 가족을 만나고 싶군요. 꼭 갈게요.

Lektion 7. Was machen Sie morgen?

Müller	Herr Jin Baek-Jin, was haben Sie heute am Freitag vor?
Jin Baek-Jin	Nach dem Unterricht treffe ich heute Nachmittag meinen Freund.
Müller	Schön. Und was machen Sie mit dem Freund?
Jin Baek-Jin	Mit dem Freund esse ich zu Abend und gehe ins Kino.
Müller	Was machen Sie morgen?
Jin Baek-Jin	Morgen mache ich zu Hause sauber und lese Bücher.
Müller	Herr Jin Baek-Jin, was machen Sie normalerweise am Wochenende?
Jin Baek-Jin	Ich treffe Freunde oder treibe Sport. Aber am Wochende ruhe ich mich einfach zu Hause aus. Was machen Sie am Wochenende?
Müller	Ich mache mit meiner Familie eine Bergtour oder treibe Sport am Wochenende. Am diesen Wochenende steige ich auf den Bukak-Berg.
Jin Baek-Jin	Steigen Sie oft einen Berg?
Müller	Nicht oft aber ich mag Berg steigen gerne. Meine Frau und meine Tochter mögen das sehr gerne. Herr Jin Baek-Jin, haben Sie eine Verabredung am nächsten Samstag, am 21?
Jin Baek-Jin	Nein. keine Verabredung.
Müller	Nun können Sie bei mir vorbeikommen? Am nächsten Samstag habe ich Geburtstag und gebe eine Party. Einige, die Sie schon kennen, kommen auch.
Jin Baek-Jin	Wirklich! Ich komme gerne.
Müller	Gut! Dann kommen Sie um 13 Uhr am 21. am nächsten Samstag zu mir. Meine Frau und meine Tochter freuen sich schon darauf.
Jin Baek-Jin	Vielen Dank für Ihre Einladung. Ich wollte sie auch gerne sehen. Ich komme bestimmt.

문법

1. 날짜[naljja]

• 일정한 일을 하는데 걸리는 날의 수
Datum
년/해[nyeon/hae] Jahr : 일 년, 이 년, 삼 년, 사 년, 오 년
월[wol] Monat : 일월(1), 이월(2), 삼월(3), 사월(4), 오월(5), 유월(6), 칠월(7), 팔월(8), 구월(9), 시월(10), 십일월(11), 십이월(12)
일[il] Tag : 일 일(1), 이 일(2), 삼 일(3), 십 일(10), 십오 일(15), 이십 일(20), 삼십 일(30), 삼십일 일(31)
요일[yoil] Wochentag : 월요일, 화요일, 수요일, 목요일, 금요일, 토요일, 일요일

예) 오늘은 며칠이에요?

[oneureun myeochilieyo] Den wievielten Tag haben wir heute?

오늘은 2010년 1월 1일 금요일입니다.

[oneureun icheonsimnyeon ireol iril geumyoilimnida]

Heute ist Freitag, der 1. 1. 2010.

1) 요일[yoil] Wochentag

그제는 수요일이다.

[geujeneun suyoilida] Vorgestern war Mittwoch.

어제는 목요일이다.

[eojeneun mogyoilida] Gestern war Donnerstag.

오늘은 금요일이다.

[oneureun geumyoilida] Heute ist Freitag.

내일은 토요일이다.

[naeireun toyoilida] Morgen ist Samstag.

모레는 일요일이다.

[moreneun iryoilida] Übermorgen ist Sonntag.

2) 주[ju] Woche

지지난 주 토요일은 12월 19일이다.

[jijinanju toyoireun sipieol sipguilida]
Der Samstag vor zwei Wochen war der 19. 12.
지난 주 토요일은 12월 26일이다.
[jinanju toyoireun sipieol isimyugilida] Der letzte Samstag war der 26. 12.
이번 주 토요일은 1월 2일이다.
[ibeonju toyoireun ireol iilida] Der Samstag dieser Woche ist der 2. 1.
다음 주 토요일은 1월 9일이다.
[daeumju toyoireun ireol guilida] Der nächste Samstag ist der 9. 1.
다다음 주 토요일은 1월 16일이다.
[dadaeum ju toyoileun ireol simyugilida]
Der Samstag der übernächsten Woche ist der 16. 1.

3) 년[nyen] Jahr
재작년은 2008년이다.
[jaejangnyeneun icheonpalnyenida] Das vorletzte Jahr war 2008.
작년은 2009년이다.
[jangnyeneun icheongunyenida] Das letzte Jahr war 2009.
올해는 2010년이다.
[olhaeneun icheonsipnyenida] Dieses Jahr ist 2010.
내년은 2011년이다.
[naenyeneun icheonsipilnyenida] Das nächste Jahr ist 2011.
내후년은 2012년이다.
[naehunyeoneun icheonsipinyenida] Das übernächste Jahr ist 2012.

2. -(으)ㄴ/ㄹ N

- **관형사형 어미 2**

관형사형 어미는 시제를 나타내는 기능도 아울러 가지고 있으며 품사에 따라 달리 나타난다.
과거시제 : 동사 뒤에 붙어 어느 때 이전에 끝났음을 나타낼 때
-ㄴ N : 모음이나 ㄹ로 끝나는 동사에서
-은 N : 받침 있는 동사에서
-던 : 았/었/였던 N
있다/없다 + 었던 N

이다 + 었던 N

미래시제 : 아직 실현되지 않은 일을 나타낼 때

-ㄹ N : 모음이나 ㄹ로 끝나는 동사에서

-을 N : 받침 있는 동사에서

있다/없다 + 을 N

이다 + ㄹ N:

Das Substantiv modifizierende Endung 2

Vergangenheit

Das Präteritumpartizip '-(으)ㄴ' wird von allen prozessiven Verben gebildet, und an Verbalbasen und Verbalstämme angehängt, bei solchen mit konsonantischem Auslaut mit dem Themavokal '으'.

Vㄴ N : wenn das Verb mit einem Vokal bzw. 'ㄹ' endet.

V은 N : wenn das Verb mit einem Konsonanten endet.

A/V던 : Bei prozessiven Verben bezeichnet die Endung '-던' den retrospektiven Aspekt und impliziert eine wiederholte Handlung.

-았/었/였던 N

있다/없다 + 었던 N

이다 + 었던 N

Zukunft

Vㄹ N : wenn das Verb mit einem Vokal bzw. 'ㄹ' endet.

V을 N : wenn das Verb mit einem Konsonanten endet.

있다/없다 + 을 N

이다 + ㄹ N

예) ① 과거

어제 쓴 편지는 이미 부쳤어요.

[eoje sseun pyeonjineun imi buchyeosseoyo]

Ich habe einen Brief geschickt, den ich gestern schon geschrieben habe.

② 미래

내일 생일파티에 올 사람은 5명이에요.

[maeil saengilpatie olssarameun daseonmyeongieyo]

Morgen kommen 5 Personen zum Geburtstagsparty.

3. V(으)ㄹ 거예요[geoyeoyo]/겁니다[geomnida]/것이다[geosida]

- (동사 뒤에서) 앞으로 어떤 행위를 하겠다는 강한 의지나 의사, 주관적 소신 등을 나타내거나 어떤 상황이나 사실에 대한 전망이나 추측을 나타낸다.

  -ㄹ : 모음 또는 'ㄹ' 받침으로 끝나는 동사

  -을 : 받침 있는 동사

  * '-겠'도 추측이나 짐작, 의지, 의도 등을 나타낸다는 점에서 '-ㄹ/을 것이다'와 비슷하다. 그런데 의지, 의도의 의미를 나타내는 경우는 큰 의미 차이를 발견하기 쉽지 않지만, 추측이나 짐작의 의미를 나타내는 경우 '-을 것이다'가 주로 어떤 객관적이고도 일반적인 사례에 근거하여 추측할 때 쓰이는 반면, '-겠-'은 말하는 사람 자신의 주관적인 판단에 근거하여 추측할 때 주로 쓰인다.

  Vermutung : "es ist wohl so, dass" oder "vermutlich"

  Das Futurpartizip wird als Teil der kompositionellen Verbalform '-(으)ㄹ 것이다' (Vermutung) atemporal benutzt.

  Die zukünftigen Plan ausdrückende Form

  Vㄹ : wenn das Verb mit einem Vokal bzw. 'ㄹ' endet.

  V을 : wenn das Verb mit einem Konsonanten endet.

  Die Bedeutung ist 'werden'

  'ㄹ' drückt die Zukunft bzw. die Absicht der Sprecher aus.

예) 내일 나는 친구와 영화를 볼 거예요.

[naeil naneun chinguwa yeonghwareul bol geoyeoyo]

Morgen will ich mit meinem Freund einen Film sehen.

4. -(이)지요[(i)jiyo]./?

- 이미 알고 있는 사실을 서술하거나 물음, 명령, 요청을 나타내며 문장을 끝맺는 종결어미

  * '-지요'는 서술문이나 의문문에 쓰일 때 상대방도 이미 알고 있다고 전제하고 확인하듯 말하거나 그 사실을 확인하기 위해 또는 동의를 구하기 위해 물어볼 때 쓰며, 말하는 사람이나 상대방이 주어진 정보를 같이 공유하고 있음을 전제하고 있다.

    '-아요'는 말하는 사람이나 상대방 누구 하나는 모르는 사실, 즉 새로운 정보를 제시하거나 물을 때 쓰인다. '-죠'는 '-지요'의 준말

  Satzendung : oder, ist doch so

  Frageendung : nicht wahr?

Mit -지요 verleiht der Sprecher einer Aussage Nachdruck und Sicherheit. Es kann zum Ausdruck gebracht werden, dass Sprecher und Hörer einer Meinung sind oder den gleichen Kenntnisstand bezüglich einer Situation haben.
서술 Beschreibung
물음 Frage
명령 Befehl
제안/요청 Vorschlag/Aufforderung

예) 서술 : 누구나 실수하기 마련이지요.
[nuguna silssuhagi maryenijiyo] Niemand ist ohne Fehler.
물음 : 어제는 무척 추웠지요?
[eojeneun mucheok chuwojjiyo] Gestern war es zu kalt. Nicht wahr?
명령/권유 : 지금 떠나지요.
[jigeum tteonajiyo] Gehen wir los jetzt.
제안/요청 : 바쁘지 않으면 같이 차 한 잔 하지요.
[bappeujianeumyen gachi chahanjan hajiyo]
Trinken wir Tee, wenn du jetzt nicht beschäftigt bist.

5. V거나[geona]

• 둘 이상의 경우 중에 하나를 선택함을 나타내는 연결어미
Konjunktionalendung-Wahl
Die Bedeutung von '거나' ist oder.

예) 주말에 산책을 하거나 자전거를 타요.
[jumare sanchaegeul hageona jajeonggeoreul tayo]
Am Wochenende gehe ich spazieren oder fahre mit dem Fahrrad.

6. N(이)나[na]

• (명사 뒤에서) 나열이나 선택의 뜻을 나타내는 조사
-나 : 모음으로 끝나는 명사
-이나 : 받침 있는 명사

Partikel-Wahl : oder
N나 : wenn das Substantiv mit einem Vokal endet.
N이나 : wenn das Substantiv mit einem Konsonanten endet.

예) 무슨 차를 드릴까요?

[museun chareul deurilkkayo] Was möchten Sie trinken?

→ 커피나 녹차를 주세요.

[keopina nokchareul juseyo]

Geben Sie mir bitte einen Kaffee oder einen Tee!

7. -(으)ㄹ 수 있다[su itta] ↔ (으)ㄹ 수 없다[su eoptta]

• 어떤 일이 가능하거나 가능하지 않음을 나타내는 표현
Die Möglichkeits-oder Fähigkeitform wird gebildet durch Verbindung des Verbalsuffixes '-(으)ㄹ 수' mit dem als Hilfsverb benutzen '있다'(Möglichkeit) oder '없다'(Unmöglichkeit)
(으)ㄹ 수 있다 : können
(으)ㄹ 수 없다 : nicht können

예) 나는 그것을 이해할 수 있다.

[naneun geugeoseul ihaehalssu itta] Ich kann es verstehen.

나는 그것을 이해할 수 없다.

[naneun geugeoseul ihaehalssu eoptta] Ich kann es nicht verstehen.

8. -아/어/여(해)서[a/eo/yeo(hae)seo]

• 이유문장 : 어떤 일의 이유나 근거, 전제를 나타내는 연결어미
-아서 : 양성모음(ㅏ, ㅗ)을 가진 동사나 형용사에서
-어서 : 음성모음(ㅓ, ㅗ, ㅡ, ㅣ)을 가진 동사나 형용사에서
-여서(해서) : '하다'를 가진 동사나 형용사에서
* '-(으)니까'는 구어체에서 주로 사용된다.
-으니까 : 받침 있는 동사에서
-니까 : 모음 또는 받침 'ㄹ'로 끝나는 형용사나 동사어간에서
Nebensatz-Kausalität

Der kausale Nebensatz(weil…/da…) wird gebildet, indem an die Konverbalform '-서' angehängt wird. Der kausale Nebensatz mit '서' steht immer in der Gegenwartaussage. Die Bedeutung ist "wegen, da, denn, weil"

V/A아서 : wenn das Verb bzw. das Adjektiv mit ㅏ, ㅗ endet.

V/A어서 : wenn das Verb bzw. das Adjektiv mit ㅓ, ㅜ, ㅡ, ㅣ endet.

V/A여서(해서) : wenn das Verb bzw. das Adjektiv mit '-하' endet.

Das schriftsprachliche Verbalsuffix '-(으니)', in der Umgangssprache emphatisch verstärkt zu '-(으)니까', bildet kausale und temporale Konjunktionalform.

V으니까 : wenn das Verb mit einem Konsonanten endet.

V/A니까 : wenn das Verb oder Adjektiv mit einem Vokal bzw. 'ㄹ' endet.

예) 친구를 만나서 반가워요

[chinggureul mannaseo banggawoyo]

Ich freue mich sehr, weil ich meinen Freund getroffen habe.

티셔츠의 색깔이 예뻐서 샀어요

[tisyeocheue saekkari yeppeoseo sasseoyo]

Ich habe das Hemd gekauft, weil mir die Farbe gefallen hat.

거실을 청소해서 깨끗해요

[geosireul cheongsohaeseo kkaekkeutaeyo]

Das Wohnzimmer ist sauber, weil ich es geputze habe.

날씨가 더우니까 아이스크림이 먹고 싶어요

[nalssiga deounikka aiseukeurimi meokkosipeoyo]

Ich will Eis essen, weil das Wetter so heiß ist.

문장과 단어 : 생필품, 단위

1. 생필품[saengpilpum] Lebensmittel

김치를 잘 먹어요[gimchireul jal meogeoyo] Ich esse gerne Kimchi.

김치를 직접 만들고 싶어요

[gimchireul jikjjeop mandeulgo sipeoyo] Ich möchte Kimchi selbst machen.
김치의 요리법을 알고 싶어요.
[gimchie yorippeobeul algo sipeoyo] Ich möchte wissen, Kimchi zu machen.

- **곡류[gongnyu] Getreide**
  - 쌀[ssal] Reis
  - 밀가루[milkkaru] Mehl
    - 빵[ppang] Brot
    - 케이크[keikeu] Kuchen
    - 과자[gwaja] Keks
  - 보리[bori] Gerste
  - 콩[kong] Bohnen
    - 두부[dubu] Topf
- **고기[gogi] Fleisch**
  - 육류[yungnyu] Fleisch
    - 닭고기[dakkogi] Hähnchen
    - 돼지고기[dwaejigogi] Schweinefleisch
    - 쇠고기[soegogi] Rindfleisch
    - 오리고기[origogi] Entenfleisch
  - 생선[saengseon] Fisch
    - 고등어[godeungeu] Makrele
    - 갈치[galchi] Degenfisch
    - 참치[chamchi] Tunfisch
    - 연어[yeoneo] Lachs
- **야채[yachae] Gemüse**
  - 감자[gamja] Kartoffel
  - 고구마[goguma] Süßkartoffel
  - 당근[danggeun] Karotte
  - 무[mu] Rettich
  - 배추[baechu] Chinakohl
  - 생강[saenggang] Ingwer
  - 시금치[sigeumchi] Spinat
  - 양파[yangpa] Zwiebel
  - 오이[oi] Gurke
  - 파[pa] Lauchzwiebel
  - 파푸리카[papurika] Paprika

- 유제품[**yujepum] Milchprodukt**
  - 우유[uyu] Milch
  - 버터[beoteo] Butter
  - 치즈[chiju] Käse
  - 요구르트[yogureuteu] Joghurt
  - 생크림[saengkrim] Sahne
- 양념[**yangnyeom] Gewürze**
  - 간장[ganjang] Sojasauce
  - 고추장[gochujang] Gochujang(Paprikapaste)
  - 고춧가루[gochukkaru] Paprikapulver
  - 기름[gireum] Öl
    - 참기름[chamgireum] Sesamöl
    - 올리브기름[olribugireum] Olivenöl
  - 된장[doinjang] Doenjang(Sojabohnenpaste)
  - 마늘[maneul] Knoblauch
  - 설탕[seoltang] Zucker
  - 소금[sogeum] Salz
  - 식초[sikcho] Essig
  - 젓갈[jeokkal] marinierte Gerichte
  - 후춧가루[huchukkaru] Pfeffer

2. 단위[danwi] Mengenangaben

불고기재료[bulgogijaeryo](4인분): Zutaten für 4 Portionen:

쇠고기 600g, 양파 100g, 새송이 버섯 50g, 팽이버섯 40g, 대파 70g, 홍고추 8g, 배즙 42ml, 양파즙 28ml, 청주 28ml, 간장 77ml, 설탕 38g, 물엿 14g, 참기름 14ml, 후추(약간), 다진마늘 28g, 다진생강 10g

600g Rindfleisch(vom Filet oder der Lende), 100g Zwiebeln, 50g Saesongi-Pilze, 40g Paengi-Pilze, 70g Lauche, 8g Rotpaprika, 42ml Birnesaft, 28ml Zwiebelsaft, 28ml edle Reiswein, 77ml Sojasauce, 38g Zucker, 14g weiche Karamelle, 14ml Sesamöl, Pfeffer(ein bisschen), 28g Knoblauch(gehackter), 10g Ingwer(gehackter)

- 단위[**danwi**] **Mengenangaben**
  - 그릇[geureut] Schüssel
  - 그램(g)/킬로그램(kg)[geuraem/kilrograem] gramm-Kilogramm
  - 개[gae] Stück
  - 리터(l)[riteu] Liter
  - 마리[mari] Zahlwort für Tiere
  - 병[byeong] Flasche
  - 봉지[bongji] Päckchen
  - 스푼[seupun] Löffel
    - 큰 술[keunsul] Esslöffel
    - 작은 술[jageunsul] Teelöffel
  - 잔[jan] Tasse
  - 장[jang] Scheibe
  - 칼로리[kalrori] Kalorie

연습문제

I. 읽고 쓰십시오.

오늘은 금요일입니다.
진백진 씨와 뮐러 씨가 주말의 계획에 대해서 이야기를 합니다.
진백진 씨는 오늘 오후에 친구를 만나서 저녁 식사를 하고 영화를 볼 계획입니다. 그리고 내일 토요일에는 집안 청소를 하고 책을 읽을 겁니다.
뮐러 씨는 주말에 보통 가족과 함께 운동을 하거나 등산을 갑니다. 뮐러 씨와 부인 그리고 딸은 등산을 좋아하지만 자주 가지는 못합니다. 이번 주 주말에 뮐러 씨는 가족과 함께 북한산에 갈 계획입니다.
뮐러 씨의 생일이 다음 주 토요일입니다. 뮐러 씨는 다음 주 토요일 21일 오후 1시에 생일 파티를 할 계획입니다. 그래서 여러 친구들과 진백진 씨를 자신의 집에 초대하고 싶어 합니다. 진백진 씨는 다음 주 뮐러 씨의 생일 파티에 갈 수 있다고 합니다.

1. 오늘은 며칠 입니까?
→

2. 진백진 씨는 오늘 무엇을 할 겁니까?
→

3. 뮐러 씨는 이번 주 주말에 무엇을 할 겁니까?
→

4. 뮐러 씨는 보통 주말에 무엇을 합니까?
→

5. 다음 주 토요일은 며칠입니까? 그리고 뮐러 씨는 무엇을 할 계획입니까?
→

6. 뮐러 씨는 생일 파티에 누구를 초대할 겁니까?

→

7. 당신은 이번 주 주말에 무엇을 할 겁니까?

→

II. 다음을 읽고 질문에 맞는 답을 쓰십시오.

오늘은 5월 10일 토요일입니다.
아침에 일찍 일어나서 산에 올라갔습니다.
차를 타지 않고 걸어서 갔습니다.
걸어서 가니까 기분이 좋았습니다.
공기도 좋고 경치도 좋았습니다.
산에는 예쁜 꽃들이 피어 있었고 사람들도 많았습니다.
사람들은 약수를 마시고 운동을 했습니다.
저도 약수를 마셨습니다.
참 시원하고 맛있었습니다.
물맛이 좋았습니다.

1. 오늘은 몇 월 며칠 무슨 요일 입니까?

→

2. 산에 차를 타고 갔습니까?

→

3. 사람들은 산에서 무엇을 했습니까?

→

4. 산의 물맛이 어떠했습니까?

→

5. 여러분은 산에 자주 갑니까?

→

III. 다음을 읽고 대답하세요.

오늘은 무슨 요일입니까? 오늘은 수요일입니다. 내일은 무엇을 하십니까? 학교에 갑니다. 언제 학교에 갑니까? 월요일부터 금요일까지 학교에 갑니다. 토요일과 일요일에는 무엇을 하십니까? 주말에는 집에서 쉬면서 텔레비전을 보거나 책을 읽습니다.

1. 오늘은 수요일입니까?

→

2. 내일은 무슨 요일입니까?

→

3. 내일도 학교에 갑니까?

→

4. 주말에도 학교에서 공부합니까?

→

5. 주말에는 집에서 무엇을 합니까?

→

IV. 다음을 읽고 쓰세요.

오전 수업을 마치고 나는 친구들과 함께 점심을 먹으러 학교 식당에 갔다. 그곳에서 다른 친구들을 만났다. 오늘 식당 메뉴는 비빔밥과 제육볶음이었다. 나는 제육볶음을 맛있게 먹었다.
식사 후에 우리는 학생 휴게실에 가서 자판기의 커피를 마시며 이야기를 했다.
경민 씨는 오후 6시에 유키 씨와 만나서 영화를 볼 것이라고 한다.
영호 씨는 집에 가서 고향에 있는 친구에게 편지를 쓸 것이라고 한다.
파타 씨는 서점에 가서 책을 살 것이라고 한다.
나는 집에서 진백진 씨와 함께 불고기를 만들어서 먹을 것이다.
진백진 씨는 불고기를 좋아한다. 그래서 내가 불고기 요리를 진백진 씨에게 가르쳐 주기로 약속을 했었다. 오늘이 바로 그 날이다.
오후 수업을 마치고 나는 진백진 씨와 마트에 가서 불고기 만들 재료를 살 것이다.
저녁에 진백진 씨와 함께 불고기 요리를 할 것을 생각하니 기분이 좋다.
내일은 토요일이니까 집에서 푹 쉴 수 있을 것이다.
우리는 커피를 마시고 이야기를 한 후, 휴게실에서 나와 수업을 듣기 위해 강의실로 향했다.

1. 오전 수업을 마치고 나와 친구들은 어디로 갔나요?

→

2. 오늘 식당 메뉴는 무엇인가요?

→

3. 나와 친구들은 학생 휴게실에서 무엇을 했나요?

→

4. 경민은 오후 몇 시에 누구와 만나서 무엇을 할 건가요?

→

5. 왕영호 씨는 어디에 살고 있는 친구에게 편지를 쓸 건가요?

→

6. 나는 오늘 오후에 무엇을 할 건가요?

→

7. '강의실로 향했다'는 어떤 뜻인가요?

→

Ⅴ. 오늘은 금요일입니다. 수첩에 이번 주 스케줄이 쓰여 있습니다. 이 수첩의 내용을 문장으로 쓰십시오.

월요일 : 한국어 수업
화요일 : 서점
수요일 : 한국어 수업
목요일 : 도서관
금요일 : 한국어 수업, 영화
토요일 : 백화점, 청소
일요일 : 친구생일

→ 오늘은 금요일이다.

제8과 어제 뭐 했어요?
Lektion 8. Was haben Sie gestern gemacht?

스미스　어제 뭐 했어요?

왕영호　시내에서 친구를 만났어요.
그리고 커피숍에서 차를 마시고 영화관에 갔어요.

스미스　무슨 영화를 보았어요?

왕영호　'괴물'을 봤어요.

스미스　영화는 재미있었어요?

왕영호　네, 재미있었어요.
나는 영화 보는 것을 좋아해요.
스미스 씨는 어떤 영화를 좋아해요?

스미스　코믹영화를 좋아해요.
특히 찰리 채플린의 영화를 좋아해요.

왕영호　스미스 씨는 한국영화를 본 적 있어요?

스미스　아니오, 한국 영화를 본 적이 없어요.

왕영호　그럼, 다음에 나와 함께 한국영화를 볼래요?

스미스　그래요. 함께 한국영화를 봅시다.

왕영호　스미스 씨는 어제 뭐 했어요?

스미스　청바지를 사러 동대문 시장에 갔어요.
왕영호 씨는 밤에 시장에 가 본 적이 있어요?

왕영호　아니요, 밤에는 가 본 적이 없어요.

스미스　한 번 가 보세요.
밤인데도 많은 옷가게와 음식점들이 문을 열고 손님들을 맞고 있어요.
정말 재미있었어요.

왕영호　나도 티셔츠를 하나 사야 하는데 한번 가 봐야겠어요.

Lektion 8. Was haben Sie gestern gemacht?

Smith	Was haben Sie gestern gemacht?
Wang Young-Ho	Ich habe in der Stadt meinen Freund getroffen. Und ich habe in Cáfe Tee getrunken und danach bin ich ins Kino gegangen.
Smith	Welchen Film hast du gesehen?
Wang Young-Ho	Ich habe den Film 'Ungeheuer' gesehen.
Smith	War der Film interessant?
Wang Young-Ho	Der war sehr interessant. Ich mag gerne Filme sehen. Herr Smith, was für einen Film mögen Sie gerne?
Smith	Ich mag gerne Comik-Filme. Besonders den Film von Charles Spencer Chaplin.
Wang Young-Ho	Herr Smith, haben Sie schon einmal einen koreanischen Film gesehen?
Smith	Nein, ich noch nicht.
Wang Young-Ho	Dann gehen wir zusammen ins Kino.
Smith	O.K. Sehen wir einen koreanischen Film zusammen.
Wang Young-Ho	Smith, was haben Sie gestern gemacht?
Smith	Ich wollte auf dem Dongdaemun-Markt Jeans kaufen. Wang Young-Ho, warst du einmal auf dem Nachtmarkt?
Wang Young-Ho	Nein, ich war noch nicht da.
Smith	Gehen Sie einfach einmal dahin! Trotz der Nacht sind viele Kleidungsgeschäfte und Restaurants geöffnet. Das ist total schön.
Wang Young-Ho	Ich kaufe da einmal ein T-Shirt.

문법

1. 어떤[eotteon] N/무슨[museun] N

- '어떠하다'의 관형사형으로, 사물의 속성을 물을 때 쓰인다.

Interrogativpronomen : was für ein, welch

어떤=무슨 : '어떤' und '무슨' haben gleiche Bedeutung

예) 어떤(=무슨) 영화입니까?

[eotteon yeonghwaimnikka] Was für ein Film ist das?

→ 만화영화입니다.

[manayeonghwaimnida] Das ist ein Zeichentricksfilm.

2. 뭐[mwo]

- '무엇'의 축약

Abkürzung von '무엇'

예) 뭐 샀어요/무엇을 샀어요?

[mwo sasseoyo/mueoseul sasseoyo] Was hast du gekauft?

→ 모자를 샀어요.

[mojareul sasseoyo] Ich habe einen Hut gekauft.

3. V(으)ㄴ 적이 있다[jeogi itta] ↔ V(으)ㄴ 적이 없다[eoptta]

- (동사나 '있다', '없다' 뒤에서) 그 동작이 진행되거나 그 상태가 나타나는 때가 있거나 없음을 나타내는 표현

-ㄴ 적이 있다 : 모음 또는 받침 'ㄹ'을 가진 동사에서

-은 적이 있다 : 받침으로 끝나는 동사에서

-(으)ㄴ 적이 없다 : 'V(으)ㄴ 적이 있다'의 부정 표현

Die vergangene Erfahrung ausdrückende Form

'Vㄴ 적이 있다' : wenn das Verb mit einem Vokal bzw. 'ㄹ' endet.

'V은 적이 있다' : wenn das Verb mit einem Konsonanten endet.

'V(으)ㄴ 적이 없다' : Negative Form von 'V(으)ㄴ 적이 있다'

예) 한복을 입어본 적이 있어요?

[hanbogeul ibeobonjeogi isseoyo]

Hast du schon mal einen Hanbok angezogen?

→ 아니오, 한복을 입어본 적이 없어요.

[anio hanbogeul ibeobonjeogi eopsseoyo]

Nein, ich habe den noch nicht angezogen.

4. V(으)ㄹ까요?[kkayo] =(으)ㄹ래요?lraeyo]

• 어떤 일이나 선택에 대해 상대방의 의사나 의향을 물어볼 때 쓰는 표현. 어미 '-을까'에 높임의 '요'가 붙은 표현.

-ㄹ까요? : 모음 또는 받침 'ㄹ'로 끝나는 동사에서

-을까요? : 받침을 가진 동사에서

Vorschlagende Form : Sollen wir…?

Der Sprecher macht seinem Gesprächerpartner einen Vorschlag, indem er an den Verbstamm '(으)ㄹ까요' anhängt. Der Sprecher ist hier einbezogen.

Im Gegensatz zum Propositiv wird hier der Gesprächpartner nach seiner Meinung und Zustimmung gefragt.

Vㄹ까요? : wenn das Verb mit einem Vokal oder 'ㄹ' endet.

V을까요? : wenn das Verb mit einem Konsonanten endet.

예) 어디에 갈까요/갈래요?

[eodie galkkayo/galraeyo] Wohin sollen wir gehen?

→ 인사동에 가요.

[insadonge gayo] Lasst uns nach Insadong fahren.

5. V(으)ㅂ시다[sida]

• (동사 뒤에서) 아랫사람이나 동등한 관계의 상대방을 대접하여 어떤 행동이나 동작을 제안하거나 요구함을 나타내는 종결어미

-ㅂ시다 : 모음 또는 받침 'ㄹ'을 가진 동사에서

-읍시다 : 받침을 가진 동사에서

Verb der Aufforderung : Lasst uns…

Indem am Verbstamm '(으)ㅂ시다' angehängt wird, wird eine höfliche Aufforderung ausgedrückt.
Sie bezieht den Sprecher mit ein.
Vㅂ시다 : wenn das Verb mit einem Vokal bzw. 'ㄹ' endet.
V읍시다 : wenn das Verb mit einem Konsonanten endet.

예) 언제 갈까요?

[eonje galkkayo] Wann sollen wir gehen?

→ 지금 갑시다.

[jigeum gapssida] Lasst uns jetzt gehen.

무엇을 먹을까요?

[mueoseul meogeulkkayo] Was sollen wir essen?

→ 비빔밥을 먹읍시다.

[bibimppabeul meogeupssida] Lasst uns Bibimbap essen.

6. -아/어/여(해)야 하다/되다[a/eo/yeo(hae)ya hada/doeda]

- 동사나 형용사의 어미 뒤에 쓰여 어떤 대상이 그러한 행동이나 상태를 보이게 되는 것이 당위적인 일임을 나타낸다.

Modalverben-müssen

Um eine Verpflichtung oder dringende Notwendigkeit auszudrücken, wird an die Konverbalform '야 하다' angehängt und die passende Zeitform und Höflichkeitsstufe von '하다' gebildet.
Je nach Sprecher, aber sehr häufig wird die Notwendigkeit auch mit Konverbalform '-야 되다' bezeichnet.

예) 무엇을 해야 해요?

[mueoseul haeya haeyo] Was müssen Sie machen?

→ 전화를 해야 해요.

[jeonhwareul haeya haeyo] Ich muss telefonieren.

영어로 써도 됩니까?

[yeongeoro sseoyahamnikka]

Darf man auf Englisch schreiben?

→ 아니오, 한글로 써야 됩니다.

[anio hanggeulro sseoyahamnida]

Nein, man muss auf Koreanisch schreiben.

7. -아/어/여(해)야겠다[yagetta]

• 미래의 의지를 밝히는 표현 **Verb-werden, müssen** Die Futurform der Verpflichtung oder dringender Notwendigkeit

예) 내일 우산을 가져가야겠어요.

[naeil usaneul gajyeogayagesseyo]

Morgen werde ich einen Regenschirm mitbringen müssen.

8. A(으)ㄴ데[de]/V는데[neunde]/N인데[inde]

• (형용사나 '이다', '아니다' 뒤에서) 말하고자 하는 내용과 관련되거나 대립되는 상황을 미리 제시할 때 쓰는 어미 -은데 : ㄹ을 제외한 받침 있는 형용사 어간에 사용한다. 예) 작은데, 싫은데 -ㄴ데 : 받침 없는 형용사 어간이나 'ㄹ' 받침으로 끝나는 형용사와 어간 '이다', '아니다'에 사용한다. 예) 예쁜데, 먼데, 학생인데, 아닌데 -는데 : 동사어간이나 '있다', '없다', '-았-', '-겠-' 뒤에 사용한다. 예) 가는데, 있는데, 없는데, 먹었는데, 하겠는데 **Konjunktionalform-Voraussetzende Situation** Das nominale Element '-데' bildet koordinative, adversative und auch finale Konjunktionalformen, wird an das hier atemporal gebrachte Präsenspartizip gehängt. A은데 : wenn das Adjektiv miteinem Kondonanten endet Aㄴ데 : wenn das Adjektiv mit einem Vokal oder 이다' und '아니다' des Adjektivs mit einem 'ㄹ' Konsonanten endet V는데 : nach einem Verb oder '있다', '없다', '-았-' und '-겠'

예) A(으)ㄴ데 : 그 집은 넓은데 값이 싸요.

[geu jibeun neolbeunde gapssi ssayo]

Die Wohnung ist groß, aber sie ist billig.

V는데 : 그 소설책을 읽었는데 참 재미있어요.

[geu soseolchaegeul ilgeonneunde cham jaemiisseuyo]

Ich habe gestern den Roman gelesen. Er ist sehr interessant.

N인데 : 김 선생님 좀 바꿔 주세요.

[kimseonsaengnimjom bakkeojuseyo] Darf ich Frau Kim sprechen?

→ 지금 통화중인데요/통화중이신데요.

[jigeum tonghwajungindeyo/tonghwajungisindeyo]

Die Leitung ist jetzt besetzt.

문장과 단어 : 건물, 상점/가게

1. 건물[geonmul] Gebäude

F : 한국의 수도는 어디입니까?

[hanguge sudoneun eodiimnikka] Was ist die Hauptstadt Südkorea?

A : 서울입니다. [seoulimnida] Es ist Seoul.

F : 서울에 궁궐이 있습니까?

[seoeure gunggweoriisseumnikka] Gibt es Palaste in Seoul?

A : 네, 서울에 궁궐이 있습니다.

[ne seoure gunggweoriisseumnida] Ja, in Seoul gibt es Palaste.

경찰서[gyeongchalsseo] Polizei
공원[gongwon] Park
공항[gonghang] Flughafen
교회[gyohoe] Evangelische Kirche
성당[seongdang] Katholische Kirche
절[jeol] Tempel

궁궐[gunggeol] Palast
극장[geukjjang]/영화관[yeoghwagwon] Kino
박물관[bangmulgwan] Museum
병원[byeongwon] Krankenhaus
소방서[sobangseo] Feuerwehr
식당[sikttang] Restaurant
우체국[ucheguk] Post
역[yeok] Bahnhof ┌ 기차역[gichayeok] Hauptbahnhof
└ 버스 터미널[beosteomineol] Busterminal
은행[eunhaeng] Bank
사무실[samusil] Büro
시청[sicheong] Rathaus
체육관[cheyukkwan] Stadium - 운동장[undongjang] Sportplatz
학교[hakkyo] Schule
- 어린이 집[eorinijip] Kinderstätte
- 유치원[yuchiwon] Kindergarten
- 초등학교[chodeunghakkyo] Grundschule
- 중학교[junghakkyo] Gymnasium
- 고등학교[godeunghakkyo] ┌ 인문계[inmunge] Gymnasium
└ 실업계[sireopkke] Realschule
- 대학교[daehakkyo] Universität
학원[hagwon] Akademie
회사[hoesa] Firma

2. 상점/가게[sangjeom/gage] Geschäft/Laden

F : 제과점이 어디에 있습니까?
[jegwajeomi eodie isseumnikka] Wo ist die Bäckerei?

A : 길 건너편에 있습니다.
[gilgeonneopyone isseumnida] Sie ist gegenüber.

F : 무엇을 찾으세요?
[mueoseulchajeuseyo] Was wünschen Sie?

A : 바케트 2개와 딸기잼 1개 주세요.

[bageteu dugaewa ttalgijjaem hanggaejuseyo]

Ich hätte gerne zwei Baguette und eine Erdbeermarmelade.

F : 다른 원하시는 게 더 있으십니까?

[dareun wonhasineunge deo isseusimnikka] Was wünschen Sie noch?

A : 아니요, 됐습니다.

[aniyo dwaesseumnida] Das war es, danke.

모두 8,000원입니다.

[modu palcheonwonimnida] Insgesamt acht tausend Won.

F : 카드도 됩니까?

[kadeudo doemnikka] Kann man mit Kreditkarte bezahlen?

A : 네, 물론입니다.

[ne mulronimnida] Ja, natürlich.

가게[gage] Laden - 할인마트[harinmat] Save Markt
가정용품점[gajeongyongpumjeom] Haushaltswarengeschäft
꽃집[kkojjip] Blumenladen
노래방[noraebang] Karaokeladen
문방구[munbanggu] Schreibwarenladen
백화점[baekwajeom] Kaufhaus
비디오방[bidiobang] Videoraum
서점[seojeom] Buchladen
스포츠용품점[seupocheuyongpumjem] Sportgeschäft
시장[sijang] Mart
- 꽃시장[kkossijang] Blumenmarkt
- 수산/어시장[susan/eo sijang] Fischmarkt
- 청과물시장[cheonggwamul sijang] Gemüsese Obstmarkt
- 축산물시장[chukssanmul sijang] Fleischmarkt

식료품점[singnyopumjeom] Lebensmittelgeschäft
신발가게[sinbalgage] Schuhladen
약국[yakkuk] Apotheke
옷가게[okkage] Kleidungsgeschäft
PC방[pissibang] Internetcafé

장난감가게[jangnankkamgage] Spielzeugladen
정육점[jeongyukjjeom] Metzgerei
제과점/빵집[jegwajeom/ppangjjip] Bäckerei
찜질방[jjimjilbang] Sauna

연습문제

Ⅰ. 읽고 대답하십시오.

스미스 씨와 왕영호 씨가 만났습니다. 두 사람은 영화에 대해서 이야기 합니다.
왕영호 씨는 영화 보는 것을 좋아합니다. 그래서 자주 영화를 봅니다.
어제 왕영호 씨는 친구를 만났습니다. 친구와 커피숍에서 커피를 마신 후 극장에 갔습니다. 영화의 제목은 '괴물'입니다. 영화는 재미있었습니다.
스미스 씨는 코믹영화를 좋아합니다. 특히 찰리 채플린이 나오는 영화를 좋아합니다. 그러나 스미스 씨는 한국영화를 본 적이 없습니다. 그래서 왕영호 씨와 스미스 씨는 함께 한국영화를 보기로 약속합니다.

1. 왕영호 씨가 좋아하는 것은 무엇입니까?

→

2. 왕영호 씨는 어제 무엇을 했습니까?

→

3. 왕영호 씨는 친구와 무슨 영화를 보았습니까?

→

4. 영화는 재미있었습니까?

→

5. 스미스 씨는 어떤 영화를 좋아합니까?

→

6. 스미스 씨는 한국영화를 본 적이 있습니까?

→

7. 왕영호 씨와 스미스 씨는 무슨 약속을 했습니까?

→

8. 당신은 한국영화를 본 적이 있습니까? 어떤 영화를 보았습니까? 영화는 어땠습니까?

→

II. 다음을 읽고 쓰십시오.

내일은 5월 8일 어버이날입니다. 그래서 저는 오늘 오후에 꽃을 사러 꽃집에 갔습니다. 꽃집에는 여러 가지 예쁜 꽃이 있었습니다. 그 중에서도 빨간색 카네이션 꽃이 많았습니다. 사람들은 빨간색 카네이션 꽃을 많이 샀습니다. 저도 빨간색 카네이션 꽃을 두 송이 샀습니다. 꽃은 한 송이에 3,000원이었습니다. 꽃값이 조금 비쌌습니다. 그렇지만 아버지와 어머니께 카네이션 꽃을 가슴에 꽂아 드리고, 어깨를 주물러 드릴 생각을 하자 기분이 좋았습니다. 내일 아침 부모님께 이 꽃을 달아 드릴 겁니다.

1. 한국에서의 5월 8일은 무슨 날입니까?

→

2. 나는 무슨 꽃을 샀습니까?

→

3. 맞으면 O, 틀리면 X 하십시오.

① 나는 여러 가지 꽃을 샀습니다. (　　)

② 꽃은 한 송이에 삼천 원이었습니다. (　　)

③ 두 송이의 꽃값은 만 원이었습니다. (　　)

4. 당신의 나라에 어버이날이 있습니까?

→

5. 부모님의 생신에 당신은 무엇을 선물하였습니까?

→

6. 친한 친구의 생일에 당신은 무엇을 선물했습니까?

→

III. 다음을 읽고 답하십시오.

소현 유키 씨, 영화 좋아해요?

유키 네, 저는 영화를 아주 좋아해요. 소현 씨는요?

소현 저도 영화를 좋아하지만 요즈음 바빠서 극장에 갈 수 없었어요.
그런데 유키 씨는 어떤 영화를 좋아해요?

유키 다 좋아하지만 저는 멜로 영화를 더 좋아해요.

소현 그래요? 이번 주말에 진백진 씨와 영화를 보려고 해요. 유키 씨도 시간이 되면 함께 영화를 보러 갈래요?.

유키 네, 좋아요. 그런데 무슨 영화를 볼 거예요?

소현 지금 서울극장에서 '8월의 크리스마스'를 하고 있는데, 그 영화에 대해 들어 본 적 있어요?

유키 네, 들어 본 적 있어요. 저도 보고 싶었어요. 두 사람의 일상의 모습을 잘 담아낸 멜로 영화라는 말을 들었어요. 그런데 왜 '8월의 크리스마스'일까요?

소현 글쎄요. 저도 잘은 모르지만 두 사람이 무더운 여름에 사랑하기 시작하지만, 그 사랑이 깊어지기도 전에 남자 주인공이 불치병으로 크리스마스 이전에 생을 마감 할 수밖에 없는 슬프고 안타까운 사랑의 이야기라고 들었어요. 특히 남자주인공의 대사 내용 중 "시간이 얼마 남지 않았는데 나는 긴 시간이 필요한 사랑을 하고 있다."라는 대사는 마음에 남는다고 해요.

유키 슬픈 사랑이야기 같네요. 나도 보고 싶어요.

1. 유키 씨는 어떤 영화를 좋아해요?

→

2. 소현 씨는 진백진 씨와 언제 영화를 본 건가요?

→

3. 소현 씨는 왜 요즘 영화관에 갈 수 없었나요?

→

4. 유키 씨는 영화 '8월의 크리스마스'를 들어 본적이 없나요?

→

5. 여러분은 어떤 영화를 좋아하나요?

→

6. 기억에 남는 영화가 있나요? 영화의 내용을 간략하게 쓰세요.

→

Ⅳ. 다음을 읽고 쓰십시오.

저는 민속촌에 가 본적이 없었습니다. 민속촌은 전부터 아주 가 보고 싶었습니다. 그래서 오늘 친구 경호와 같이 민속촌에 가기로 약속했습니다.
우리는 학교 앞 버스 정류장에서 만났습니다. 그리고 30번 버스를 타고 동대문까지 갔습니다. 거기에서 우리는 지하철 1호선으로 갈아타고 수원역까지 갔습니다. 동대문에서 수원역까지 1시간 30분쯤 걸렸습니다. 수원 역 앞에서 우리는 다시 버스로 갈아탔습니다. 수원역에서 민속촌까지는 버스로 20분 정도 걸렸습니다.
우리는 민속촌에서 우연히 유키 씨를 만났습니다. 정말 반가웠습니다. 유키 씨는 혼자 서울시내에서 관광버스를 타고 왔다고 합니다. 그래서 저와 경호 그리고 유키 씨는 함께 민속촌에서 한국의 전통가옥들과 농악 그리고 줄타기 등을 관람했습니다. 농악대가 연주를 할 때 정말 흥겨웠습니다.
호박엿은 먹어 본 적이 없었습니다. 오늘 처음 먹어 본 것입니다. 그 맛은 달고 맛있었습니다. 그리고 장터에서 동동주와 해물파전도 먹었습니다. 동동주와 해물파전은 먹어 본 적이 있습니다. 역시 해물파전은 맛있었습니다.
오늘은 정말 즐겁고 재미있는 관광이었습니다.

1. 나는 전에 민속촌에 가 본 적이 있습니까?
→

2. 나는 언제, 누구와 민속촌에 갔습니까?
→

3. 나는 무엇을 타고 민속촌에 갔습니까?
→

4. 나는 동대문 운동장 역에서 수원역까지 무엇을 타고 갔습니까?
→

5. 나는 지하철을 타고 민속촌까지 갔습니까?
→

6. 유키 씨는 차를 갈아타고 민속촌에 갔습니까?
→

7. 나는 민속촌에서 무엇을 보았고 무엇을 먹었습니까?
→

8. 나는 전에 호박엿을 먹어 본 경험이 있습니까?

→

9. 오늘 민속촌 관광은 어땠습니까?

→

10. 당신은 민속촌을 관광한 적이 있습니까?

→

V. ________에 맞는 단어를 쓰십시오.

1. 나는 민속촌에 ________이 없다.

2. 나는 민속촌에 ________고 싶다.

3. 나는 민속촌에서 해물파전을 ________있고 동동주도 ________있다.

4. 한국영화를 ____________적이 있나요. 오후에 나와 함께 영화를 ____________?

5. ____________영화를 좋아해요?

6. 내일 오후 1시에 학교식당 앞에서 ____________?
   그렇지 않다면 카페테리아에서 ____________?

7. 카페테리아에서 ____________.

제9과 어떤 운동을 좋아합니까?
Lektion 9. Welchen Sport mögen Sie?

김 선생님　주말에 저는 가족과 함께 등산을 갔었습니다.
왕영호 씨. 주말에 무엇을 했습니까?

왕영호　저는 주말에 재미있게 지냈습니다.
토요일에 친구와 함께 영화관에서 영화를 보았습니다.
그리고 일요일 아침에는 친구들과 축구를 했습니다.

김 선생님　왕영호 씨는 친구들과 축구를 자주 합니까?

왕영호　네, 자주 합니다. 저는 운동을 좋아합니다.

김 선생님　뮐러 씨, 뮐러 씨도 운동을 좋아합니까?

뮐러　네, 저도 운동을 좋아합니다.
주말에는 항상 가족과 함께 수영장에서 수영을 합니다.
어제도 수영을 했습니다.

김 선생님　유키 씨는 어떤 운동을 합니까?

유키　저는 수영을 합니다. 그리고 테니스도 가끔 칩니다.

김 선생님　스미스 씨는 주말에 무엇을 했습니까?

스미스　친구와 함께 자전거를 타고 한강에 갔습니다.
저는 날씨가 좋으면 자전거를 타고 여행하기를 좋아합니다.
자전거로 세계 일주를 하고 싶습니다.

김 선생님　진백진 씨는 어떤 운동을 좋아합니까?

진백진　저는 야구구경을 조금 좋아합니다.

김 선생님　파타 씨는 어떤 운동을 좋아합니까?

파타　저는 말 타는 것을 가장 좋아합니다.
그래서 고향 몽골에서는 주말이면 말을 탔습니다.
그러나 지금은 말을 탈 수 없어서 주말에 등산을 갑니다.
산위에서 '야호' 하고 소리를 지르면 정말 상쾌해져요.
이제는 등산하는 것을 아주 좋아하게 되었어요.

Lektion 9. Welchen Sport mögen Sie?

Lehrerin Kim	Am Wochenende habe ich mit meiner Familie eine Bergtour gemacht. Herr Wang Young-Ho, was haben Sie am Wochenende gemacht?
Wang Young-Ho	Ich hatte ein sehr interessantes Wochenende. Samstag bin ich mit meinem Freund ins Kino gegangen. Sonntag früh habe ich auch mit meinen Freunden Fußball gespielt.
Lehrerin Kim	Herr Wang Young-Ho, spielen Sie oft Fußball mit Freunden?
Wang Young-Ho	Ja, ich spiele oft. Ich mag gern Sport.
Lehrerin Kim	Herr Müller, mögen Sie auch gerne Sport?
Müller	Ja, ich mag auch Sport. Am Wochenende gehe ich immer mit meiner Familie zum Schwimmen. Ich war gestern auch im Schwimmbad.
Lehrerin Kim	Frau Yuki, welchen Sport mögen Sie gerne?
Yuki	Ich schwimme gerne. Und ich spiele ab und zu Tennis.
Lehrerin Kim	Herr Smith, was haben Sie am Wochenende gemacht?
Smith	Mit meinem Freund bin ich mit dem Fahrrad zum Han-Fluss gefahren. Wenn das Wetter schön ist, mache ich gerne eine Fahrradtour. Ich möchte eigentlich mit dem Fahrrad eine Weltreise machen.
Lehrerin Kim	Frau Jin Baek-Jin, welchen Sport mögen Sie gerne?
Jin Baek-Jin	Baseball sehen ist nicht schlecht.
Lehrerin Kim	Herr Pata, welchen Sport mögen Sie gerne?
Pata	Ich mag Reiten sehr. In der Mongolei bin ich am Wochenende geritten. Aber ich kann hier nicht reiten, darum mache ich am Wochenende eine Bergtour. Es ist so erfrischend, wenn ich auf dem Gipfel eines Berges etwas rufe. Nun gefällt mir das Bergsteigen ganz ausgezeichnet.

문법

1. 못[mot]V

> • 못은 의도는 있으나 능력이 없는 부정표현
>
> **Die negative Form von Verben**
>
> Für die einfache Form, mit der man “Nichtkönnen” wegen äußerer Umstände oder Unfähigkeit ausdrücken kann, verwendet man ‘못’ vor dem zu verneinenden Verb.

예) 그는 열이 나서 학교에 못 갔어요.

[geuneun yerinaseo hakkyoe mot gasseoyo]

Wegen der Fieber konnte er nicht zur Schule gehen.

2. -지 못하다[ji motada]

> • (용언 뒤에서) 능력이 없거나 의지대로 되지 않음을 나타내거나 어떤 상태에 미치지 아니함을 나타내는 표현
>
> **Die negative Form : Nichtkönnen**
>
> Das Adverb ‘못’ wird bei der Negation anstelle von 아니 gebraucht, wenn die Bedeutung des “Nicht-Könnens”, einer nicht vorhandenen Fähigkeit, enthalten ist.
>
> Mit ‘지 못하다’ kann man auch verneinen.

예) 배가 아파서 아침을 먹지 못했어요.

[baega apaseo achimeul meokjji motaesseoyo]

Ich habe heute morgen kein Frühstück gegessen, weil mein Bauch weh getan hat.

3. V기 좋아하다[gi joahada]

> • (동사 뒤에서) 어떤 것을 좋아함을 나타내는 표현
>
> **Ich mag gerne etwas tun**

예) 나는 요리하기 좋아해요.

[naneun yorihagi joahaeyo] Ich mag gerne kochen.

4. 제일/가장 좋아하다[jeil/gajang joahada]

↔ 제일 싫어하다[sireohada]/전혀 안 좋아하다[jeonhyeo an joahada]

- '가장'이나 '제일'은 어떤 속성을 뜻하는 형용사 또는 형용사를 수식하는 문장 앞에 쓰여 그 정도가 셋 이상의 여러 대상 가운데서 맨 위나 처음에 오는 것을 나타내는 부사다. '가장'은 문어적으로 쓰이고 '제일'은 구어적으로 쓰인다.
  '좋아하다'는 어떤 물건이나 사람 또는 그 기능이나 성질이 만족할 만한 상태에 있는 것을 표현 할 때 쓰이고 '싫어하다'는 '좋아하다'의 반대 표현이다.

  Superlativ

  Der Superlativ wird gebildet, indem man entweder '가장' oder '제일' vor dem entsprechenden Verb verwendet.

  좋아하다 : Vorlieben

  Wenn man etwas am liebsten mag, sagt man '제일/가장 좋아하다'.

  싫어하다 : Abneigung

  Wenn man etwas am meisten hasst, sagt man '제일/가장 싫어하다'.

  Wenn man etwas überhaupt nicht mag, sagt man '전혀 안 좋아하다'.

예) 나는 등산을 가장 좋아해요.

[naneun deungsaneul gajang joahaeyo] Ich mag das Bergsteigen am liebsten.

↔ 나는 등산을 전혀 안 좋아해요.

[naneun deungsaneul jeonyeo anjoahaeyo] Ich mag das Bergsteigen überhaupt nicht.

나는 조깅을 가장 싫어해요.

[naneun jogingeul gajang sireohaeyo] Ich hasse Jogging am meisten.

↔ 나는 조깅을 전혀 안 좋아해요.

[naneun jogingeul jeonhyeo anjoahaeyo] Ich mag Jogging überhaupt nicht.

5. N(으)로[ro]

- 이동의 방향, 교통수단, 도구나 수단, 재료, 변화의 방향, 자격이나 신분, 이유나 원인임을 나타내는 조사

  -으로 : 받침 있는 명사에서

  -로 : 모음 또는 받침 'ㄹ'을 가진 명사에서

  Partikel-Mittel : auf, mit/Verkehrsmittel : mit

N으로 : wenn das Substantiv mit einem Konsonanten endet
N로 : wenn das Substantiv mit einem Vokal bzw. 'ㄹ' endet

예) 친구와 무슨 말로 이야기합니까?

[chingguwa museun malro iyagihamnikka]

In welcher Sprache reden Sie mit Freunden?

→ 한국말로 이야기 합니다.

[hanggungmaro iyagihamnida] Wir reden auf Koreanisch.

6. V(으)ㄴ/는 것[geot]

• **(동사 뒤에서) 과거의 동작이나 행위, 사실을 나타내는 표현**

'것'은 어미 '-는, 은, 을, 던' 등과 함께 쓰여 문장 안에서 어떤 행위를 하는, 어떤 상태에 있는 사람이나 사물을 가리키기도 하고 그런 행위나 상태, 현상 자체를 가리키기도 한다.

-ㄴ 것 : 모음이나 받침 'ㄹ' 또는 '이다'와 '아니다'를 갖는 동사에서

-는 것 : 받침 있는 동사에서

Das Präsenspartizip dient zur näheren Bestimmung von Nomina und wird diesen als Attribut unmittelbar vorangestellt.

Die qualitativen Verben und die Kopula '이다' bilden das Präsenspartizip mit dem Suffix '-(으)ㄴ.'

Das Präsenspartizip der prozessiven Verben und der Verben der Befindlichkeit (있다/없다) ist gekennzeichnet durch das Suffix '-는', welches direkt an die Verbalbasis anschliesst.

Einige sehr gebräuchliche Nomina des Koreanischen verlieren in manchen Fällen ihren vollen Sinngehalt und werden mit abgeschwächter Bedeutung in grammatischer Funktion gebraucht. Wir nennen sie dann Formalnomen. Zu ihnen gehört in erster Linie '것'

Vㄴ 것 : wenn das Verb mit einem Vokal bzw. 'ㄹ' oder nach '이다' und '아니다' endet.

V는 것 : wenn das Verb mit einem Konsonanten endet.

예) 좋아하는 꽃은 어떤 것이에요?

[joahaneun kkocheun eotteon geosieyo]

Was für eine Blume mögen Sie am liebsten?

→ 내가 좋아하는 것은 장미꽃이에요.

[naega joahaneun geoseun jangmikkocjieyo]

Ich mag Rose, sie ist mir die liebste.

7. -(으)면[myeon]

- 조건이나 가정을 나타내는 연결어미

-으면 : 'ㄹ'을 제외한 받침 있는 동사어간이나 형용사 어간, '-았-', '-겠-' 뒤에 사용한다.

-면 : 받침 없는 동사나 형용사 어간 또는 'ㄹ' 받침으로 끝나는 동사나 형용사어간과 '이다', '아니다'에 사용한다.

Konditionaler Nebensatz : wenn, falls

Anschluss an die Verbalbasis, bei konsonantischem Auslaut mit Themavokal.

V/A으면 : wenn das Verb- bzw. Adjektivstamm mit einem Konsonanten oder nach -았-' und '-겠-' endet.

V/A면 : wenn das Verb- bzw. Adjektivstamm mit einem Vokal und 'ㄹ' oder nach '이다' und '아니다' endet.

예) 시간이 있으면 무엇을 하고 싶어요?

[sigani isseumyeon mueoseul hago sipeoyo]

Was wollen Sie machen, wenn Sie Zeit haben?

→ 여행을 하고 싶어요.

[yeohaengeul hago sipeoyo] Ich will reisen.

8. N이면/마다[imyeon/mada]

- (받침 있는 명사 뒤에서) 어떤 것을 지정하여 예로 들때 쓰는 조사

Partikel-Beispiel/Gewohnheit : jedes Mal

예) 겨울이면/마다 스키장에 가요.

[gyeoulimyeon seukijange gayo]

Jeden Winter fahre ich Ski.

9. 움직임과 관련된 동사의 변화형

원형 Infinitiv	현재 Gegenwart	과거 Vergangenheit	미래 Zukunft	존칭 Höfflichkeit
서다[seoda] stehen	서있다	서있었다	서겠다/ 설 것이다	서계시다
가다[gada] gehen	간다	갔다	가겠다/ 갈 것이다	가시다
(다가)가다[dagagada] schleichen	다가간다	다가갔다	다가가겠다/ 다가 갈 것이다	다가가시다
앉다[andda] sitzen	앉는다	앉아 있었다	앉겠다/ 앉을 것이다	앉아계시다
눕다[nubdda] liegen	누워있다	누워 있었다	눕겠다/ 누울 것이다	누워 계시다
굽히다[gupida] sich niederbeugen	굽힌다	굽혔다	굽히겠다/ 굽힐 것이다	굽히시다
펴다[pyeoda] sich strecken	편다	폈다	펴겠다/ 펼 것이다	펴시다
뛰다[ttwida] springen	뛴다	뛰었다	뛰겠다/ 뛸 것이다	뛰시다
달리다[dalrida] laufen	달린다	달리었다/ 달렸다	달리겠다/ 달릴 것이다	달리시다
보다[boda] sehen	본다	보았다	보겠다/ 볼 것이다	보시다
(쳐다)보다[chyeodaboda] hinaufsehen	쳐다본다	쳐다보았다/ 쳐다봤다	쳐다보겠다/ 쳐다볼 것이다	쳐다보시다
(둘러)보다[dulreoboda] herumschauen	둘러본다	둘러보았다/ 둘러봤다	둘러보겠다/ 둘러볼 것이다	둘러보시다
기다[gida] kriechen	긴다	기었다	기겠다/ 길 것이다	기시다
던지다[deonjida] werfen	던진다	던지었다/ 던졌다	던지겠다/ 던질 것이다	던지시다
잡다[jabtta] fangen	잡는다	잡았다	잡겠다/ 잡을 것이다	잡으시다

(기어)오르다[gieooreuda] klettern	오른다	올랐다	오르겠다/ 오를 것이다	오르시다
떨어지다[tteoreojida] hinunterfallen	떨어진다	떨어지었다/ 떨어졌다	떨어지겠다/ 떨어질 것이다	떨어지시다
(그네를)타다[geunereultada] schaukeln	탄다	탔다	타겠다/ 탈 것이다	타시다
넘다[neomdda] überspringen	넘는다	넘었다	넘겠다/ 넘을 것이다	넘으시다
차다[chada] mit dem Fuß stoßen	찬다	찼다	차겠다 / 찰 것이다	차시다
만나다[mannada] treffen	만난다	만났다	만나겠다/ 만날 것이다	만나시다
당기다[danggida] ziehen	당긴다	당기었다/ 당겼다	당기겠다/ 당길 것이다	당기시다
바꾸다[bakkuda] tauschen	바꾼다	바꾸었다/ 바꿨다	바뀌겠다/ 바뀔 것이다	바뀌시다
(수영)하다[suyeonghada] schwimmen	한다	수영하였다/ 수영했다	수영하겠다/ 수영할 것이다	수영하시다
(춤)추다[chumchuda] tanzen	춤(을) 춘다	춤(을) 추었다/ 춤(을) 췄다	춤(을)추겠다/ 춤(을) 출 것이다	춤(을) 추시다
돌다[dolda] sich drehen	돈다	돌았다	돌겠다/ 돌 것이다	도시다
쫓다[jjotta] treiben	쫓는다	쫓았다	쫓겠다/ 쫓을 것이다	쫓으시다

문장과 단어 : 운동[undong] Sport

F : 어떤 운동을 좋아해요?

[eotteon undongeul joahaeyo] Welchen Sport mögen Sie?

A : 모든 운동을 다 좋아하지만, 축구를 가장/제일 좋아해요.

[modeun undongeul da joahajiman chukkureul gajang/jeil joahaeyo]

Ich mag alle Sportarten, Fußball ist mir der liebste Sport.

A : 운동을 싫어하지만, 등산은 조금 좋아해요.

[undongeul sireohajiman deungsaneun jogeum joahaeyo]

Ich habe kein Interesse für Sport, aber ich mag Bergsteigen ein bisschen.

A : 운동경기를 관람하는 것은 좋지만, 운동하는 것은 전혀 안 좋아해요.

[undonggyeonggireul gwalramhaneungeoseun joahajiman undonghaneun geoseun jeonhyeo anjoahaeyo]

Ich mag mir Sport nur im Fernsehen ansehen, aber ich mag überhaupt keinen Sport.

F : 운동은 자주해요?

[undongeun jajuhaeyo] Machen Sie häufig Sport?

A : 자주 축구하러 가요.

[jaju chukkuhareu gayo] Ich gehe häufig zum Fußballspielen.

A : 항상/언제나 조깅을 해요.

[hangsang/eonjena jogingeul haeyo] Ich laufe immer Jogging.

A : 보통 수영해요.

[botong suyeonghaeyo] Ich schwimme in der Regel.

A : 가끔 등산을 가요.

[gakkeum deungsaneul gayo] Ich gehe manchmal Bergsteigen.

- **운동[undong] Sport**
  - 농구를 하다[nonggureul hada] Basketball spielen
  - 배구를 관람하다[baegureul gwalramhada] Volleyball sehen
  - 수영을 하다[suyeongeulhada] schwimmen
  - 축구를 하다[chukkureul hada] Fußball spielen

- 테니스를 치다[teniseureul chida] Tennis spielen
- 탁구를 치다[takkureul chida] Tischtennis spielen
- 태권도를 하다[taekeondoreul hada] Taekwando machen
- 스케이트를 타다[seukeiteureul tada] Schlittschuh laufen
- 스키를 타다[seukireul tada] Ski fahren
- 조깅을 하다[jogingeul hada] Jogging laufen

Q&A 연습문제

Ⅰ.다음을 읽고 질문에 맞는 답을 쓰십시오.

오늘은 월요일, 한국어 수업이 있는 날입니다. 수업시간에 지난 주말에 있었던 일들과 자신들의 취미에 대해서 이야기 합니다.
김 선생님은 주말에 가족과 함께 등산을 갔었습니다.
왕영호 씨는 지난 토요일에 친구와 함께 영화관에서 영화를 보았습니다.
그리고 일요일 아침에는 친구들과 축구를 했습니다. 왕영호 씨는 운동을 좋아해서 친구들과 자주 축구를 합니다.
뮐러 씨도 운동을 좋아합니다. 특히 수영을 좋아합니다. 그래서 어제도 가족과 함께 수영장에서 수영을 했습니다.
유키 씨는 주말에 시간이 있으면, 테니스를 치거나 수영을 합니다.
스미스 씨는 자전거를 타고 여행하는 것을 좋아합니다. 지난 주말에도 친구와 함께 자전거를 타고 한강에 갔습니다.
진백진 씨는 야구구경을 좋아합니다.
파타 씨는 말 타는 것을 좋아합니다. 그래서 몽골에서는 주말이면 말을 탔습니다. 그러나 지금은 한국에 있기 때문에 자주 말을 타지 못합니다. 그것이 파타 씨에게는 아쉬운 일입니다.

1. 월요일에는 무엇이 있는 날입니까?

→

2. 왕영호 씨는 주말에 무엇을 했습니까?

→

3. 뮐러 씨는 운동을 좋아합니까?

→

4. 뮐러 씨는 언제, 누구와 ,어디에서, 무엇을 했습니까?

→

5. 유키 씨는 어떤 운동을 합니까?

→

6. 스미스 씨의 취미는 무엇입니까?

→

7. 스미스 씨는 주말에 무엇을 했습니까?

→

8. 진백진 씨는 어떤 운동을 좋아합니까?

→

9. 파타 씨는 주말이면 고향에서 무엇을 했습니까?

→

10. 파타 씨가 한국에서 아쉬워하는 것은 무엇입니까?

→

11. 유키 씨는 수영을 좋아합니까? 또 누가 수영을 좋아합니까?

→

12. 여러분은 어떤 운동을 좋아합니까?

→

13. 여러분은 주말에 무엇을 했습니까?

→

II. 다음 글을 읽고 대답을 쓰세요.

저는 운동을 아주 좋아합니다. 그렇지만 요즈음은 바빠서 운동을 못했습니다. 월요일부터 금요일까지 한국어를 공부해야 해서 시간이 없습니다. 아침에는 학교에서 공부를 하고 오후에는 도서관에 가서 숙제를 합니다.

이번 토요일에는 남학생들과 같이 축구를 할 겁니다. 축구를 하고 저녁에 학교 앞 식당에서 불고기를 먹을 겁니다. 그리고 밤 8시에 같이 영화 구경을 갈 겁니다.

1. 나는 요즈음 왜 운동을 못 했어요?
→

2. 나는 어디에서 숙제를 해요?
→

3. 나는 언제 축구를 할 건가요?
→

4. 나는 축구를 하고 뭘 할 건가요?
→

III. 달력을 보고 답하세요.

5월						
일	월	화	수	목	금	토
					1	2 석가탄신일
3	4	5 어린이날	6	7	8 어버이날	9
10	11	12	13	14	15 스승의날	16
17	18 5.18 민주화기념일	19	20	21	22	23 동생생일
24	25	26	27 시험	28 단오	29	30
31 바다의날						

1. 어린이날은 몇 월 며칠입니까?

→

2. 어버이날은 언제입니까?

→

3. 스승의 날은 무슨 요일입니까?

→

4. 시험은 언제 봅니까?

→

5. 5월 23일 토요일은 무슨 날입니까?

→

6. 5월 2일은 공휴일입니까? 무슨 날입니까?

→

7. 당신은 지난 주 수요일에 무엇을 하였습니까?

→

8. 지금 무엇을 하고 있습니까?

→

9. 이번 주 일요일에 무엇을 할 겁니까?

→

IV. 다음을 읽고 쓰십시오.

지난 5개월 전부터, 나는 친구와 토요일마다 스포츠센터에 간다.
나는 운동을 좋아하고, 운동을 한 후 사우나하기를 특히 좋아한다.
오늘이 토요일이다.
그런데 어제부터 몸이 좋지 않았다.
오늘 아침에는 열이 38도이고 몸도 쑤신다.
입맛이 없어 아침식사도 제대로 하지 못했다.
친구에게 전화를 걸어 약속을 취소해야 할 것 같다.
이제까지 한 번도 빠진 적이 없었는데…
그러나 오늘은 집에서 쉬어야겠다.

1. 글쓴이는 언제부터 스포츠센터에 다니고 있습니까?

→

2. 글쓴이는 토요일이면 누구와 어디를 갑니까?

→

3. 글쓴이는 스포츠센터에서 무엇을 가장 좋아합니까?

→

4. 글쓴이는 어제부터 무슨 일이 있었습니까?

→

5. 오늘 아침 글쓴이의 몸 상태는 어떻습니까?

→

6. 몸이 아픈 글쓴이는 무엇을 하기로 했습니까?

→

7. 당신은 어떤 운동을 가장 좋아합니까? 왜 그렇습니까?

→

제10과 조리사가 되고 싶어요.
Lektion 10. Ich möchte Köchin werden.

지영	유키 씨는 한국말을 잘 하시는군요. 유키 씨, 언제 한국에 왔어요?
유키	작년 10월에 왔어요.
지영	그럼, 한국에 온 지 6개월 되었네요. 한국에 오기 전에 무엇을 했어요?
유키	도쿄대학에 다녔어요.
지영	한국어를 배운지 얼마나 되었어요?
유키	1년 6개월 정도 되었어요.
지영	한국에서 얼마나 있을 거예요?
유키	앞으로 6개월 정도 더 있을 거예요.
지영	일본에 돌아간 후에는 무엇을 할 거예요?
유키	대학을 졸업한 후에 대학원에 진학해서 계속 공부하고 싶어요. 특히 동양 문화에 대해서 공부하고 싶어요. 지영 씨는 대학에 오기 전에 무엇을 하고 싶었어요?
지영	대학 입학 전에는 요리사가 되고 싶었어요. 그래서 지금은 호텔조리학과에서 공부하고 있어요. 그리고 대학 졸업 후에는 호텔에서 조리사가 되고 싶어요.
유키	지영 씨의 음식은 정말 맛있어요. 지난번에 먹은 불고기 참 맛있었어요. 그런데 지영 씨는 한식 조리사가 되고 싶어요? 아니면 양식 조리사가 되고 싶어요?
지영	한식 조리사가 되고 싶어요.

Lektion 10. Ich möchte Köchin werden.

Ji-Young	Yuki, du sprichst Koreanisch gut.
	Wann bist du nach Korea gekommen?
Yuki	Im letzten Oktober.
Ji-Young	Nun bist du schon 6 Monate in Korea.
	Was hast du vor dem Koreabesuch gemacht?
Yuki	Ich habe an der Uni. Tokio studiert.
Ji-Young	Wie lange lernst du schon Koreansich?
Yuki	Eineinhalb Jahre.
Ji-Young	Wie lange bleibst du noch in Korea?
Yuki	Ich möchte noch 6 Monate in Korea bleiben.
Ji-Young	Was hast du vor, wenn du nach Japan zurückgehst?
Yuki	Nach dem Abschluss B.A. möchte ich meinen Magister machen.
	Ich möchte mich besonders mit der Asienkultur beschäftigen.
	Was wolltest du eigentlich vor dem Studienbeginn machen?
Ji-Young	Vor dem Studium wollte ich Köchin werden.
	Nun möchte ich kulinarische Kunst studieren.
	Nach dem Studiumabschluss möchte ich im Hotel als Köchin arbeiten.
Yuki	Das Speise von dir war wirklich lecker. Das Bulgogi, das ich letztes Mal bei dir gegessen habe, schmeckte sehr gut.
	Möchtest du dich auf eine koreanische oder europäische Kochkunst spezialisieren?
Ji-Young	Ich möchte mich auf koreanische Kochkunst spezialisieren.

문법

1. -네요[neyo]

• 말하는 사람이 새삼스럽게 알게 된 사실에 대해 감탄함을 나타내는 표현 **Bewunderungsausdruck** '네요' wird im Deutschen einfach mit allgemeinem Verb übersetzt.

예) 비가 오네요.

[bigaoneyo] Es regnet!

2. V(으)ㄴ지[(eu)nji]

• 과거부터 현재까지의 진행 상황을 나타낼 때 쓴다. Die Form '-(으)ㄴ지' drückt die vergangene Zeit aus.

예) 유키 씨는 한국에 온 지 6개월 되었습니다.

[yukissineun hangguge onji yukkewori doeeosseoyo]

Yuki ist seit 6 Monaten in Korea.

3. V기 전에[gi jeone]

• 어떤 행위나 상태가 앞에 오는 사실보다 시간상 앞섬을 나타내는 표현 Die Form '기전에' drückt die vergangene Zeit aus. Es wird im Deutschen mit "vor, bevor" übersetzt.

예) 자기 전에 일기를 써요.

[jagijeone ilgireul sseoyo]

Ich schreibe etwas ins Tagebuch, bevor ich ins Bett gehe.

4. V(으)ㄴ 후에[hue]

- (동사 뒤에서) 어떤 행위가 뒤에 오는 행위보다 시간상 앞섬을 나타내는 표현

-ㄴ 후에 : 모음으로 끝나는 동사에서

-은 후에 : 받침으로 끝나는 동사에서

-(으)ㄴ 후에=V고 나서

Es wird im Deutschen mit “nach, nachdem” übersetzt.

Das norminale Element ‘-후’ nach dem Prätentiumpartizip bildet als nominale Konjunktionalform temporale Nebensätze. Meist folgt die temporale Postposition ‘-에’.

Vㄴ 후에 : wenn das Verb mit einem Vokal endet.

V은 후에 : wenn das Verb mit einem Konsonanten endet.

V(으)ㄴ 후에 = V고 나서

예) 식사한 후에 차를 마셔요.

[sikssahanhue chareul masyeoyo]

Ich trinke Tee, nachdem ich gegessen habe.

5. -(으)며[myeo]/면서[myeonseo]

- 둘 이상의 사실을 겸하고 있음을 나타내거나 둘 이상의 사실이 서로 상반되는 관계에 있음을 나타내는 연결어미

-으며/면서 : ‘ㄹ’을 제외한 받침 있는 동사나 형용사 어간 뒤에서 사용한다.

-며/면서 : 받침 없는 동사나 형용사 어간. ‘ㄹ’ 받침으로 끝나는 동사나 형용사 어간 ‘이다’, ‘아니다’에 사용한다.

Konjunktionalendung : während, indem

Das Verbalsuffix ‘-(으)면서’, eine Zusammensetzung aus ‘-(으)면’ und ‘-서’, bildet temporale Nebensätze zum Ausdruck der Gleichzeitigkeit.

‘-(으)면서’ wird wie ‘-(으)면’ an die Verbalbasis angehängt, bei konsonantischem Auslaut mit Themavokal.

V/A으며/으면서 : wenn das Verb mit einem Konsonanten endet.

V/A며/면서 : wenn das Verb oder den Akkusativ mit einem Vokal bzw. mit einem ‘ㄹ’ endet.

예) 그는 그녀를 기다리면서 참았다.

[geuneun geunyeoreul gidarimyeonseo chamatta]

Er wartete auf sie und fasste sich in Geduld.

6. V고 싶다[go siptta] ↔ -고 싶지 않다[gosipjji anta]

- (동사 뒤에서) 말하는 사람이 어떤 행위를 하기를 원함을 나타내는 표현. 어미 '-고' 와 형용사 '싶다'가 함께 쓰인 표현

'-고 싶지 않다'는 '-고 싶다'의 부정 표현

Wunsch-, Plan- oder Absichtform : möchten, wollen

Die Form '-고 싶다' wird nur für das Wollen der 1. und 2. Person gebracht.

V고 싶지 않다 : Negative Form von 'V고 싶다'

예) 맥주를 마시고 싶어요.

[maekjjureul masigo sipeoyo] Ich möchte ein Glas Bier trinken.

↔ 맥주를 마시고 싶지 않아요.

[maekjjureul masigo sipjji anayo] Ich möchte kein Bier trinken.

7. V고 싶어 하다[go sipeohada]

- 앞말이 뜻하는 행동을 하고자 하는 마음이나 욕구를 갖고 있음을 나타내는 화법동사로 '-고 싶다'에 '하다' 보조동사와 결합한 형태

Modalverb-wollen

Soll der Wunsch einer 3. Person zum Ausdruck gebracht werden, wird eine Erweiterung mit dem Hilfsverb '하다' verwendet.

예) 친구가 어디에 가고 싶어 해요?

[chingguga eodie gago sipeohaeyo] Wohin will Ihre Freundin gehen?

→ 제주도에 가고 싶어 해요.

[jejudoe gago sipeohaeyo] Sie will nach Jejudo gehen.

할머니께서 무엇을 하고 싶어 하셨어요?

[halmeonikkeseo mueoseul hago sipeo hasyeosseoyo]

Was wollte die Großmutter machen?

→ 저를 보고 싶어 하셨어요.

[jeoreul bogosipeo hasyeosseoyo] Sie wollte mich sehen.

문장과 단어 : 식당

1. 식당예약 Reservieren

한정식 식당이지요?

[hanjeongsik sikttangijiyo]

Ist da ein koreanisches Restaurant?

오늘 오후 6시 저녁식사 예약을 하려고 합니다.

[oneul ohu yeoseossi jeonyeoksikssa yeayageul haryeogohamnida]

Ich möchte heute um 18 Uhr für Abendessen einen Tisch reservieren.

몇 분이십니까?

[myeoppunisimnikka] Wieviele Persenen?

5명입니다.

[daseonmyengimnida] Fünf Personen.

네, 오늘 오후 6시 저녁식사 5분 예약되었습니다.

[ne oneulohu yeseossi jeonyeoksikssa daseoppun yeyakdeoeosseumnida]

Ja, es wird heute 18 Uhr ein Tisch für fünf Personen reserviert.

- **요식업[yosigeuop] Gastronomie**
  - 바[ba] Bar
  - 식당[sikttang] Restaurant
    - 한식[hansik] koreanische Speise
    - 양식[yangsik] amerikanische Speise
    - 중식[jungsik] chinesische Speise
    - 일식[ilssik] japanische Speise
  - 카페[kape] Café
  - 호프[hopeu] Bierhaus

식당[sikttang] **Restaurant**

- 계산하다[jesanada] bezahlen
- 메뉴[menyu] Menü - 오늘의 메뉴[oneure menyu] Tagesmenü
- 예약하다[yeyakkada] reservieren
- 주문하다[jumunhada] bestellen
- 메뉴판[menyupan] Speisekarte
  - 밥[bap] Reis
  - 국[guk] Suppe
  - 반찬[banchan] Beilagen
  - 국수[gukssu] Nudeln
  - 고기요리[gogiyori] Fleischgericht
  - 생선요리[saengseonyori] Fischgericht
  - 야채요리[yachaeyori] Gemüsegericht
  - 디저트[dijeoteu] Nachtisch
    - 과일[gwail] Obst
    - 아이스크림[aiseukeurim] Eis
    - 케이크[keikeu] Kuchen
- 음료[eumryo] Getränke
  - 음료수[eumryosu] ohne Alkohol
    - 물[mul] Wasser
    - 주스[juseu] Saft
    - 콜라[cholra] Cola
    - 우유[uyu] Milch
    - 차[cha] Tee
    - 커피[cheopi] Kaffee
    - 녹차[nokcha] Grüntee
    - 홍차[hongcha] Schwarztee
    - 코코아[kokoa] Kakao
- 술[sul] alkoholisch
  - 맥주[maekjju] Bier
  - 생맥주[saengmaekjju] Fassbier
  - 소주[soju] Schnaps
  - 막걸리[makgelri] Reiswein
  - 샴페인[syampein] Sekt

┌ 칵테일[kakteil] Cocktail
├ 포도주[podoju] Wein
└ 위스키[wiseuki] Whisky

2. 식당에서 Im Restaurant

F : 뭘 주문하시겠어요?

[mwol jumunhasigesseoyo] Was möchten Sie bestellen?

A : 불고기와 냉면으로 하겠어요.

[bulgogiwa naengmyeoneuro hagesseoyo]

Ich hätte gerne Bulgogi und Naengmyeon.

F : 음료수는 뭘로 하시겠어요?

[eumryosuneun mwolro hasigesseoyo] Was möchten Sie trinken?

A : 맥주 한 병 주세요.

[maekjju han byeong juseyo] Bitte bringen Sie mir eine Flasche Bier.

맛있게 드세요.

[masikke deuseyo] Guten Appetit!

계산서 주세요.

[gyeosanseo juseyo] Die Rechnung bitte!

F : 카드도 돼요?

[kadeudo dwaeyo] Nehmen Sie auch die Kreditkarte?

F : 맛있게 드셨어요?

[masikke deusyeoseoyo] Hat es Ihnen gut geschmeckt?

A : 네, 맛있게 먹었어요.

[ne masikke meogeosseoyo] Ja, es hat mir gut geschmeckt.

- **맛[mat] Geschmack**
  - 맛있다[maditta] lecker sein
  - 달다[dalda] süß sein
  - 시다[sida] sauer sein
  - 짜다[jjada] salzig sein
  - 맵다[maeptta] scharf sein

연습문제

Ⅰ. 읽고 답하십시오.

유키 씨는 한국에 오기 전에 일본 도쿄대학에 다녔습니다. 유키 씨는 한국에 오기 전에 일본에서 1년 전부터 한국어를 배웠습니다. 그리고 한국에 온지 6개월이 되었습니다. 한국어를 배운지 1년 6개월이 되었는데 유키 씨는 한국말을 잘 합니다. 유키 씨는 한국에 6개월 정도 더 있으면서 한국어를 배우려고 합니다. 그 후에는 일본에 돌아가 대학을 졸업한 후 대학원에 진학해서 동양문화에 대해 계속 공부하려고 합니다.

1. 유키 씨가 한국어를 배운지는 얼마나 되었습니까?

→

2. 유키 씨는 언제 한국에 왔습니까?

→

3. 유키 씨는 얼마동안 한국에 더 있을 계획입니까?

→

4. 유키 씨는 일본에서 대학을 졸업한 후 한국에 왔습니까?

→

5. 유키 씨는 일본에 가서 무엇을 할 계획입니까?

→

6. 유키 씨의 전공은 무엇입니까?

→

7. 당신은 한국에서 무엇을 하고 싶습니까?

→

8. 당신이 앞으로 하고 싶은 일은 무엇입니까?

→

II. 읽고 답하십시오.

왕영호 씨는 지금 서울에서 한국말을 공부합니다. 한국에 오기 전에는 북경에서 대학교에 다녔습니다. 왕영호 씨는 지금 학교 근처에서 하숙을 합니다. 처음에는 대학교 기숙사에 살았습니다. 그렇지만 기숙사에는 외국인 학생이 많았습니다. 왕영호 씨는 한국말과 한국 문화를 빨리 배우고 싶었습니다. 그래서 하숙집으로 이사했습니다. 하숙집에는 한국 학생이 많습니다. 왕영호 씨는 학생들과 이야기를 자주 합니다. 그래서 하숙집으로 이사한 후 왕영호 씨는 한국말이 많이 늘었습니다.

1. 왕영호 씨는 한국에 오기 전에 무엇을 했습니까?

→

2. 왕영호 씨는 지금 어디에 삽니까?

→

3. 왕영호 씨는 하숙을 하기 전에 어디에서 살았습니까?

→

4. 왕영호 씨는 왜 하숙집으로 이사했습니까?

→

5. 왕영호 씨가 하숙집으로 이사하고 나서 무엇이 늘었습니까?

→

III. 다음을 읽고 쓰십시오.

김경민 씨는 아침 6시에 일어납니다. 아침을 먹기 전에 운동을 하고 샤워를 합니다. 그리고 아침을 먹고 신문을 봅니다. 8시쯤 회사에 갑니다. 열심히 일을 하고 저녁 6시에 퇴근합니다. 퇴근한 후에 시내에서 친구를 만나거나 헬스장에서 운동을 하고 집에 돌아옵니다. 저녁식사는 보통 8시쯤에 먹습니다. 식사한 후 메일을 확인하고 텔레비전을 봅니다. 그리고 1시간쯤 책을 읽고 잡니다.

1. 김경민 씨는 몇 시에 일어납니까?
→

2. 김경민 씨는 아침을 먹기 전에 무엇을 합니까?
→

3. 김경민 씨는 아침 식사를 한 후 무엇을 합니까?
→

4. 김경민 씨는 퇴근 한 후에 무엇을 합니까?
→

5. 김경민 씨는 메일을 하고 텔레비전을 보기 전에 무엇을 합니까?
→

6. 김경민 씨는 저녁식사한 후 무엇을 합니까?
→

7. 김경민 씨는 자기 전에 무엇을 합니까?
→

8. 당신은 저녁식사 후 무엇을 합니까?
→

IV. -기 전에와 -(으)ㄴ 후에로 문장을 만들어 보십시오.

수업이 끝났습니다 → 도서관에서 공부를 했습니다 → 서점에서 소설책을 한 권 샀습니다 → 기숙사에 왔습니다 → 방을 청소했습니다 → 저녁을 먹었습니다 → 친구에게 편지를 썼습니다 → 책을 읽었습니다 → 잤습니다.

→ 파타 씨는

V. 당신이 어제 한 일들을 쓰십시오.

→

제11과 어느 계절을 좋아해요?
Lektion 11. Welche Jahreszeiten mögen Sie?

김 선생님　지금은 7월이에요. 한국에서 7월은 무슨 계절이지요? 봄인가요?

왕영호　아니오, 봄이 아니라 여름이에요.

김 선생님　1년은 12개월이에요.
한국은 사계절이 뚜렷한 나라지요.
사계절이란 무엇인가요?

파타　사계절이란 봄, 여름, 가을 겨울의 계절을 말합니다.

김 선생님　파타 씨는 어느 계절을 가장 좋아합니까?

파타　저는 가을을 좋아합니다. 왜냐하면 시원한 가을에 넓은 평원에서 말을 타고 달리는 것이 좋기 때문이에요.

김 선생님　유키 씨는 여름과 겨울 중 어느 계절을 더 좋아하나요?

유키　저는 겨울보다 여름을 더 좋아해요.

김 선생님　왜 그렇지요?

유키　왜냐하면 저는 따뜻한 지방인 오키나와에서 태어나고 자랐기 때문에 추위를 많이 타요. 그래서 겨울보다는 여름을 더 좋아해요.

김 선생님　진백진 씨는 따뜻한 봄이 좋은가요, 아니면 더운 여름이 더 좋은가요?

진백진　저는 두 계절 다 좋아해요. 따뜻한 봄에는 새싹과 피어나는 꽃들을 보며 산책하는 것이 좋고, 더운 여름엔 넓은 바닷가에서 수영하고 일광욕을 할 수 있어서 두 계절 다 좋아해요.

김 선생님　스미스 씨는 따뜻한 봄, 더운 여름, 시원한 가을 그리고 추운 겨울 중 어느 계절을 좋아하나요?

스미스　각각의 계절마다 달라서, 느낄 수 있는 것도 다르기 때문에 사계절 다 좋아합니다.

김 선생님　그렇군요. 저는 춥긴 하지만 눈 내리는 하얀 겨울을 좋아해요.
눈이 내리면 어린아이처럼 눈을 맞으며 하늘을 쳐다보길 좋아해요.
하얀 눈의 차가움이 얼굴에 닿는 감촉이 좋아요.
그런데 기상청에서 올 겨울은 예년보다 춥지만 눈은 많이 내리지 않을 것이라고 해요. 그래서 봄 가뭄이 예상된다고 하더군요.

Lektion 11. Welche Jahreszeit mögen Sie?

Lehrerin Kim	Es ist jetzt Juli. Was für eine Jahreszeit ist in Korea im Juli? Ist es Frühling?
Wang Young-Ho	Nein, es ist Sommer, nicht Frühling.
Lehrerin Kim	Ein Jahr hat zwölf Monate. Korea hat vier klar abgrenzbare Jahreszeiten. Was sind die vier Jahreszeiten?
Pata	Die vier Jahreszeiten sind Frühling, Sommer, Herbst und Winter.
Lehrerin Kim	Frau Pata, welche Jahreszeit mögen Sie?
Pata	Ich mag Herbst am liebsten. Denn es ist sehr schön, beim kühlen Wetter in der Prärie zu reiten.
Lehrerin Kim	Frau Yuki, welche Jahreszeit mögen Sie lieber, Sommer oder Winter?
Yuki	Ich mag lieber Sommer als Winter.
Lehrerin Kim	Wieso?
Yuki	Ich bin sehr empfindlich gegen Kälte, denn ich bin geboren und aufgewachsen in der warmen Region Okinawa. Darum mag ich lieber Sommer als Winter.
Lehrerin Kim	Frau Jin Baek-Jin, mögen Sie gerne warmen Frühling oder lieber heißen Sommer?
Jin Baek-Jin	Ich mag beide Jahreszeiten. Im warmen Frühling ist es schön, die jungen Knospen und blühenden Blumen zu genießen und einen Spaziergang zu machen. Im heißen Sommer kann man im weiten Meer schwimmen und in der Sonne liegen. Darum mag ich beide Jahreszeiten.
Lehrerin KIm	Herr Smith, welche Jahreszeit mögen Sie lieber den warmen Frühling, heißen Sommer, kühlen Herbst und kalten Winter?
Smith	Jede Jahreszeit hat ihre Eigenart und das Gefühl ist auch anders. Darum mag ich alle Jahreszeiten.
Lehrein Kim	Ach so! Ich bin empfindlich gegen Kälte, jedoch mag ich gerne den

weißen Winter im Schnee. Wenn Schnee fällt, mag ich gerne beim Schneien den Himmel schauen wie ein Kind.

Die Kälte von weißem Schnee auf dem Gesicht fühlt sich gut an.

Nach dem Wetterbericht wird es in diesem Winter kälter als früher, aber nicht viel schneien. Im Frühling wird es voraussichtlich Dürre geben.

문법

1. N 때문에/V기 때문에

- '-기'와 의존명사 '때문'이 함께 쓰인 표현으로 어떤 일의 이유나 원인임을 나타낸다. 구어에서는 '-(으)니까' 또는 '-아/어서'와 함께 혼용되어 사용한다.

Konjunktionsform-Grund; weil, da

Das Nomen '-때문' kann nominaler Bestandteil einer erweiterten Postposition oder einer nominalen Konjunktionalform sein, oder als Formalnomen in einer kompositionellen Verbalform auftreten.

Die erweiterte Postposition '-때문에' setzt sich zusammen aus dem Nomen '때문' und der einfachen Postposition '-에'.

'-기 때문에' setzt sich zusammen aus dem Verbalnomen auf '-기', dem Nomen '때문에' und der einfachen Postposition '-에'.

'-기 때문에' wird als nominale Konjunktionsform an Nebensatzprädikate angehängt.

'-기 때문에' bringt eine stark betonte, logische Begründung zum Ausdruck. Die Konjunktionalformen '-(으)니까' oder '-아/어서' sind daher in den meisten Fällen vorzuziehen.

예) 어제 못 잤기 때문에 피곤해요.

Ich bin müde, weil ich gestern nicht schlafen konnte.

2. -기 때문이다/왜냐하면 -기 때문이다

- 어떤 일의 이유나 원인임을 나타내는 표현

어미 '-기'와 의존명사 '때문'과 서술어미 '이다'가 함께 쓰인 표현

'-기 때문이다' setzt sich zusammen aus dem Verbalnomen auf '-기', dem Formalnomen '때문' und der Kopula '이다'.

'-기 때문이다' steht als kompositionelle Verbalform am Ende von begründenden Sätzen, die häufig mit '왜냐하면' eingeleitet werden.

예) 추워서 두꺼운 외투를 입었어요.

Wegen des kalten Wetters habe ich eine dicke Jacke getragen.
=두꺼운 외투를 입은 것은 춥기 때문이에요.
Ich habe eine dicke Jacke getragen, weil mir kalt war.
=두꺼운 외투를 입었어요. 왜냐하면 춥기 때문이에요.
Mir ist kalt, deshalb habe ich eine dicke Jacke angezogen.

3. N보다 더

- (명사나 부사어 뒤에서) 비교되는 대상임을 나타내는 조사
뒤에 오는 '더'는 비교의 대상을 더 강하게 표현한다.

Partikel-Vergleich

Der höhere Grad einer Eigenschaft wird durch den Vergleich des Trägers einer Eigenschaft mittels der Partikel '-보다' häufig mit Zusatz des Adverbs '더' zum Ausdruck gebracht.

예) 작년보다 올해가 더 추워요/올해가 작년보다 (더) 추워요.
Es ist in diesem Jahr kälter als im letzten Jahr.

4. Vㄴ/는다고 해요/ N(이)라고 해요

- (동사 뒤에서) 다른 사람에게서 들은 내용을 옮겨 말하거나 문장 주어의 생각, 의견 등을 나타내는 표현

평서문	① Vㄴ/는다고 해요 ② A 다고 해요 ③ N(이)라고 해요
의문문	① V(느)냐고 해요? ② A(으)냐고 해요? ③ N(이)냐고 해요?
청유문	V자고 해요
명령문	V(으)라고 해요

-ㄴ다고 : 받침 없는 동사 어간이나 'ㄹ' 받침으로 끝나는 동사 어간에 사용
예) 간다고, 오신다고, 만든다고
-는다고, -ㄴ다고, -다고, -라고, -는다고 : 'ㄹ' 을 제외한 받침 있는 동사 뒤에 사용
예) 먹는다고, 잡는다고

-다고 : 형용사 어간 '-았-', '-겠' 뒤에 사용

예) 예쁘다고, 갔다고, 하겠다고

-라고 : '이다', '아니다'에 사용

예) 가방이라고, 아니라고, 의사라고

Indirekte Rede

Es gibt im Koreanischen eine Kategorie von Vebalformen, die einen Vorgang nicht unmittelbar, sondern in Abhängigkeit von eingeschaltetem Sagen, Hören, Denken usw. ansprechen. Diese Kategorie nennen wir indirekte Rede.

Aussagesatz	① V ㄴ/는다고 해요 ② A다고 해요 ③ N(이)라고 해요
Fragesatz	① V(느)냐고 해요? ② A(으)냐고 해요? ③ N(이)냐고 해요?
Vorschlagender Satz	V자고 해요
Imperativ	V(으)라고 해요

-ㄴ다고 : wenn das Verbstamm mit einem Vokal und 'ㄹ' Konsonanten endet.

예) 간다고, 오신다고, 만든다고

-는다고, -ㄴ다고, -다고, -라고, -는다고 : wenn das Verbstamm mit Konsonanten endet.

예) 먹는다고, 잡는다고

-다고 : wenn das Adjektivstamm oder nach -았-' und '-겠-' endet.

예) 예쁘다고, 갔다고, 하겠다고

-라고 : nach '이다' und '아니다'

예) 가방이라고, 아니라고, 의사라고

평서문

① V ㄴ/는다고 해요.

뮐러 씨는 휴가 때 강원도로 간다고 해요.

Er hat gesagt, dass ich in den Ferien nach Kangwondo fahren wolle.

② A다고 해요.

유키 씨는 머리가 아프다고 해요.

Sie hat gesagt, dass ich Kopfschmerzen hätte.

③ N(이)라고 해요.

저 분이 한국어 선생님이라고 해요.

Er hat gesagt, dass ich koreanisch Lerher sei.

의문문

① V(느)냐고 해요? :

그가 무엇을 할 거냐고 물었어요.

Der Freund hat mich gefragt, was ich möchte.

② A(으)냐고 해요? :

그 영화가 재미있었냐고 물었어요.

Er hat mich gefragt, ob der Film für Sie interessant sei?

③ N(이)냐고 해요? :

그가 나에게 중국 사람이냐고 물어 보았어요.

Er hat mich gefragt, ob ich ein Chineser sei.

청유문 : V자고 해요.

그가 오후 5시에 만나자고 했어요.

Er hat vorgeschlagen, dass wir uns um 5 Uhr nachmittags treffen wollten.

명령문 : V(으)라고 하다.

그가 나에게 서류를 제출하라고 얘기했어요.

Er sagte zu mir, dass ich die Unterlagen geben muss.

5. Vㄴ/는 다고 하던데

① (동사 뒤에서) 다른 사람에게서 들은 내용을 옮겨 말하지만 확실하지 않은 정보를 나타내는 표현. ② 말하는 사람이 자신의 말이나 상대방의 말을 반복해 언급하거나 강조하여 말할 때 쓰는 표현 '-라던데'는 '-라고 하던데'의 줄어든 표현 ① **Vergangene indirekte Rede**

② Diese Form wird benutzt, wenn ein Sprecher seine Worte od. die Worte der Angesprochenen zu wiederholen und zu betonen versucht.

예) ① 그는 설날에 어디 간다고 해요?

Wohin fährt er am Seolnal?

→ 친구와 함께 여행 간다고 하던데요.

Er hat gesagt, dass er mit Freunden eine Reise machen wollte.

② 기상청에 따르면 올 봄에는 가뭄이 든다고 하던데, 물을 아껴 써야겠어요.

Nach der Wettervorhersage wird es eine Wassernot im Frühling geben. Man soll Wasser sparsam verbrauchen.

문장과 단어 : 계절 Jahreszeit

F : 언제 제일 추워요? Wann ist es am kältesten?

A : 1월이 제일 추워요. Im Januar ist es am kältesten.

F : 어느 계절을 가장 좋아해요? Welche Jahreszeit mögen Sie am liebsten?

A : 가을을 가장 좋아해요.

Ich mag am liebsten den Herbst.

F : 9월보다 10월을 더 좋아해요?

Mögen Sie den Oktober lieber als den September?

A : 아니요, 10월보다 9월을 더 좋아해요.

Nein, ich mag den September lieber als den November.

- 사계절 **Jahreszeiten**
  - 봄 Frühling
    - 비가 온다/ 내린다 regnen ↔ 그치다 aufhören
    - 새싹/새순/싹이 돋다 keimen
    - 꽃이 피다 aufblühen ↔ 꽃이 시들다/지다 verblühen
  - 여름 Sommer
    - 태양 Sonne
    - 여름휴가 Sommerferien

	– 장마철 Regenzeit
	– 바다 Meer
– 가을 Herbst	– 낙엽 Laubfall
	– 단풍 Ahorn
– 겨울 Winter	– 눈이 온다/내린다 schneien ↔ 그치다 aufhören
	– 스키 Ski

연습문제

Ⅰ. 다음을 읽고 쓰십시오.

한국은 봄, 여름, 가을 그리고 겨울이 뚜렷한 사계절이 있는 나라입니다.
1년은 12개월입니다. 12개월 중 봄은 3월부터 5월까지, 여름은 6월부터 8월까지, 가을은 9월부터 11월까지이고 겨울은 12월부터 2월까지입니다.
지금은 7월인 여름입니다. 한국의 7월은 약 2주간에 걸친 장마기간이 있습니다. 이 장마기간에 비가 많이 오고 날씨가 습합니다. 장마기간이 끝나면 무덥고 뜨거운 날씨가 계속 됩니다.
파타 씨는 가을을 좋아합니다. 왜냐하면 몽골에서는 시원한 가을에 넓은 평원에서 말을 타고 달릴 수 있기 때문입니다.
유키 씨는 따뜻한 지방인 오키나와에서 태어나 자랐기 때문에 추위를 잘 탑니다. 그래서 유키 씨는 겨울보다는 여름을 더 좋아합니다.
진백진 씨는 사계절 중 봄과 여름을 좋아합니다. 왜냐하면 따뜻한 봄에는 새싹과 예쁘게 피어나는 꽃들을 보며 산책하는 것이 좋고, 더운 여름엔 바닷가에서 수영하고 일광욕을 할 수 있기 때문입니다.
스미스 씨는 사계절 모두 좋아합니다. 왜냐하면 각각의 계절마다 가지고 있는 특징이 다르기 때문입니다. 봄은 따뜻하고 새들의 아름다운 소리와 새싹이 돋아나는 새로운 생명의 탄생이 있고 여름은 뜨겁지만 강한 햇살아래 반짝이는 푸른 나뭇가지의 모습과 바다에서 시원하게 불어오는 바람이 있습니다. 가을은 무더웠던 날씨 뒤의 시원하고 서늘한 바람과 모든 과일과 곡식들이 익어 수확하는 풍요로운 모습을 볼 수 있고 겨울은 춥지만 하얀 눈에 덮인 나뭇가지의 하얀 꽃을 보며 스키를 탈 수 있습니다. 그래서 스미스 씨는 사계절이 모두 좋습니다.
김 선생님은 춥긴 하지만 눈 내리는 겨울을 좋아합니다. 그녀는 눈이 내리면 어린아이처럼 눈을 맞으며 하늘을 쳐다보길 좋아합니다. 특히 그녀는 하얀 눈의 차가움이 얼굴에 닿을 때의 그 느낌을 좋아합니다.
기상청의 예보에 의하면 올 겨울은 예년보다 춥지만 눈은 많이 내리지 않을 것이라고 합니다. 그래서 내년에는 봄 가뭄이 예상된다고 합니다.

1. 한국의 계절은 어떻습니까?

→

2. 한국의 여름 날씨는 어떻습니까?

→

3. 파타 씨는 왜 가을을 좋아합니까?

→

4. 유키 씨는 왜 겨울보다 여름을 더 좋아합니까?

→

5. 진백진 씨는 사계절 중 어느 계절을 좋아합니까? 왜 그렇습니까?

→

6. 스미스 씨는 어느 계절을 좋아합니까? 왜 그렇습니까?

→

7. 김 선생님은 사계절 중 왜 겨울을 특히 좋아합니까?

→

8. 기상청의 일기 예보에 의하면 올 겨울은 어떨 것이라고 합니까?

→

9. 한국의 날씨는 어떻습니까?

봄 :

여름 :

가을 :

겨울 :

10. 당신의 나라의 계절은 어떻습니까?

→

11. 당신은 어느 계절을 좋아합니까? 왜 그렇습니까?

→

II. 다음을 읽고 쓰십시오.

한국에는 봄, 여름, 가을, 겨울 사계절이 있습니다.
이 네 계절은 날씨와 기후가 많이 다릅니다.
한국의 봄은 남쪽에서부터 시작합니다.
봄에는 날씨가 따뜻하고 꽃이 많이 핍니다.
봄에 피는 꽃은 여러 가지가 있지만 노란색 개나리와 분홍색 진달래가 대표적입니다.
사람들은 봄에 벚꽃놀이를 가고, 향긋한 봄나물을 먹습니다.
한국의 여름은 아주 덥습니다. 그리고 비도 많이 옵니다.
사람들은 여름휴가 때 바다나 산으로 갑니다.
사람들은 여름에 삼계탕과 수박을 많이 먹습니다.
한국의 가을 하늘은 높고 맑습니다.
그래서 가을을 '천고마비'의 계절이라고 합니다.
가을 산의 단풍은 울긋불긋 아주 예쁩니다.
설악산과 내장산의 단풍이 유명합니다.
가을에는 여러 가지 곡식과 과일이 많이 납니다.
가을은 풍요로운 계절입니다.
한국의 겨울은 아주 춥습니다. 눈이 옵니다. 바람도 많이 붑니다.
강에 얼음이 얼면 아이들은 썰매를 타고 팽이를 칩니다.
눈이 오면 아이들은 눈사람을 만듭니다.
추운 겨울밤 따뜻한 집안에서 군밤과 군고구마를 먹습니다.

1. 한국에는 몇 개의 계절이 있습니까?

→

2. 한국의 봄은 어디에서 시작됩니까?

→

3. 한국의 여름 날씨는 어떻습니까?

→

4. 한국 사람들은 여름에 무엇을 많이 먹습니까?

→

5. 높고 맑은 가을 하늘을 무엇이라고 합니까?

→

6. 가을에 설악산과 내장산은 무엇으로 유명합니까?

→

7. 겨울에 사람들은 무엇을 합니까?

→

III. 다음을 읽고 쓰세요.

나는 지하철을 타고 학교에 다닌다.
월요일과 수요일은 수업이 1교시부터 있다. 그래서 월요일과 수요일은 출근시간에 지하철을 타야 한다. 출근시간의 지하철은 회사에 출근하는 사람들과 학교에 가는 학생들로 매우 복잡하다. 신문을 보는 사람, 책을 읽는 사람 그리고 잠을 자는 사람들로 정말 복잡하다.
화요일과 목요일은 수업이 3교시부터이기 때문에 출근시간에 지하철을 타지 않아서 좋다. 오전 10시쯤의 지하철은 사람들이 많지 않다.
할아버지, 할머니들 그리고 아이와 함께한 아주머니들이 주로 탄다.
출근시간의 지하철은 바쁘지만 오전 10시쯤의 지하철은 한가하다.
출근시간의 지하철 안은 좁게 느껴지지만 오전 10시쯤의 지하철 안은 넓은 것 같다.

1. 나는 무엇을 타고 학교에 갑니까?

→

2. 나는 왜 월요일과 수요일에 출근시간의 지하철을 타야 합니까?

→

3. 출근시간에 지하철을 타는 사람들은 주로 어떤 사람들입니까?

→

4. 출근시간 지하철 안의 사람들은 무엇을 합니까?

→

5. 오전 10시쯤 지하철을 타는 사람들은 주로 어떤 사람들입니까?

→

6. 출근시간과 오전 10시쯤 지하철안의 모습은 어떻습니까?

→

7. 당신은 지하철을 자주 이용합니까? 왜 그렇습니까?

→

IV. 다음을 읽고 쓰십시오.

소현 씨와 경민 씨는 오후 1시에 홍 선생님과 함께 점심 식사를 할 겁니다.
소현 씨와 경민 씨는 만나서 같이 가려고 합니다.
두 사람은 버스 정류장에서 12시에 만나기로 했습니다.
그런데 소현 씨가 12시 15분쯤에 버스 정류장에 왔습니다.
소현 씨는 약속 시간에 늦어서 미안했습니다.
소현 씨는 경민 씨에게 미안하다고 말했습니다.
유강 씨는 괜찮다고 말했습니다.
두 사람이 약속 시간에 늦지 않으려면 지금 버스를 타야 합니다.
그런데 버스는 앞으로 10분쯤 후에 옵니다.
버스를 타면 늦기 때문에 두 사람은 버스를 타지 못하고 택시를 탑니다.

두 사람은 약속 시간보다 5분쯤 늦었습니다.
홍 선생님은 식당에 앉아 계셨습니다.
소현 씨와 경민 씨는 홍 선생님께 늦어서 죄송하다고 말합니다.
홍 선생님은 괜찮다고 말합니다.
홍 선생님과 소현 씨 그리고 경민 씨는 함께 식사를 합니다.

1. 소현 씨와 경민 씨는 누구를 만나서 무엇을 할 계획입니까?

→

2. 누가 버스 정류장에서 만나기로 했습니까?

→

3. 소현 씨는 몇 시 몇 분쯤에 버스 정류장에 왔습니까?

→

4. 소현 씨와 경민 씨는 왜 택시를 탔습니까?

→

5. 소현 씨와 경민 씨는 몇 분쯤 늦었습니까?

→

6. 소현 씨와 경민 씨는 약속 시간보다 늦은 것에 대해 홍 선생님에게 무엇이라고 말했고 홍 선생님은 뭐라고 대답했습니까?

→

Ⅴ. 다음을 읽고 쓰십시오.

지난 주 수업이 끝난 후 우리는 '산행' 회의를 했었다.
회의는 '언제, 어디로, 어떻게'의 구체적인 논의로 한 시간 정도의 시간이 걸렸다. 회의 결과 날짜는 주말인 오늘로 정했고, 서로 가고 싶어 하는 장소가 달랐지만 가까운 북한산으로 정해졌다. 그리고 만나는 곳은 북한산 입구이고 도시락은 각자 간단하게 준비하기로 했다.
우리는 모두 정해진 약속시간에 왔고 드디어 산행을 하기 시작했다. 모두들 어린아이 같이 들뜬 기분이 되었다. 매일 공부를 많이 해서 머리가 복잡했는데 산에 올라오니 머리가 맑아지는 것 같아 기분이 좋아졌다.
주말이라 산에 사람들이 많았지만 사람들 모두의 얼굴에는 웃음이 가득했다. 일상생활에서의 해방감이라고 할까?
정상에 오른 후 우리는 저마다 '야호' 소리를 질렀다. 너도 나도 외치는 '야호' 소리는 메아리가 되어 다시 우리에게 되돌아왔다. 얼굴을 감싸는 시원한 바람은 정말 상쾌했다.
앞으로는 자주 산행을 해야겠다.

1. 지난 주 수업이 끝난 후 우리는 무엇을 했습니까?
→

2. 회의에서 무엇을 논의했습니까?
→

3. 글쓴이는 왜 기분이 좋아졌습니까?
→

4. 글쓴이는 무엇을 결심했습니까?
→

5. 등산을 해 본 적이 있습니까? 등산을 한 후의 기분은 어떻습니까?
→

VI. 다음은 한국의 행정 구역에 대한 글입니다. 읽고 쓰십시오.

한국의 행정 구역은 크게 수도인 서울을 비롯하여 부산, 대구, 인천, 광주, 대전의 6개 광역시가 있고 경기도, 강원도, 충청남도, 충청북도, 전라남도, 전라북도, 경상남도, 경상북도, 제주도 등 9개도가 있다.
서울은 대한민국의 수도이다. 서울은 조선시대의 수도이기도 했다. 그래서 서울에는 임금님이 사셨던 5대 궁궐인 경복궁, 창덕궁, 창경궁, 덕수궁, 경희궁이 있다. 대한민국에서 거주인구가 가장 많은 곳이다. 사람들이 많아 교통도 혼잡하다. 서울을 가로질러 흐르는 강의 이름은 한강이다.

부산은 한반도에서 가장 큰 항구 도시이다. 배가 와 닿는 부두에는 날마다 많은 물건들이 실려 오고 실려 나가고 있다. 부산에는 공장이 많이 있다. 부산에는 오륙도와 을숙도, 태종대, 해운대 같은 이름난 곳이 많다.
경기도는 동쪽이 높은 산지이고 서쪽으로 낮은 들판이 넓게 펼쳐져 있다. 한강을 낀 논밭에서는 곡식도 많이 나지만, 채소와 가축도 많이 기른다. 또 서울을 둘러싸고 있는 경기도는 강화도, 남한산성과 같은 옛날부터 곳곳에 외적을 막기 위한 높은 성이 있다. 경기도는 서울과 관계가 깊다. 요즘에 생긴 크고 작은 신도시에는 서울로 출퇴근하는 사람이 많이 살고 있다. 그리고 연평도에서는 조기를 많이 잡고 군자와 소래에서는 소금을 많이 만든다. 또, 강화도 화문석, 안성의 도자기가 유명하다.
강원도에는 산이 많다. 산이 많으니 논보다는 밭이 많다. 밭에서는 옥수수와 감자를 가꾼다. 옛날에는 산비탈에 불을 지른 다음 땅을 일구어 농사를 짓던 화전도 많았고, 나무로 지붕을 이은 너와집도 많았다. 태백산맥이 강원도를 가로지르고 있다. 태백산맥 동쪽에는 넓은 바다가 있다. 그 바다의 이름은 동해라고 한다. 동해에는 많은 종류의 생선이 있고 오징어와 명태도 여기서 잡힌다.
충청남도는 옛날 백제의 유적이 많은 곳으로 산이 낮고 부드럽다. 그 중에서도 가장 높은 산으로는 계룡산이 있다. 계룡산에는 갑사나 동학사 같은 옛 절이 많고 또 숲이 우거져서 관광객이 많다. 한가운데를 금강이 흐르고, 금강을 따라 기름진 논과 밭이 많다.
옛날 백제의 수도인 부여와 공주에는 지금도 그때 지은 무덤과 집터가 남아 있고 전해 내려오는 재미난 이야기도 많다. 서쪽 바닷가에 널따랗게 펼쳐진 하얀 소금밭에는 짜디짠 소금이 난다. 한산모시, 금산의 인삼도 빼놓을 수 없는 자랑거리이다.
충청북도는 바다에서 멀리 떨어져 뭍으로만 둘러싸여 있다. 남북으로 높은 산들이 잇닿아 솟아 있고, 논이 적어서 대개 밭농사를 짓는다.
산 너머 경상북도를 오갈 때에는 추풍령이나 죽령 같은 고개를 넘어가야 한다.
청주에는 학교가 많고, 충주에는 큰 비료 공장이 있다. 충청북도의 자랑거리인 속리산은 숲이 우거지고 남한강 물줄기가 어우러진 단양도 경치가 아주 빼어나다. 그리고 수안보 온천은 물이 좋고, 영동은 감과 버섯으로 유명하다.
전라남도는 서쪽과 남쪽으로 널따란 바다가 펼쳐져 있다. 바다에는 수많은 섬들이 떠 있다. 섬사람들은 바다에서 많은 것을 얻는다. 완도에서는 김과 미역을 길러 내고, 흑산도 앞바다에서는 바닷물고기를 많이 잡는다.
전라북도는 서쪽에 드넓은 들판이 있고, 만경강과 동진강이 여기저기를 가로질러 흐른다. 이런 자연 환경으로 전라북도는 일찍부터 벼농사가 발달해서 곳곳에 저수지와 물길이 잘 갖추어져 있다. 옛날에 바닷물이 드나들던 계화도에서는 해마다 많은 쌀과 보리가 난다. 전라북도의 중심지인 전주에서는 해마다 창호지와 부채가 많이 난다. 또 교통이 편리한 이리에는 공장이 많고 내장산, 무주구천동, 남원의 광한루 같은 이름난 곳들이 많다. 가을이면 단풍이 드는 내장산은 아주 아름답다.
경상남도의 북쪽과 서쪽은 산이 많고 남쪽과 동쪽은 바다와 맞닿아 있다. 바닷가를 따라서 섬도 많이 퍼져 있다. 낙동강 하류에는 김해평야가 있다. 해 마다 이곳에서는 기름진 쌀과 온갖 채소가 많이 생산된다. 바닷가 쪽에는 의류와 기계와 비료 그리고 배와 자동차를 생산하는 공장들이 많이 있다. 해인사와 한려 수도, 해금강 따위의 명소들이 있다.
경상북도는 산으로 둘러싸여 있다. 산이 험해서 다른 고장으로 갈 때면 추풍령, 새재 같은 고개를 넘어가야 한다. 태백산맥에서 남쪽으로 길게 흐르는 낙동강은 경상북도에서 가장 긴 강이다. 오징어잡이로 널리 알려진 울릉도와 한국 동쪽 맨 끝에 있는 독도도 경상북도에 속한다.
대구에는 사과가 많이 나고, 포항과 구미에는 여러 공장들이 있다. 옛날 신라시대의 수도였던 경주에는 불국사, 첨성대 같은 문화유적이 많다.
제주도는 마라도, 가파도 같은 여러 섬들로 이루어진 고장이며 한반도에서 가장 큰 섬이다. 제주도 한라산에는 백록담이 있고, 오래 된 나무와 보기 드문 야생풀들이 많다. 또 한라산 기슭에 있는 넓은 들판에서는 말과 소, 염소 따위를 많이 기른다. 제주도는 논이 드물고 대개가 밭이다. 이 밭에서는 귤이 많이 난다. 그리고 바다에서는 전복과 미역도 많이 난다. 제주도는 바람이 거세게 분다. 그래서 바닷가나 밭에 돌담을 쌓고, 지붕은 굵은 밧줄로 단단히 엮어서 바람을 막는다. 제주도는 경치가 참 좋다. 곳곳에 아름다운 동굴과 산봉우리가 있고, 멋진 폭포, 낭떠러지, 바위도 많다.

1. 서울은 한국의 수도입니다. 서울을 가로지르는 강은 무엇입니까?

→

2. 임금님이 사셨던 곳을 무엇이라고 합니까?

→

3. 경기도의 지형적 특징은 어떻습니까?

→

4. 강원도의 특산물은 무엇입니까?

→

5. 해인사와 한려 수도, 해금강이 있는 지역은 어디입니까?

→

6. 경상북도에는 불국사, 첨성대 등의 문화유적이 있는 지역이 있습니다. 그 지역 은 옛날 신라의 수도였습니다. 그곳은 어디입니까?

→

7. 옛날 백제의 수도인 부여와 공주에는 지금도 그때 지은 무덤과 집터가 남아 있고 전해 내려오는 재미난 이야기도 많은 곳으로 금산의 인삼으로 유명한 지역은 어디입니까?

→

8. 숲이 우거지진 속리산이 있고 남한강 물줄기가 어우러진 단양팔경의 경치를 볼 수 있는 지역은 어디입니까?

→

9. 서쪽과 남쪽으로 널따란 바다가 펼쳐져 있고 바다에는 수많은 섬들이 있고 그 중 완도에서 김과 미역을 채취하는 지역은 어디입니까?

→

10. 창호지와 부채가 많이 나는 전주와 가을이면 단풍이 드는 내장산과 남원의 광한루가 있는 지역은 어디입니까?

→

11. 한반도에서 가장 큰 항구도시이며 태종대와 해운대가 있는 지역은 어디입니까?

→

12. 마라도, 가파도 같은 여러 섬들로 이루어진 고장이며 전복과 미역 등의 해산물이 많이 나고 백록담이 있는 한라산에는 오래된 나무와 보기 드문 풀들이 많은 한반도에서 가장 큰 섬은 어디입니까?

→

13. 위의 여러 지역 중 여러분이 가 본 곳은 어디입니까? 그 중 가장 기억에 남는 지역은 어디입니까? 왜 그렇습니까?

→

제12과 날씨는 어떻습니까?
Lektion 12. Wie ist das Wetter?

뮐러	소현 씨, 요즘 정말 추운 것 같아요.
소현	그러네요. 다른 해보다 올해 특히 더 추워진 것 같아요.
뮐러	내일도 오늘처럼 추울까요?
소현	일기예보에 의하면 이번 주까지 계속 추울 거래요.
뮐러	주말에 가족들과 여행하기로 했는데, 어떻게 할 지 고민이에요.
소현	어디로 가려고 하는데요?
뮐러	제주도에 가려고 해요.
소현	제주도요? 그러면 여행을 다음으로 연기하는 게 어때요? 내일 쯤 폭설이 내릴 가능성이 있다고 했어요.
뮐러	그래요? 다음으로 연기해야겠군요. 그런데 소현 씨, 계절에 맞는 여행지는 어디예요?
소현	글쎄요. 사람들마다 다를 거예요. 제주도 알지요? 봄에는 제주도가 좋은 것 같아요. 봄을 가장 먼저 느낄 수 있으니까요. 저는 여행을 가지 못하면 자전거를 타고 가까운 공원에 가거나 산으로 등산을 가요. 공원과 산에서 나무와 꽃의 새싹들, 개나리와 진달래 그리고 예쁜 꽃들을 볼 수 있고 향기를 맡을 수 있어서 좋아요.
뮐러	정말 그렇겠네요. 봄에 등산을 가는 것도 참 좋겠네요. 여름은요?
소현	여름엔 많은 사람들이 바다를 찾아가요. 한국은 삼면이 바다라서 바닷가를 찾기는 쉬워요. 예를 들면 서해안의 안면도, 남해안의 해운대, 강원도의 경포대와 낙산 등 많은 해수욕장이 있어요. 저는 바다와 계곡이 있는 곳으로 가기 좋아해요. 그리고 가을에는 설악산, 내장산, 오대산 그리고 지리산 등의 단풍을 보러 가요. 산이 울긋불긋 불타는 것같이 색깔이 너무 예뻐요.
뮐러	맞아요. 나도 들었어요.

	아는 친구가 지난 가을 내장산에 갔었는데, 단풍이 정말 예뻤데요.
	겨울은 어때요?
소현	겨울에는 겨울 바닷가와 스키를 타러 강원도 지역으로 가요.
뮐러	소현 씨는 스키를 즐겨 타요 아니면 스노우보드를 즐겨 타요?
소현	스노우보드는 아직 배우지 않아서 스키를 타요.
	뮐러 씨는 어떤 것을 즐겨 타세요?
뮐러	저는 스노우보드를 즐겨 타요. 스노우보드를 타고 눈 위를 달려 내려오는 기분은 정말 좋아요.
	아! 제주도에 가지 못하니까 스키장에 가야겠군요.
소현	좋은 생각이네요. 뮐러 씨 가족들도 좋아 할 것 같은데요.
뮐러	소현 씨, 고마워요.
소현	별 말씀을요. 그럼, 즐거운 주말 보내세요.
뮐러	네, 소현 씨도 즐거운 주말 보내세요.

Lektion 12. Wie ist das Wetter?

Müller	Frau So-Hyun, es ist zurzeit kalt.
So-Hyun	Ja. Es ist in diesem Jahr schon kälter als früher.
Müller	Ist es morgen auch so kalt wie heute?
So-Hyun	Nach der Wettervorhersage ist es noch bis in dieser Woche kalt.
Müller	Ich habe beschlossen, mit meiner Familie an diesem Wochenende zu reisen. Aber ich frage mich, was ich unternehmen soll.
So-Hyun	Wohin wollen Sie fahren?
Müller	Auf die Insel Jeju.
So-Hyun	Auf die Insel Jeju? Nun wie wäre es, die Reise zu verschieben! Morgen haben wir starken Schnellfall.
Müller	Wirklich! Dann verschiebe ich meine Resie. Frau So-Hyun, wissen Sie, wo bei der Jahreszeit passende Reiseort ist?
So-Hyun	Nun jeder Mensch hat seinen eigenen Geschmack. Kennen Sie die Insel Jeju? Die Insel Jeju ist der beste Reiseort im Frühling. Man kann dort den ersten Frühling spüren. Wenn ich nicht reisen kann, fahre ich mit dem Fahrrad zum Park oder mache eine Bergtour. Es ist schön, dass ich im Park und auf dem Berg viele Bäume, Knospen der Blüten, Forsythien, Azalien und schöne Blumen sehen und schöne Düfte riechen kann.
Müller	Tatsächlich. Es ist auch gut, im Frühling eine Bergtour zu machen. Und wie ist der Sommer?
So-Hyun	Im Sommer gehen viel Menschen ans Meer. Als Halbinsel ist Korea an drei Seiten von Meer umgeben. Darum ist es so leicht, zum Strand zu gehen. Es gibt viele Strände, zum Beispiel am Westmeer Anmeondo, am Südmeer Haeundae und in Gangweondo Kyungpodae und Naksan.

	Ich gehe gerne ans Meer und ins Tal. Um die bunte Färbung des Herbstlaubes zu genießen, gehe ich im Herbst zu den Bergen Seolak, Naejansan, Odaesan und Jirisan. Die ganz mit der bunten Färbung überzogenen Wälder sehen herrlich aus.
Müller	Das stimmt. Ich habe schon davon gehört. Ein Bekannter war im letzten Herbst auf dem Berg Naejangsan. Er hat gesagt, das war so schön. Wie ist das denn im Winter?
So-Hyun	Im Winter fährt man zur Region Gangwondo zum Genießen des Wintermeers und zum Skifahren.
Müller	Frau So-Hyun, mögen Sie lieber Skifahren oder Snowboard?
So-Hyun	Ich habe Snowboard nicht gelernt. Ich laufe nur Ski. Herr Müller? Was mögen Sie?
Müller	Ich laufe gerne Snowboard. Ich fühle mich wohl, wenn ich auf den Schnee mit dem Snowboard fahre. Dann fahre ich zum Skigebiet, weil ich nicht auf die Insel Jeju fahren kann.
So-Hyun	Das ist eine gute Idee. Auch Ihrer Familie wird das gefallen.
Müller	Frau So-Hyun, vielen Dank.
So-Hyun	Keine Ursache. Nun ein schönes Wochenende!
Müller	Danke! Ihnen auch ein schönes Wochenende!

문법

1. N처럼/같이

> • (명사 뒤에서) 비유나 비교의 대상을 나타내는 조사
> **Partikel-Gleichnis**
> Die Bedeutung von '처럼' ist wie.

예) 소현 씨 얼굴이 사과처럼 빨개졌어요.

Das Gesicht von Frau So-Hyun ist so rot wie ein Apfel geworden.

2. -(으)ㄴ/는/ㄹ 것 같다

> • 추측의 뜻을 나타내는 표현
> '-은 것 같다'는 과거의 동작이나 현재의 상태를 추측하는 의미를 나타낸다. 그런데 '-은 것 같다' 이외에 '-왔을 것 같다'로 과거의 상황을 추측하는 경우도 있고, '-을 것 같다'로 앞으로의 일이나 현재의 상황, 상태를 추측하는 경우도 있다. 이들은 추측의 근거가 있느냐, 없느냐, 강하냐, 약하냐에 따라 구분되어 사용되는데, '-은 것 같다'가 보다 확실하고 직접적인 근거로 미루어 강한 확신을 가지고 추측하는 의미를 나타내는 반면, '-았을 것 같다'나 '-을 것 같다'는 막연하게 혹은 간접적인 근거로 추측하는 의미를 나타낸다.
> A(으)ㄴ 것 같아요 : 현재
> Aㄴ 것 같다 : 모음으로 끝나는 형용사
> A은 것 같다 : 받침으로 끝나는 형용사
> V(으)ㄴ/는 것 같다 : 과거
> Vㄴ : 모음으로 끝나는 동사
> V은 : 받침으로 끝나는 동사
> V(으)ㄹ 것 같다 : 미래
> Vㄹ : 모음으로 끝나는 동사
> V을; 받침으로 끝나는 동사
> **Die Form unsicherer Vermutung**
> Das ist eine Bedeutung von "es scheint, dass…".
> A(으)ㄴ 것 같아요 : zu Inf. scheinen
> Aㄴ 것 같다 : wenn das Adjektiv mit einem Vokal endet.

A은 것 같다 : wenn das Adjektiv mit einem Konsonanten endet.
V(으)ㄴ/는 것 같다 : 과거(Vergangenheit)
Vㄴ; wenn das Verb mit einem Vokal endet.
V은; wenn das Verb mit einem Konsonanten endet.
V(으)ㄹ 것 같다 : Zukunft
Vㄹ; wenn das Verb mit einem Vokal endet.
V을; wenn das Verb mit einem Konsonanten endet.

예) 영화가 슬픈 것 같아요. Ich glaube, der Film ist ein bisschen traurig.
어제 비가 온 것 같아요. Es scheint, gestern geregnet zu haben.
지금 비가 오는 것 같아요. Es scheint, jetzt zu regnen.
내일 비가 올 것 같아요. Es scheint, dass es morgen regnen wird.

3. -아/어 지다

• 어떠한 행위를 하게 하거나 어떠한 상태로 됨을 나타내는 표현
어미 '-아'와 '지다'가 함께 쓰인 표현
werden
Das Hifsverb '지다' steht im Anschluss an die Konverbalform.
Nach qualitativen Verben bezeichnet '지다' die Entwicklung einer Eigenschaft und nach transitiven Verben bezeichnet '지다' das Werden eines Vorgangs.

예) 날씨가 좋아지다. Das Wetter wird besser.
그 편지는 어머니께 보내졌다. Der Brief ist an die Mutter geschickt werden.

4. V기로 하다

• (동사 뒤에서) 결정이나 결심, 약속의 뜻을 나타내는 표현
Der Ausdruck eines zukünftigen Plans bzw. Entschlusses
Das hat eine Bedeutung von "sich entscheiden".

예) 무엇을 하기로 했어요? Was haben Sie vor?
→ 영화를 보기로 했어요. Ich habe mich entschieden, einen Film anzusehen.

5. V(으)러

> • 어미활용으로 이동 동사(가다, 오다, 다니다, 다녀오다, 들어오다와 나가다)와만 결합한다.
> **Konjunktion : um zu**
> Das Verbalsuffix '-(으)러' bildet finale Konjunktionalform. Es kann nur vor folgenden Verben der Bewegung gesetzt werden : 가다, 오다, 다니다, 다녀오다, 들어오다 und 나가다 und dann auch nur, wenn diese Verben nicht Hilfsverb sind, wie das bei den kompositionellen Verbalformen mit Richtungsbeyug der Fall.

예) 공부하러 도서관에 가요. Ich gehe zur Bibliothek, um zu arbeiten.

6. V(으)려고 하다

> • (동사 뒤에서) 어떤 행위의 의도를 나타내거나 곧 일어날 움직임을 나타내는 표현
> -으려고 하다 : 자음으로 끝나는 동사에서
> -려고 하다 : 모음 또는 'ㄹ' 받침으로 끝나는 동사에서
> Die Absicht wird durch eine kompositionelle Verbalform zum Ausdruck gebracht, die aus dem Suffix '-(으)려고' im Anschluss an die Verbalbasis des Hauptverbs und aus dem als Hilfsverb gebrachten '하다' besteht.
> Die Form von '(으)려고 하다' drückt die Absicht bzw. den Plan der Sprecher aus.
> V으려고 하다 : wenn das Verb mit einem Konsonanten endet.
> V려고 하다 : wenn das Verb mit einem Vokal bzw. 'ㄹ' endet.

예) 나는 오늘 일찍 자려고 해요. Ich will heute früh ins Bett gehen.

7. -군요

> • (형용사와 '이다' 어간, '-았-', '-겠-' 뒤에서) 이미 존재하는 사실을 새롭게 확인하고 인식하거나, 새로이 알게 된 사건에 대한 감탄을 나타내는 표현
> -군요 : 형용사와 '이다' 또는 어간, '-았-', '-겠-' 뒤에서
> -는군요 : 동사어간 뒤에서
> **Die koreanische Sprache verfügt über emphatische Terminalformen, die einer Äußerung zusätzlich zum Informationsgehalt eine Verstärkung geben.**

A군요 : hinter dem Adjektivstamm, '-이다', '-았-' und '-겠-'
V는군요 : hinter dem Verbstamm

예) 세월이 참 빠르군요./세월이 빨리 가는군요./빠르기도 하군요.
Die Zeit vergeht so schnell.

8. V ㄹ 것이라고 한다/합니다

• (동사 뒤에서) 어떤 사람의 앞으로 어떤 행위를 하겠다는 강한 의지나 의사, 주관적 소신을 옮겨 말할 때
Indirekte Rede der Zukunft

예) 그는 올해 담배를 끊을 것이라고 해요.
Er habe gesagt, dass er in diesem Jahr das Rauchen aufgibt.

9. N부터 N까지

• -부터는 (명사나 부사어 뒤에서) 어떤 동작이나 상태 또는 순서나 서열의 시작임을 나타내는 조사이고 -까지는 (명사 뒤에서) 범위의 끝 지점이나 한계를 나타내는 조사
Partikel
N부터 : Anfang
N까지 : Ende oder Grenze
'N부터 N까지' hat eine Bedeutung von "- von - bis"

예) 1학기는 언제부터 언제까지지요?
Von wann bis wann geht das erste Semester?
→ 3월 1일부터 6월 25일까지예요. Das geht vom 1. März bis 25 Juni.

문장과 단어 : 의류, 모양

1. 의류 Kleidung

남자 친구가 토요일에 생일이에요. Mein Freund hat am Samstag Geburtstag.

선물로 와이셔츠를 사주고 싶어요. Ich möchte ein Hemd verschenken.

어느 매장으로 가야 할까요? Zu welcher Abteilung soll ich gehen?

남성용품점으로 가 보세요. Gehen Sie bitte zur Herrenabteilung

스포티하면서 밝은 색의 와이셔츠를 사려고 해요.

Ich möchte gerne ein sportliches und helles Hemd kaufen.

남자분의 목(의) 사이즈는 몇인가요? Welche Größe hat er denn?

→ 목둘레는 30이에요. Die Größe ist 30.

이것은 어떨까요? 밝은 파란색인데 스포티하지요?

Wie gefällt Ihnen dieses Hemd? Es ist einfaches hellblaues Hemd, es sieht ganz sportlich aus!

- 색 **Farbe**
  - 빨간/빨강색 rot
  - 분홍색 rosa
  - 주황색 orange
  - 노란/노랑색 gelb
  - 초록색 grün
  - 파란/파랑색 blau
  - 남색 dunkelblau
  - 보라색 violett
  - 하얀색 weiß
  - 회색 grau
  - 갈색 braun
  - 검은/검정색 schwarz
  - 단색의 einfarbig
  - 다양한 색의 buntfarbig
  - 밝은 색의 hellfarbig

- 어두운 색의 dunkelfarbig

- 무늬 **Muster**
  - 격자무늬의 kariert
  - 물방울무늬의 gepunktet
- 치수 **Größe**
  - 길다 lang ↔ 짧다 kurz
  - 크다 groß ↔ 작다 klein
  - 넓다 weit ↔ 좁다 eng
- 의류 **Kleidungsstücke**
  - 넥타이 Krawatte
  - 모자 Mütze
  - 바지 Hose
  - 블라우스 Bluse
  - 속옷 Unterwäsche
  - 스웨터 Pullover
  - 스타킹 Strümpfe
  - 스커트 Rock
  - 양말 Socken
  - 양복 Anzug
  - 우비 Regenjacke
  - 와이셔츠 Hemd
  - 재킷 Jacke
  - 코트 Mantel
  - 티셔츠 T-Shirt
- 신발류 **Schuhestücke**
  - 구두 Schuhe mit Absatz
  - 운동화 Sportschuhe
- 스타일 **Stil**
  - 고전적이다 elegant ↔ 현대적이다 modisch
  - 멋있다 schick
  - 스포티하다 sportlich
  - 우아하다 elegant

- **동사 Verben**
  - 신다 Schuhe anziehen ↔ 벗다 ausziehen
  - 입다 Kleidung anziehen ↔ 벗다 ausziehen
  - 쓰다 aufsetzen ↔ 벗다 absetzen
  - 메다 Rüsack tragen ↔ 벗다 abnehmen
  - 매다 Krawatte binden ↔ 풀다 abbinden
  - 맞다 passen ↔ 안 맞다/맞지 않다 passen nicht
  - 입고 있다 tragen
  - 입어 보다 anprobieren

2. 모양 Formen

F : 공은 어떤 모양이지요? Welche Form hat der Ball?

A : 공은 둥근 모양이에요/공은 원형이에요. Der Ball ist rund.

- **형태/모양 Formen**

원형 **Kreis**
- 동전 Münze
- 공 Ball(ball)
- 단추 Knofp
- 바퀴 Rad
- 시계 Uhr

네모 **Quadrar**
- 거울 Spiegel
- 창문 Fenster
- 책 Buch
- 그림 Bild

타원형 **Oual**
- 계란/달걀 Ei
- 풍뎅이 Käfer
- 사탕 Bonbon
- 감자 Kartoffel

삼각형 **Dreieck**

- 텐트 Zelt
- 기/깃발 Fahne
- 돛/돛대 Segel
- 고깔모자 Papierhelm

원주형 **Kegel**

- 소나무열매 Kiefernzapfen
- 아이스크림과자 Eistüte
- 팽이 Kreisel
- 마녀모자 Hexenhut

입체사각형 **Würfel**

- 상자 Schachtel
- 사각설탕 Zuckerwürfel
- 서랍장 Kommode

구부러진 모양 **gebogen** – 무지개 Regenbogen

뻗은/가지 모양 **krumm** – 나무 가지 Ast

곧은 모양 **gerade** – 자 Maßstab

편편한 모양 **platt** – (가오리 종류의) 물고기 Fisch

연습문제

Ⅰ. 다음을 읽고 쓰십시오.

소현 씨와 뮐러 씨가 만났다. 두 사람은 여행지에 대해서 이야기 한다.
요즘은 날씨가 춥다. 일기예보에 의하면 이번 주까지 계속 추울 거라고 한다.
뮐러 씨는 주말에 가족들과 제주도로 여행을 할 예정이었는데 내일 쯤 제주도에 폭설이 내릴 가능성이 있기 때문에 제주도 여행을 연기하기로 한다.
뮐러 씨는 소현 씨에게 한국에서의 여행지를 물어본다.
소현 씨는 봄에는 제주도로 여행하는 것이 좋다고 한다. 왜냐하면 봄을 가장 먼저 느낄 수 있는 곳이 제주도이기 때문이다.
소현 씨는 봄에 등산하는 것을 좋아한다. 시간이 없어 여행을 가지 못할 경우, 그녀는 자전거를 타고 가까운 공원에 가서 노란 개나리와 목련 등 봄의 예쁜 꽃들과 새싹들을 보거나, 주말에 등산을 가서 산에 핀 진달래와 새들의 지저귐을 듣길 좋아한다.
한국은 삼면이 바다다. 그래서 여름 휴가철에 많은 사람들이 더위를 피해 바다로 피서를 간다. 서해안의 안면도, 부산의 해운대, 강원도의 경포대와 낙산 등이 있다. 소현 씨는 여름에 바다와 계곡이 있는 강원도 지역으로 여행하곤 한다.
한국은 70% 정도가 산으로 둘러 싸여 있다. 그래서 가을에는 여러 색깔의 예쁘게 물든 단풍을 보러 많은 사람들이 근처의 산을 찾는다. 울긋불긋 불타는 듯한 색깔의 단풍은 설악산, 내장산, 오대산 그리고 지리산 등이 특히 아름답다.
겨울에는 겨울 바닷가와 스키를 탈 수 있는 강원도 지역이 여행지로 좋다고 한다.
뮐러 씨는 소현 씨의 말을 듣고 이번 주말에 제주도가 아닌 스키장에 가기로 결정한다. 뮐러 씨는 스키 보다는 스노우보드 타기를 더 좋아한다. 아마도 뮐러 씨의 가족들도 좋아할 것 같다.

1. 소현 씨와 뮐러 씨는 무엇에 대해서 이야기 하고 있습니까?
→

2. 뮐러 씨는 가족들과 함께 언제, 어디로 여행을 가려고 했습니까?
→

3. 왜 뮐러 씨는 제주도 여행을 연기하기로 했습니까?

→

4. 소현 씨는 봄에 왜 제주도로 여행하는 것이 좋다고 생각합니까?

→

5. 봄에 소현 씨가 등산을 가는 이유는 무엇을 좋아하기 때문이라고 합니까?

→

6. 한국은 삼면이 바다입니다. 여러분이 가 보았거나 알고 있는 대표적인 해수욕장의 이름을 써 보십시오.

→

7. 한국은 70% 정도가 산으로 둘러싸여 있습니다. 그래서 한국에는 산이 많습니다. 사람들은 왜 가을이 되면 근처의 산으로 놀러갑니까?

→

8. 왜 소현 씨는 겨울에 강원도 지역이 여행지로 좋다고 말합니까?

→

9. 뮐러 씨는 스키장에서 타는 것으로 무엇을 무엇보다 더 좋아한다고 합니까?

→

10. 여러분이 여행을 간다면, 어느 지역으로 가겠습니까? 왜 그렇습니까?

→

II. 다음을 읽고 쓰십시오.

내일은 토요일입니다. 토요일은 한국어 수업이 없는 날입니다. 저는 특별한 약속이 없으면 토요일 오전엔 대청소를 합니다.

대청소를 할 때는 창문과 문을 모두 열고 청소를 합니다.
그런데 오늘 일기 예보에서 일기 예보관이 "내일은 70mm 정도의 비가 내리고, 바람이 많이 불 것으로 예상되니 창문을 열지 마시고, 노약자들은 가급적 외출을 하지 마십시오."라고 말했습니다.
그래서 내일 대청소를 하지 못하고, 친구와도 영화관에 가지 못하게 되었습니다.
저는 친구에게 전화를 했습니다.
내일 비가 많이 오기 때문에 영화관에 갈 수 없으니, 괜찮다면 우리 집에서 나와 함께 음악을 듣고, 차를 마시자고 말했습니다.
친구는 그렇게 하자고 했습니다.

1. 나는 토요일 오전에는 무엇을 합니까?

→

2. 토요일의 날씨는 어떻다고 합니까?

→

3. 나는 내일 무엇을 못하게 되었습니까?

→

4. 무엇 때문에 친구와 영화관에 가지 않고, 어디서 무엇을 하려고 합니까?

→

III. 다음을 읽고 쓰십시오.

경민	소현 씨 오늘 피곤해 보여요.
소현	사실 어제 밤에 시험 준비 때문에 잠을 자지 못했어요.
경민	피곤하겠군요. 그럼 오늘은 시험 끝나고 집에서 푹 쉬는 것이 어때요?
소현	네 그러고 싶은데 쉴 수 없어요. 오늘 집에 손님이 오셔서 음식 준비를 해야 해요.
경민	바쁘겠군요. 제가 커피 한잔 사 드릴까요?

소현	고마워요. 오늘 커피를 세 잔이나 마셨어요. 그런데도 피곤하네요.
경민	점심 식사는 했나요?
소현	아니요, 아직 먹지 못했어요. 지금 학교 식당에 가서 먹으려고 해요.
경민	벌써 2시인데 아직 먹지 못 했어요? 배고프겠군요.

1. 소현 씨는 왜 피곤합니까?

→

2. 소현 씨는 집에 돌아가서 무엇을 해야 합니까?

→

3. 경민 씨는 왜 소현 씨에게 "배고프겠군요"라고 말했습니까?

→

4. 소현 씨는 오늘 커피를 몇 잔 마셨습니까?

→

5. 당신은 피곤할 때 어떻게 합니까?

→

IV. 다음을 읽고 쓰십시오.

스미스	여기서 달러를 바꿀 수 있습니까?
은행 여직원	네, 얼마를 바꿔 드릴까요?
스미스	400달러를 전부 한국 돈으로 바꿔 주세요. 오늘은 1달러에 얼마입니까?
은행 여직원	1,200원이에요. 여권 좀 보여 주세요. 그런데 한국말을 아주 잘하시는군요.
스미스	뭘요. 아직 잘 못해요.

은행 여직원	자, 여기 480,000원 있습니다. 여권도 받으세요. 안녕히 가세요.

1. 스미스 씨는 지금 어디에 있습니까?

→

2. 스미스 씨는 왜 그 곳에 갔습니까?

→

3. 외국 돈을 한국 돈으로 바꾸고 싶은데 무엇이 있어야 합니까?

→

4. 스미스 씨는 얼마를 한국 돈으로 바꿨습니까?

→

5. 스미스 씨는 한국어를 잘합니까?

→

Ⅴ. 다음을 읽고 쓰십시오.

우리 교실에는 책상, 의자, 텔레비전, 선풍기, 교탁, 칠판, 분필, 쓰레기통이 있습니다.
김 선생님이 여러 학생들에게 질문하고 학생들은 대답합니다.
김 선생님은 뮐러 씨에게 김 선생님 옆에 있는 의자를 가리키며
"이것은 의자입니까?"
라고 묻습니다. 김 선생님의 물음에 뮐러 씨는
"네, 그것은 의자입니다."
라고 대답합니다.
김 선생님은 유키 씨의 볼펜을 가리키며
"그것은 책입니까?"
라고 묻습니다. 김 선생님의 물음에 유키 씨는
"아닙니다. 이것은 볼펜입니다."
라고 대답합니다.

김 선생님은 창문 앞에 있는 텔레비전을 가리키며
"저것은 선풍기입니까?"
라고 파타 씨에게 질문합니다. 김 선생님의 질문에 파타 씨는
"저것은 선풍기가 아닙니다. 저것은 텔레비전입니다."
라고 대답합니다.
김 선생님은 교탁을 가리키며
"이것은 책상입니까?"
라고 왕영호 씨에게 물어봅니다. 김 선생님의 물음에 왕영호 씨는
"그것은 교탁입니다."
라고 대답합니다.
교실에는 꽃이 없습니다. 그러나 선생님은
"교실에 꽃이 있습니까?"
라고 스미스 씨에게 묻습니다. 김 선생님의 물음에 스미스 씨는
"아닙니다. 교실에는 꽃이 없습니다."
라고 대답합니다.

1. 김 선생님은 뮐러 씨에게 무엇을 물어봅니까?
→

2. 뮐러 씨는 무엇이라 대답합니까?
→

3. 김 선생님은 파타 씨에게 무엇을 가리키며 "그것은 책입니까?"라고 물어봅니까?
→

4. 파타 씨는 무엇이라 대답합니까?
→

5. 누군가 당신에게 당신의 미래에 대해서 간단하게 말해보라고 한다면 뭐라고 말하겠습니까?
→

Ⅵ. 다음은 날씨와 생활이 어떤 관련을 맺고 있는지 생각하며 '한국의 날씨와 생활'을 읽고 쓰십시오.

날씨는 바람, 기온, 구름, 비, 눈, 습도 등의 상태를 통틀어서 가리키는 말이다. 날씨는 보통 오늘과 내일이 다르고 하루에도 여러 번 바뀌기도 한다. 그래서 사람들은 일기 예보를 주의 깊게 듣는다. 우리가 여행을 가거나 야외에서 운동을 할 때에도 가장 먼저 걱정하는 것이 날씨다.

날씨가 다르면 사람들이 생활하는 모습도 서로 다르다. 특히, 입는 옷이나 먹는 음식, 사는 집 등은 날씨와 깊은 관계가 있다.

먼저, 날씨에 따라 입는 옷이 어떻게 달라지는지 살펴보면 다음과 같다.

추운 겨울에는 몸의 열을 빼앗기지 않으려고 가죽옷이나 두꺼운 털옷을 입는다. 그러나 무더운 여름에는 몸에서 발생하는 열을 내보내기 위하여 얇고 성긴 옷을 입는다. 그리고 겨울에는 햇빛을 잘 흡수하는 검은색과 같은 짙은 색깔의 옷을 입어 몸을 따뜻하게 한다. 여름에는 햇빛을 반사하는 흰색과 같은 엷은 색깔의 옷을 입어 몸을 시원하게 한다.

한국 사람들이 즐겨 입던 한복도 여름과 겨울에 입는 옷이 다르다. 여름에는 몸에 달라붙지 않는 천으로 만든 베옷 종류의 한복을 입고, 겨울에는 솜을 넣은 따뜻한 한복을 입었다.

우리가 날마다 먹는 음식도 날씨와 관계가 깊다.

북쪽에 사는 사람들이 따뜻한 남쪽 지방을 여행할 때, 음식을 먹어 보고는 너무 짜다고 불평하는 일이 종종 있다. 이것은 날씨가 따뜻하면 음식이 쉽게 상하므로 소금을 많이 넣기 때문이다.

그리고 우리가 여름에 시원한 수박이나 음료수를 많이 먹는 것도 날씨와 관계가 있다. 여름에는 날씨가 더워서 우리 몸에 있는 물이 땀이 되어 몸 밖으로 나간다. 그래서 수박처럼 물이 많은 음식을 먹어서 수분을 보충하여 주는 것이다.

집의 구조도 날씨와 깊은 관계가 있다.

추운 지방에서는 쌀쌀한 바람이 덜 들어오도록 창이나 문을 작게 내고 벽을 두껍게 만든다. 반대로 더운 지방에서는 바람이 잘 통하도록 커다란 창이나 문을 많이 낸다.

그런데 바람이 너무 세게 불면 집이 무너질 수도 있다. 그래서 바람이 강하게 부는 한국의 제주도 지방에서는 바람에 날아가지 않도록 지붕을 줄로 얽어 단단히 묶어 놓았다.

눈이 많이 오는 지방에서도 날씨에 대비하여 집을 짓는다. 눈이 많이 오는 지역으로 잘 알려진 울릉도에서는 투막이라는 독특한 집을 지었다. 투막은 집 둘레를 옥수숫대 등으로 촘촘히 둘러싸서 눈이 들어오지 못하도록 지은 집이다. 그래서 그 안에는 큰 눈이 와도 불편 없이 생활 할 수 있었다.

이처럼 우리 생활은 날씨와 깊은 관계가 있다.

1. 우리가 야외활동을 하려고 할 때 가장 걱정하는 것이 무엇입니까?

→

2. 지방마다 또는 나라마다 사람들의 생활 모습이 다른 까닭은 무엇입니까?

→

3. 대부분의 사람들이 내일 또는 모레의 날씨를 어떻게 알 수 있습니까?

→

4. 한국인들이 더운 여름에 수박이나 음료수 등을 먹는 이유는 무엇입니까?

→

5. 한국의 더운 지방의 집 구조는 바람이 잘 통하도록 창문과 문이 크고 , 여러 곳에 창문을 냅니다. 그렇다면 추운 지방의 집 구조는 어떻습니까?

→

6. 한국의 제주도 지방에서는 왜 지붕을 줄로 얽어 단단히 묶습니까?

→

7. 집 둘레를 옥수숫대 등으로 촘촘히 둘러싸서 눈이 들어오지 못하도록 지은 투 막집은 한국의 어느 지역에서 볼 수 있습니까?

→

8. 고향의 날씨와 관련된 음식과 옷(전통 음식과 옷)은 무엇입니까?

→ 봄 :

여름 :

가을 :

겨울 :

9. 고향의 전통음식, 옷 그리고 집이 날씨와 관련 있다고 생각합니까? 있다면 어떤 점에서 관련이 있다고 생각합니까?

→

제13과 지하철을 타는 게 좋은 것 같아요.
Lektion 13. Es ist besser, mit der U-Bahn zu fahren.

김 선생님 저는 시간이 있으면 영화를 봅니다.
어제 저녁에도 남편과 함께 서울극장에서 '님은 먼 곳에'라는 영화를 보았습니다.
우리는 시내가 복잡해서 지하철을 타고 갔습니다.
유키 씨, 한국드라마를 본 적이 있어요?

유키 네, 한국드라마를 본 적이 있습니다.

김 선생님 무엇을 보았어요?

유키 '겨울연가'를 보았어요.

김 선생님 '겨울연가'를 혼자 봤어요?

유키 아뇨, 가족과 함께 봤어요.
저의 어머니는 '겨울연가'를 보신 후부터 한국드라마를 좋아하시게 되었어요. 그래서 한국을 방문해 보고 싶어 하세요.

김 선생님 '겨울연가'의 내용은 어땠습니까?

유키 슬프고 아름다운 내용이었어요.

김 선생님 파타 씨, 한국 영화를 본 적이 있어요?

파타 아니오, 아직 한국영화를 본 적이 없어요.

김 선생님 뮐러 씨, 한국 에니메이션를 본 적이 있어요?

뮐러 네, 한국 에니메이션을 본 적이 있어요.

김 선생님 어디에서, 누구와 무엇을 봤어요?

뮐러 독일에서 딸과 함께 '뽀로로'를 봤어요.
제 딸은 지금 한국에서도 '뽀로로'를 즐겨 보고 있어요.

김 선생님 진백진 씨, 한국잡지를 읽어 보았어요?

진백진 네, 한국잡지를 읽어 봤어요.

김 선생님 스미스 씨는 한국에서 텔레비전을 자주 보세요?

스미스 아니오. 시간이 없어서 자주 보지 못해요.
그러나 밤 9시 뉴스는 보려고 해요.
어제도 뉴스를 봤어요.

김 선생님　왕영호 씨는 한국노래를 들어 본 적이 있어요?

왕영호　네. 자주 듣는 편이에요.
특히, 가수 원더걸스의 노래들을 좋아해요.

김 선생님　콘서트에 가 본 적이 있어요?

왕영호　네, 지난 달 콘서트에 가 봤어요.

김 선생님　콘서트 장에는 무엇을 타고 갔나요?

왕영호　버스를 타고 콘서트 장으로 가려고 했는데 퇴근시간이라 길이 막혀서 지하철로 갈아타고 간 적이 있어요.

김 선생님　콘서트는 어땠어요?

왕영호　가는 길이 힘들었지만 정말 좋았어요.
시내로 나갈 때는 지하철을 타는 것이 좋은 것 같아요.

Lektion 13. Es ist besser, mit der U-Bahn zu fahren.

Lehrerin Kim	Ich sehe gerne Filme, wenn ich Zeit habe. Gestern Abend habe ich mit meinem Mann im Seoul-Kino den Film 'Mein Liebling ist weit weg' gesehen. Wegen dem Verkehrsstau in der Innenstadt haben wir die U-Bahn genommen. Frau Yuki, haben Sie schon ein koreanisches TV-Drama gesehen?
Yuki	Ja, ich habe schon ein Drama gesehen?
Lehrerin Kim	Welches Drama haben Sie schon gesehen?
Yuki	Ich habe schon 'Winter Liebeslied' gesehen.
Lehrerin Kim	Haben Sie es allein gesehen?
Yuki	Nein, ich habe es mit meiner Familie gesehen. Meine Mutter sieht sehr gerne koreanische Dramen, nachdem sie 'Winter Liebeslied' gesehen hat. Deshalb möchte sie Korea besuchen.
Lehrerin Kim	Wie war das 'Winter Liebeslied' inhaltlich?
Yuki	Es war traurig und schön.
Lehrerin Kim	Herr Pata, haben Sie schon koreanische Filme gesehen?
Pata	Nein, ich habe noch keine gesehen.
Lehrerin Kim	Herr Müller, haben Sie schon koreanische Zeichentrickfilme gesehen?
Müller	Ja, ich habe schon koreanische Zeichentrickfilme geguckt.
Lehrerin Kim	Wo und mit wem haben Sie welchen Film gesehen?
Müller	In Deutschland habe ich 'Pororo' mit meiner Tochter gesehen. Zurzeit sieht meine Tochter es auch gerne in Korea.
Lehrerin Kim	Frau Jin Baek-Jin, haben Sie schon koreanische Zeitschriften gelesen?
Jin Baek-Jin	Ja, ich habe schon koreanische Zeitschrifte gelesen.
Lehrerin Kim	Herr Smith, sehen Sie oft in Korea fern?
Smith	Nein. Ich sehe nicht oft fern, weil ich keine Zeit habe. Aber ich versuche, die Nachrichten um 9 Uhr zu sehen. Gestern habe ich sie auch gesehen.

Lehrerin Kim	Herr Wang Young-Ho, haben Sie schon koreanische Lieder gehört?
Wang Young-Ho	Ja, ich höre sie sehr oft. Besonders mag ich gerne die Songs von Wonder Girls.
Lehrerin Kim	Waren Sie schon einmal im Konzert?
Wang Young-Ho	Ja, ich war im letzten Monat da.
Lehrerin Kim	Womit sind Sie zum Konzert gefahren?
Wang Young-Ho	Ich wollte eigentlich mit dem Bus dahin fahren. Aber wegen des Staus in der Hauptverkehrszeit bin ich in die U-Bahn umgestiegen.
Lehrerin Kim	Wie war das Konzert?
Wang Young-Ho	Der Weg zum Konzert war anstrengend, aber das Konzert war gut. Es wäre besser, mit der U-Bahn zu fahren, wenn man in die Innenstadt geht.

문법

1. 그러나/하지만

> • 앞의 내용과 뒤의 내용이 상반될 때 쓰는 접속 부사
> **Nebensatz**
> Die Bedeutung von '그러나' ist "aber" bzw. "wenn".

예) 비가와요. 그러나 우산이 없어요.
Es regnet, aber ich habe keinen Regenschirm.

2. V(으)ㄴ적이 있다 ↔ 없다

> • (동사 뒤에서) 적은 의존명사로 그 동작이 진행되거나 그 상태가 나타나 있을 때, 또는 지나간 어떤 때를 나타내는 표현
> **Diese Form wird manchaml verwendet, wenn eine Aktion läuft od. eine Erfahrung gezeigt wird.**

예) 개를 키워 본 적이 있어요. Ich habe einen Hund zu Hause.
돼지를 키워 본 적이 없어요. Ich habe kein Schwein gezüchtet.

3. A(으)ㄴ/는 편이다

> • (형용사나 '이다', '아니다' 뒤에서) 대체로 어떤 부류에 속함을 나타내는 표현
> -ㄴ 편이다 : 모음으로 끝나는 형용사나 '이다'와 '아니다' 뒤에서
> -은 편이다 : 받침으로 끝나는 형용사에서
> -는 편이다 : 동사 뒤에서
> **Der Ausdrck der Tendenz**
> Aㄴ 편이다 : wenn das Adjektiv mit einem Vokal endet.
> A은 편이다 : wenn das Adjektiv mit einem Konsonanten endet.
> V는 편이다 : wenn das Verb endet.

예) 그는 키가 큰 편이다. Er ist größer als gewöhnliche Leute.
산이 높은 편이다. Der Berg ist höher als die anderen Berge.
그는 많이 먹는 편이다. Er isst mehr als die Anderen.

문장과 단어 : 교통 Verkehr

고속도로에서의 최고속도는 시속 100km입니다.
Die höchste Geschwindigkeit auf der Autobahn ist 100km/h.
빨간 신호등에서는 멈추어야 합니다. Bei rot muss man stehenbleiben.

- 교통 **Verkehr**
  - 교통경찰 Verkehrspolitist
  - 교통체증 Stau
  - 교통표지판 Verkehrsschild
  - 벌금 Strafe
  - 보행자 Fußgänger
  - 승객 Passagier
  - 신호등 Ampel
  - 운전자 Fahrer
  - 주차장 Parkplatz
  - 정류장 Haltestelle
  - 티켓 Ticket
  - 표 Fahrschein
  - 횡단보도 Zebrastreifen
- 교통수단 **Verkehrsmittel**
  - 기차 Zug
  - 버스 Bus
  - 배 Schiff
  - 비행기 Flugzeug
  - 오토바이 Motorrad
  - 자동차 Auto
  - 자전거 Fahrrad
  - 지하철 U-Bahn
  - 택시 Taxi
  - 트럭 Lastwagen

- 역 **Bahnhöfe**
  - 공항 Flughafen
  - 기차역 Bahnhof
  - 버스정류장 Bushaltestelle
  - 버스터미널 Busterminal
  - 항구 Hafen
- 길 **Straßen**
  - 거리 Straße
  - 고속도로 Autobahn
  - 골목 Gasse
  - 길 Weg
  - 사거리 Kreuzung
  - 우회로 Umleitung
  - 일방통행로 Einbahnstraße
  - 지름길 Schnellstraße
- 동사 **Verben**
  - 갈아타다 umsteigen
  - 건너다 überqueren
  - 나가다 herausfahren
  - 내리다 aussteigen
  - 도착하다 ankommen
  - 들어가다 hereinfahren
  - 떠나다 wegfahren
  - 멈추다 anhalten
  - 방향을 바꾸다 abbiegen
  - 서다 stehen
  - 운전하다 fahren
  - 주차하다 parken
  - 출발하다 losfahren
  - 타다 fahren

연습문제

Ⅰ. 다음을 읽고 질문에 맞는 답을 쓰십시오.

오늘 수업 내용은 한국의 문화적 경험에 대한 이야기 입니다. 김 선생님은 시간이 있으면 영화를 자주 봅니다. 어제 저녁에도 남편과 함께 서울극장에서 '님은 먼 곳에'라는 영화를 보았습니다. 유키 씨는 작년에 일본에서 한국영화 '겨울연가'를 보았습니다. 그 영화는 슬프면서도 아름다운 내용입니다. 그러나 파타 씨는 아직 한국영화를 보지 못했습니다. 뮐러 씨는 독일에서 딸과 함께 한국 애니메이션 '뽀로로'를 즐겨 보았습니다. 뮐러 씨의 딸은 지금도 한국에서 '뽀로로'를 즐겨보고 있습니다. 진백진 씨는 한국잡지를 읽어 본 적이 있습니다. 스미스 씨는 한국에서 텔레비전을 자주 보지 못합니다. 왜냐하면 시간이 없기 때문입니다. 그러나 뉴스는 꼭 보려고 합니다. 어제도 밤 9시 뉴스를 보았습니다. 왕영호 씨는 한국노래를 자주 듣습니다. 특히 원더걸스의 노래들을 좋아합니다.

1. 김 선생님은 언제, 어디에서, 누구와 함께 무엇을 했습니까?

→

2. 유키 씨는 언제, 어디에서, 어떤 한국드라마를 보았습니까?

→

3. 유키 씨는 '겨울연가'를 보고 어떻다고 말했습니까?

→

4. 뮐러 씨는 한국의 애니메이션 중 무엇을 보았습니까?

→

5. 한국잡지를 읽어 본 사람은 누구입니까?

→

6. 파타 씨는 한국 영화를 본 적이 있습니까?

→

7. 스미스 씨는 어제 텔레비전에서 무엇을 보았습니까?

→

8. 왕영호 씨는 어떤 가수의 노래를 좋아한다고 말했습니까?

→

II. 읽고 대답하십시오.

> 소현 씨는 대학생입니다.
> 지금 가족들과 함께 살지 않고 학교 기숙사에서 살고 있습니다.
> 고향에는 부모님과 남동생이 살고 있습니다.
> 소현 씨는 동생에게 편지를 자주 씁니다.
> 소현 씨의 고향은 시골입니다.
> 부모님께서는 고향에서 목축업을 하십니다.
> 그래서 소현 씨의 고향 집에는 동물들이 많이 있습니다.
> 방학이면 소현 씨는 고향에 가서 부모님을 도와드립니다.
> 소에게 여물을 주고, 돼지에게 사료를 주고, 닭에게는 모이를 줍니다.
> 그리고 소 외양간과 돼지우리도 청소합니다.
> 이번 여름 방학에도 고향에 가서 부모님을 도와드릴 겁니다.

1. 소현 씨의 부모님과 동생이 사는 곳은 어디입니까?

→

2. 소현 씨는 누구에게 편지를 씁니까?

→

3. 부모님께서는 무엇을 하십니까?

→

4. 소현 씨는 방학이면 고향에서 무엇을 합니까?

→

III. 다음을 읽고 답하십시오.

내 고향은 부산이다. 부산은 바다 옆에 있는 아주 아름다운 도시이다. 나는 부산에서 고등학교까지 다녔는데 지금은 서울에서 대학교에 다니고 있다. 부산에는 부모님과 여동생이 살고 있다. 부모님은 일을 하셔서 서울에 자주 못 오신다. 그래서 내가 자주 부모님께 전화를 하는 편이다. 이번 방학에 친구와 함께 부산에 가려고 한다. 친구는 부산에 가 본 적이 없다고 한다. 그래서 부모님께 친구와 함께 가도 되는지를 여쭤 보았더니 괜찮다고 하셨다. 부산에 가면 친구에게 시원한 바다와 해운대의 모래사장을 보여주고 맛있는 생선도 먹게 해 줄 것이다.

1. 글쓴이의 고향은 어디입니까?

→

2. 글쓴이는 지금 어디에서 살고 있습니까?

→

3. 글쓴이의 부모님은 왜 서울에 자주 못 오십니까?

→

4. 이번 방학에 누구와 함께 부산에 가려고 합니까? 왜 그렇습니까?

→

5. 글쓴이는 어떤 계획을 세웠습니까?

→

[6-7] 두 문제 중 당신에게 적합한 질문에 답하십시오.

6. 당신은 부산에 가 본 적이 있습니까? 부산에 가 보았다면 부산에서 무엇을 보았습니까? 부산에서 가장 기억에 남는 것은 무엇입니까?

→

7. 부산에 가 본 적이 없습니까? 당신이 부산에 간다면 무엇을 보고 무엇을 하고 싶습니까?

→

Ⅳ. 당신의 고향에서 가장 유명한 곳은 어디라고 생각합니까? 왜 그렇게 생각합니까?

→

V. 다음 표를 채우십시오.

고향이 어디입니까?	
고향에는 무엇이 있습니까?	
고향은 무엇이 아름답습니까?	
어떤 음식이 맛있습니까?	
고향의 날씨는 어떻습니까?	봄 : 여름 : 가을 : 겨울 :

제14과 어떤 동물을 키우고 싶어요?
Lektion 14. Welche Tiere mögen Sie haben?

김 선생님	진백진 씨, 어떤 동물을 좋아해요?
진백진	고양이와 개를 좋아해요.
김 선생님	유키 씨는 어떤 동물을 키우고 있어요?
유키	동물을 좋아하지만 지금은 키우고 있지 않아요.
김 선생님	어떤 동물을 키우고 싶어요?
유키	원숭이를 키우고 싶어요. 원숭이는 정말 귀여워요.
김 선생님	스미스 씨는 고향에서 동물을 키워 본 적 있나요?
스미스	네, 개 2마리를 키웠어요. 이름은 윌리와 윌슨이에요. 고향에선 저녁마다 윌리, 윌슨과 함께 산책을 하곤 했어요. 제가 한국에 있기 때문에 지금은 부모님이 키워주고 계세요. 공원에 산책을 나갈 때면 윌리와 윌슨이 그리워요.
김 선생님	파타 씨는 어떤 동물을 키워 보았나요?
파타	말입니다. 저는 말을 정말 좋아합니다. 맑고 큰 눈, 긴 다리와 멋진 갈색 털은 정말 멋있어요.
김 선생님	왕영호 씨는 어떤 동물을 키워 봤나요?
왕영호	고향에서 고슴도치와 새를 키웠어요.
뮐러	고슴도치는 키우기가 어렵나요?
왕영호	어렵지 않아요. 그러나 손은 조금 가는 편이에요. 변을 자주 치워주고 고양이나 개의 사료를 주면 되요. 그리고 목욕은 이 주일에 한 번 정도 해 주고, 특히 감기에 걸리지 않게 해 주면 되요. 고슴도치는 추위에 약한 것 같아요. 가장 중요한 것은 고슴도치는 무척 예민해서 스트레스를 받지 않게 주의해야 한다는 점이에요.
김 선생님	고슴도치는 야행성동물인데 함께 생활하긴 괜찮은가요?
왕영호	그 점이 약간 불편하지만, 저의 경우에는 유리통을 만들어 그 안에서 있게 했더니 괜찮았어요.

진백진	고슴도치는 가시가 있는데 가시에 찔리지는 않나요?
왕영호	처음 키울 땐 가시에 찔리기도 했지만, 먹이를 주면서 친해지니까 제가 배 부분을 만져주면 가시를 세우지 않고 가만히 있어요. 그 땐 정말 귀여워요.
김 선생님	그렇군요. 왕영호 씨, 고슴도치에 대한 정보 고마워요.

Lektion 14. Welche Tiere möchten Sie haben?

Lehrerin Kim	Frau, Jin Baek-Jin, welche Tiere mögen Sie gern?
Jin Baek-Jin	Ich mag Katzen und Hunde.
Lehrerin Kim	Frau Yuki, welche Tiere haben Sie zu Hause?
Yuki	Ich mag auch Tiere, aber jetzt habe ich zu Hause keine.
Lehrerin Kim	Welche Tiere möchten Sie haben?
Yuki	Ich möchte einen Affen haben. Affen sind sehr süß.
Lehrerin Kim	Herr Smith, hatten Sie auch in Ihrer Heimat Tiere?
Smith	Ja, ich hatte zwei Hunde zu Hause. Sie hießen Willi und Willson. In meiner Heimat habe ich jeden Abend mit Willi und Wilson einen Spaziergang gemacht. Meine Eltern haben zurzeit meine Hunde, weil ich in Korea bin. Ich vermisse sie, wenn ich im Park spazierengehe.
Lehrerin Kim	Frau Pata, hatten Sie schon einen Tier?
Pata	Ein Pferd. Ich mag Pferde sehr. Die klaren und großen Augen, die langen Beine und die schönen, braunen Haare sehen wirklich schön aus.
Lehrerin Kim	Herr Wang Young-Ho, welche Tiere hatten Sie schon?
Wang Young-Ho	Ich hatte in meiner Heimat einen Igel und einen Vogel.
Müller	Ist es nicht schwer, einen Igel zu haben?
Wang Young-Ho	Es ist nicht schwer. Aber ein bisschen anstrengend. Man entfernt den Kot oft und gibt den Katzen und Hunden Futter. Außerdem wascht man den Igel einmal in der Woche und schützt ihn vor der Erkältung. Der Igel scheint sehr empfindlich bei der Kälte zu sein. Wichtig ist es, keinen Stresse zu verursachen, weil der Igel sehr feinfühlig ist.
Lehrerin Kim	Der Igel ist einer der nachtaktiven Tiere. Ist es nicht einfach, mit ihm zusammen zu leben?
Wang Young-Ho	Das ist ein bisschen unbequem, aber ich habe dafür eine Glaswanne

	besorgt, in der er bleibt. Darum habe ich keine Probleme.
Jin Baek-Jin	Der Igel hat Stacheln. Sind Sie von seinem Stachel nicht gestochen worden?
Wang Young-Ho	Am Anfang bin ich gestochen worden. Jedoch haben wir uns angefreundet, nachdem ich gefuttert habe. Sogar wenn ich senen Bauch streichele, bleibt er ruhig, ohne seine Stacheln aufrecht zu stellen. Dann sieht er so süß aus.
Lehrerin Kim	Ach so! Herr Wang Young-Ho, vielen Dank für Ihre Informationen über Igel.

문법

1. V(으)ㄴ/는 듯하다

• (동사 어간이나 '있다', '없다' 어간 뒤에서) 추측의 뜻을 나타내는 표현 **Der Ausdruck der Vermutung**

예) 책 읽는 것을 좋아하는 것 같아서 생일선물로 책을 샀어요/
책 읽는 것을 좋아하는 듯해서 생일선물로 책을 샀어요.
Ich habe ein Buch als Geburtstagsgeschenk gekauft, denn es scheint ihm, lesen zu mögen.

2. V ㄴ/는 다는 점이다/-는 다는 것이다

• (동사 뒤에서) 말이나 생각의 내용 등을 옮기거나 나타내는 표현 **Der Ausdruck stellt Gedanken oder Inhalte dar.**

예) 중요한 것은 예의바른 사람이 되기 위해서 어렸을 때부터 좋은 습관을 길러 야 한다는 점이다./예의바른 사람이 되기 위해서 어렸을 때부터 좋은 습관을 길러야 한다는 것이다.
Was wichtig ist, man soll von Kindheit an eine gute Gewohnheit annehmen, um ein höflicher Mensch zu werden.

3. V곤/고는 하다/했다

• (동사 뒤에서) '하다'는 현재 어떤 상황의 반복이고, '했다'는 과거 어떤 상황의 반복을 나타내는 표현 **Der Ausdruck der Wiederholung**

예) 나는 가끔 영화관에 가곤 한다. Ich gehe ab und zu ins Kino.
고향에서 주말이면 테니스를 치곤했다.
Ich habe in meiner Heimat an jedem Wochenende Tennis gespielt.

4. -더니(만)

- 과거에 경험한 사실에 뒤이어 어떤 사실을 말할 때 쓰는 연결어미

Wortendung : so, dann oder denn

Diese Form wird benutzt, wenn man sich nach vorigen Erfahrungen über einen Tatbestand äußert.

예) 오전에 날씨가 흐리더니(만) 지금은 비가 온다.

Am Vormittag war es wolkig, aber nun regnet es jetzt.

문장과 단어 : 동물과 동물의 소리

1. 동물의 종류 Tierarten

동물은 척추동물과 무척추동물로 나뉩니다.

Die Tiere werden in rückgrattiere und wirbellose Tiere unterteilt.

- 동물 **Tier**
  - 척추동물 Rückgrattier
    - 포유류 Säugetier : 사람 Mensch, 호랑이 Tiger, 곰 Bär
    - 파충류 Kriechtier : 악어Knokodil, 뱀 Schlange, 거북이 Landschildkröte
    - 양서류 Amphibien : 개구리 Frosch, 도롱뇽 Wassermolch, 두꺼비 Kröte
    - 조류 Vögel : 비둘기 Taube, 매 Falke, 닭 Huhn
    - 어류 Fische
      - 바다어류 Seefisch : 갈치 Degenfisch, 연어 Lachs, 고등어 Makrele
      - 민물어류 Süßwasserfisch : 붕어 Karausche, 메기 Wels, 미꾸라지 Schmerle
  - 무척추동물 Wirbellosen
    - 절지동물 Gliederfüßer : 곤충류 Insekt, 거미류 Ameise, 지네류 Tausendfuß
    - 환형동물 Annelide : 지렁이 Regenwurm, 거머리 Blutegel
    - 강장동물 Hohltier : 해파리 Qualle
    - 극피동물 Echinoderme : 해삼 Seegurke

- 연체동물 Weichtier : 문어 Achtfüßler, 조개 Muschel, 달팽이 Schnecke

• 식물 **Pflanzen**
- 나무 Baum
- 꽃 Blume
- 열매 Frucht

2. 동물의 소리 Tiergeräusche

F : 고양이는 어떤 소리를 내지요? Wie schreit eine Katze auf Koreanisch?

A : 고양이는 '야옹 야옹'하고 울어요. Katze miaut 'Yaong Yaong' auf Koreanisch.

• 동물소리 **Tieregeräusche**
- 소 Kuh; 음메 muh
- 양 Lamm; 메에~ bäää~
- 말 Pferd; 히이힝 Klapperdiklapp
- 벌 Biene; 윙~ sum-sum
- 사자 Löwe; 으헝 uoah
- 닭 Hann/Henne; 꼬끼오 꼬꼬~ kikeriki /gagagagak
- 까마귀 Krähe; 까악까악 krah-krah
- 병아리 Küken; 삐악삐악 piep-piep
- 고양이 Katze; 야옹 miau
- 비둘기 Kuckuck; 구구구 kuckuck
- 오리 Ente; 꽥꽥 quak-quak
- 개 Hund; 멍멍 wau-wau
- 개구리 Frosch; 개골개골 quax-quax
- 뱀 Schlange; 스스스 ssssss
- 쥐 Maus; 찍찍찍 quik-quik
- 돼지 Schwein; 꿀꿀 oink-oink
- 부엉이 Kauz; 부엉부엉 kiwitt

• 여러 가지 소리 **verschiedene Geräusche**
- 종 Glocke; 땡그렁 bimbimbim
- 자전거 Fahradklingel; 따르릉 klingling
- 낙엽 Blätter(dead leaves; 낙엽소리); 사각사각 rascel-raschel

- 폭탄 Feuerwerk; 콰앙 peng-bum
- 문 Tür; 끼이익 knarrrr
- 폭포 Wasserfall; 쏴~쏴아 shschsch

• 동사 **Verben**

- (소리를) 듣다 hören
- (개가) 짖다 heulen
- 울다/(소리를)내다 schreien

  고양이(miauen), 소(muhen), 말(wiehern), 원숭이(plappern), 사슴(röhren), 염소, 양(blöken), 사자(brüllen), 코끼리(trompeten), 개구리(quaken), 벌(zirpen), 까마귀(krächzen), 뻐꾸기(Kuckuck rufen), 수탉(krähen), 암탉(glucken), 오리(quaken), 비둘기(gurren), 귀뚜라미(zirpen), 칠면조(kollern), 종달새(trillern/singen), 벌(summen), 거위(stieren), 매미(singen)
- (냄새를) 맡다 riechen
- (먹이를) 먹다 fressen
- (새끼를) 낳다 werfen

연습문제

Ⅰ. 다음을 읽고 답하십시오.

> 오늘 수업은 동물에 대한 내용이었다.
> 진백진 씨는 고양이와 개를 좋아한다.
> 유키 씨는 동물을 좋아하지만 지금은 동물을 키우고 있지 않다. 그러나 나중에 동물을 키운다면 귀여운 원숭이를 키워보고 싶다고 한다.
> 스미스 씨는 고향에서 윌리와 윌슨이라는 이름을 가진 개 2마리를 키웠다. 스미스 씨는 고향에서 저녁마다 그 개들과 함께 산책을 하곤 했다. 지금은 스미스 씨가 한국에 있기 때문에 부모님께서 키워주고 계신다고 한다.
> 파타 씨는 말을 키워보았다. 맑고 큰 눈에 긴 다리와 멋진 윤기 흐르는 털을 휘날리며 달리는 모습은 정말 마음을 설레게 한다고 한다. 파타 씨는 말을 정말 좋아하는 것 같다.
> 왕영호 씨는 고향에서 고슴도치와 새를 키워보았다. 고슴도치가 키우기에 어렵지 않느냐는 사람들의 질문에 왕영호 씨는 별로 어렵진 않지만 손이 많이 가는 동물이라고 한다. 왕영호 씨는 우리에게 고슴도치 키우는 방법을 알려주었다. 가장 기본적인 것은 변을 자주 치워주고, 먹이는 고양이나 개의 사료를 주고, 목욕은 이 주일에 한 번 정도 해 주고, 특히 고슴도치는 추위에 약하기 때문에 감기에 걸리지 않게 해주면 되고, 특히 중요한 것은 고슴도치는 매우 예민하기 때문에 스트레스를 받지 않게 주의해야 한다는 점이다. 그리고 고슴도치는 야행성이기 때문에 왕영호 씨의 경우에는 유리통을 만들어 그 안에 있게 했다고 말해주었다.
> 왕영호 씨가 고슴도치를 처음 키울 때는 고슴도치의 가시에 찔리기도 했지만, 먹이를 주면서 친해진 후에는 왕영호 씨가 배 있는 부분을 만져주면 가시를 세우지 않고 가만히 있는 모습이 정말 귀여웠다고 한다. 왕영호 씨가 알려준 고슴도치 키우는 방법을 통해 앞으로는 고슴도치를 많은 사람들이 키울 수 있을 것 같다.

1. 개와 고양이를 좋아하는 사람은 누구입니까?

→

2. 유키 씨는 동물을 좋아하지 않기 때문에 지금 동물을 키우지 않습니까?

→

3. 유키 씨가 동물을 키운다면 어떤 동물을 키워보고 싶다고 합니까?

→

4. 스미스 씨가 고향에서 키웠던 동물의 종류와 이름은 무엇입니까?

→

5. 파타 씨가 좋아하는 동물은 말입니다. 파타 씨는 말의 어떤 모습을 좋아합니까?

→

6. 왕영호 씨는 고슴도치를 키우기가 어떻다고 말합니까?

→

7. 고슴도치를 키우는데 있어서 주의할 점은 무엇입니까?

→

8. 왕영호 씨는 고슴도치와 어떻게 친해졌습니까?

→

9. 고슴도치와 친해진 후, 왕영호 씨가 고슴도치의 어디를 만져주곤 했습니까?

→

10. 여러분은 어떤 동물을 키우고 있습니까? 키우고 있는 동물의 어떤 점이 좋습니까?
또는 여러분이 동물을 키우고 있지 않다면 어떤 동물을 키우고 싶습니까? 이유는 무엇입니까?

→

II. 다음을 읽고 쓰십시오.

한국인들은 산에 살면서 산을 지키고 다스리는 신을 산신령이라고 생각했다. 산신령이 늘 사람들의 숭배를 받는 대상이 된 것은 산이 국토의 삼분의 이를 차지하는 한국의 자연환경에서 비롯된 것이다. 늘 산과 마주하고 살며 산에서 음식과 옷 등의 재료를 얻고 때로는 산으로부터 피해를 입기도 하는 생활 속에서 산을 주관하는 신을 숭배하는 것은 한국인들에게 있어서 극히 자연스러운 일일 것이다. 이러한 산신령은 한국민족의 시조인 고조선의 임금인 단군에서 비롯되었다.
단군은 한국민족의 시조이며 최초의 부족국가인 고조선의 임금이다.
옛날에 하느님인 환인의 아들 환웅이 인간을 구원하기 위하여 환인으로부터 허락을 받아 한국의 높은 산인 태백산에 내려와 인간세상을 다스리기 시작하였다. 그러던 어느 날 곰 한 마리와 호랑이 한 마리가 찾아와 인간이 되기를 간청하였다. 환웅은 곰과 호랑이에게 쑥과 마늘을 주며 "너희들이 이것을 먹고 백 날 동안 햇빛을 보지 않으면 사람의 형체로 될 수 있으리라."하고 이들의 소원을 받아들여 주었으나 호랑이는 며칠 참지 못한 채 도중에 도망 가 버렸고 곰은 21일 만에 웅녀라는 여자로 변하였다.
인간이 된 웅녀는 아이를 갖고 싶었지만 아무도 자신과 혼인하려 하지 않자, 다시 환웅을 찾아가 아이를 갖게 해 달라고 기원했고 환웅은 이를 불쌍히 여겨 잠시 사람으로 변하여 웅녀와 혼인하고 아들을 낳게 해 주었다. 이렇게 태어난 사람이 바로 단군이다. 단군은 이후 한반도 중앙에 위치한 평양에 도읍을 정하고 고조선을 세운 후 1500년 동안 나라를 다스리고 1908세에 산으로 들어가 산신령이 되었다고 한다.
단군신화는 한민족이 어떻게 나라를 이루고 살게 되었는지를 간단하면서도 분명하게 설명해 주고 있다. 다시 말해 단군이라는 단일 조상이 한민족의 기원임을 알 수 있을 뿐만 아니라 그 뿌리는 바로 하느님이라는 것을 말해 주고 있다. 단군의 어머니인 웅녀 또한 당시 많은 종족들이 숭배의 대상으로 삼았던 곰이 변하여 된 인물로서 땅을 상징하고 있어서 단군은 하늘과 땅의 결합을 통해 태어난 완전한 인물로 묘사된다.

1. 환웅은 누구이고 무엇을 하였습니까?
→

2. 단군신화에서 등장하는 동물은 무엇입니까?
→

3. 환웅이 사람이 되고 싶어 하는 곰과 호랑이에게 준 것은 무엇입니까?

→

4. 환웅과 웅녀 사이에서 태어난 사람은 누구입니까?

→

5. 단군은 누구입니까?

→

6. 단군신화를 통해 알 수 있는 것은 무엇입니까?

→

7. 한민족의 건국신화는 누구입니까?

→

8. 당신이 알고 있는 건국신화가 있습니까? 있다면 그 건국신화의 내용을 써 보십시오.

→

III. 다음은 한국민족의 기원과 형성에 관한 내용입니다. 다음을 읽고 답하십시오.

> 오늘날의 세계 인류는 크게 세 종족으로 나뉜다. 백인종을 포함하는 코카소이드(Caucasoid)와 황인종을 총칭하는 몽골로이드(Mongoloid) 및 흑인종을 총칭하는 니그로이드(Negroid)가 그것이다. 인류의 진화 과정에서 인간이 이러한 세 종족으로 분리된 것은 호모 사피엔스(Homo sapiens) 단계에서 이다.
>
> 한국민족을 한민족이라 한다. '한'은 순수한 한국말이다. 더 엄격히 말한다면 한국말이 속하는 알타이어 계통의 말로써 '한'은 '크다'의 의미를 가지고 있다. 그래서 한국의 국명인 '대한민국(大韓民國)'은 크고 큰 나라라는 의미를 갖고 있다. 또 '한'은 북방민족의 '우두머리', '수장'을 뜻하기도 한다.
>
> 한민족은 몽골로이드에 속하는데, 몽골로이드의 형질적 특징이 형성된 곳은 시베리아의 바이칼호 부근이라고 한다. 몽골로이드의 형질적 특징으로는 광대뼈가 나오고, 눈꺼풀이 겹쳐진 것을 드는데, 이는 시베리아와 같은 추운 기후에 적응하기 위한 것이라 한다.

한민족은 알타이어족의 한 갈래로서 남쪽으로 이동하여 중국 장성지대의 동북부와 요령지방 및 한반도에 정착하여 하나의 민족 단위를 형성하였다. 그리고 이 지역에 산재하는 여러 하천의 유역에 정착하여 취락을 형성하고 농경문화를 시작했다. 아울러 농업생산력을 배경으로 한 청동기 문화로 발전하면서 읍락국가를 형성하였다. 이러한 읍락국가 가운데 가장 강성하였던 고조선이 여러 읍락국가의 맹주국이 되었던 것이다.

한민족의 신화와 습속은 시베리아 샤머니즘의 전통을 이어받은 것이다. 한민족의 기층문화가 주로 시베리아지방에 있는 여러 민족의 원시문화와 맥락을 같이하는 것은 민족의 기원과 계통이 그들과 매우 가까운 관계에 있기 때문이다.

예를 들어 오늘날 전해오는 단군설화는 한민족의 기원을 전하는 중요한 문헌 자료이다. 이 기록은 분명히 언제 어디서 누가 어떤 경위를 거쳐 조선이라는 나라를 처음으로 창건하였다는 이야기를 구체적으로 전하고 있다.

곰과 호랑이의 기록은 환웅부족이 이동해 왔을 때 그 지역에 거주하고 있던 두 부족을 두 가지 동물로 상징해 표현한 것으로 보인다. 그러므로 환웅족이 만주와 한반도에 왔을 때 곰을 숭배하는 부족과 호랑이를 숭배하는 부족이 있었는데, 곰 부족은 그들에게 호의를 보여 쉽게 융화되었는데, 호랑이 부족은 적의를 보여 저항하다가 다른 지역으로 쫓겨 갔다고 해석된다. 또 곰이 여자가 된 웅녀는 환웅과 혼인한 여자로 기술되었는데, 이는 곰 부족과 친밀해지기 위한 환웅족의 혼인정책으로 보인다.

한민족의 형성을 간단히 요약해 보면, 한민족은 몽골로이드에 속하고 언어학적으로는 알타이어에 속하며, 바이칼 근방에서 기원전 4천년 경에 요서와 요동, 만주에 자리 잡은 동이족의 한 지류인 예맥족이다. 예맥이 이동해 오기 전 요서, 요동, 만주 등지에는 고아시아족들이 살고 있었으며, 예맥은 순응적인 곰부족(고아시아계)은 받아들였고, 공격적인 호랑이부족(고아시아계)은 배척하여 물리쳤다. 이들이 고조선을 건국했고, 현대 한국민족은 그들의 후손인 것이다.

1. 인류의 진화 과정에서 인간을 세 종족으로 분리된 것은 어느 단계입니까?

→

2. 세계인류는 크게 3종족으로 나뉘는데 그 3종족은 무엇입니까?

→

3. 한민족은 언어학적으로 어느 어족에 속합니까?

→

4. 시베리아와 같은 추운 기후에 적응하기 위한 몽골로이드의 형질적 특징은 무엇입니까?

→

5. 한민족의 신화와 생활 풍속은 어느 전통을 이어받은 것입니까?

→

6. 당신의 모국은 언어학적으로 어느 어족에 속합니까?

→

제15과 몸이 좋지 않아요.
Lektion 15. Ich fühle mich nicht wohl.

김 선생님	지난 주 유키 씨가 몸이 안 좋아 보이더니 오늘 결석했네요. 진백진 씨도 지난주에 몸이 아주 좋지 않아 보였는데… 진백진 씨, 병원에 가 보았나요?
진백진	네, 지난주에 감기가 심하게 걸려서 내과에 갔어요.
김 선생님	감기 증상은 어땠나요?
진백진	머리가 많이 아팠고 코가 막히고 기침이 심했고 가래가 많았어요.
김 선생님	지금은 괜찮은가요?
진백진	네, 지금은 거의 나았어요.
김 선생님	다행이군요. 뮐러 씨, 한국에서 병원에 가 본 적이 있나요?
뮐러	네, 제 딸이 아파서 소아과에 가 본 적이 있어요.
김 선생님	따님은 어디가 아팠나요?
뮐러	배가 아프고 설사를 해서 소아과에 갔더니 장염이었어요. 병원에서 처방해준 약을 먹고 푹 쉬게 했더니 이틀 만에 나았어요. 그 때 얼마나 걱정했는지 몰라요.
김 선생님	참 다행이네요. 왕영호 씨는 병원에 자주 가나요?
왕영호	아니오, 저는 병원에 가는 것을 싫어해요. 그래서 감기에 걸리더라도 병원에 가지 않고 집에서 차를 마시며 푹 쉬는 편이에요. 그렇게 푹 쉬고 나면 병원에 가지 않고도 감기가 나을 수 있어요.
스미스	저도 병원에 가는 것을 싫어해서 감기가 걸렸는데도 병원에 가지 않았다가 크게 고생을 한 적 있어요. 2년 전 감기가 오래 갔지만 병원에 가지 않고 있다가 귀까지 아팠어요. 그래서 이비인후과에 갔더니 중이염이었어요. 약을 몇 주 동안 먹었는데도 낫지 않아 결국 수술을 해야만 했어요. 그 후 몸이 좋지 않으면 병원에 가는 편이에요.

김 선생님　저는 1년에 한 번씩 규칙적으로 정기검진을 받아요.
중년의 나이가 되면, 아프지 않더라도 정기검진 하는 것이 좋을 것 같아요. 그리고 그것은 꼭 해야만 할 것 같고요.
파타 씨는 언제 처음 병원에 가 보았어요?

파타　저는 어렸을 때부터 말을 탔는데, 7살 때 말에서 떨어져 다리가 부러 진 일이 있었어요. 그래서 그 때 처음 정형외과를 가 보았어요. 한 달 이상 깁스를 해야만 했어요. 그 때 정말 불편했어요. 그 이후 말을 탈 때 조금 더 주의하며 타요.

김 선생님　그래요. 우리가 잘하는 일이라 할지라도 방심하지 말고 항상 주의를 해야겠지요.
이번 주 계속 날씨가 쌀쌀하다고 하니까, 여러분 모두 건강 조심 하세요.

Lektion 15. Ich fühle mich nicht wohl.

Lehrerin Kim	In der letzten Woch sah Yuki krank aus. Darum ist sie heute abwesend. Frau Jin Baek-Jin sah auch in der letzten Woche nicht gesund aus. Frau Jin Baek-Jin, waren Sie schon beim Arzt?
Jin Baek-Jin	Ja, ich war in der letzten Woche beim Allgemeinarzt wegen einer starken Erkältung.
Lehrerin Kim	Was waren die Erkältungssymtone?
Jin Baek-Jin	Ich hatte starke Kopfschmerzen, Nasenverstopfung, schweren Husten und viel Schleim.
Lehrerin Kim	Geht es Ihnen schon besser?
Jin Baek-Jin	Ja, ich bin beinahe wieder gesund.
Lehrerin Kim	Das ist schön. Herr Müller, waren Sie schon beim Arzt?
Müller	Ja, ich war beim Kinderarzt, weil meine Tochter krank war.
Lehrerin Kim	Wo tat es weh bei ihr?
Müller	Sie hatte zuerst Bauchschmerzen und Durchfall. Darum sind wir zum Arzt gegangen. Und der Arzt sagte, sie hatte Enteritis. Nachdem sie die verschriebenen Medikamente genommen hat und sich zu Hause ausgeruhen hat, ist sie zwei Tage später ganz wieder gesund geworden. Da war ich besorgt darüber.
Lehrerin Kim	Gott sei Dank. Herr Wang Young-Ho, gehen Sie oft zum Arzt?
Wang Young-Ho	Nein, ich mag nicht zum Artz gehen. Obwohl ich erkältet bin, gehe ich nicht zum Arzt, sondern trinke Tee zu Hause und ruhe mich gut aus. Nach der Entspannung zu Hause kann ich die Erkältung überwinden, ohne zum Arzt zu gehen.
Smith	Ich gehe lieber nicht zum Arzt. So bin ich nicht zum Arzt gegangen, obwohl ich einmal erkältet war. Darum war ich sehr beunruhigt. Vor

	zwei Jahren habe ich lange Zeit an einer Erkältung gelitten. Trotzdem bin ich nicht zum Arzt gegangen. Und dann hatte ich sogar Ohrenschmerzen. Danach war ich beim HNO-Arzt, bei dem eine Mittelohrentzündung diagnosiert wurde. Obwohl ich einige Wochen lang Medikamente nahm, war ich leider nicht gesund geworden. Schließlich musste ich operiert werden. Danach bin ich immer zum Artz gegangen, wenn ich mich nicht wohl gefühlt habe.
Lehrerin Kim	Ich lasse mich einmal im Jahr medizinisch untersuchen. Im mittleren Alter ist es gut, eine regelmäßige Untersuchung zu bekommen. Ich denke, man sollte das unbedingt machen. Herr Pata, wann waren Sie zum ersten Mal beim Arzt?
Pata	Von Kindheit an reitete ich. Als ich 7 Jahre war, bin ich vom Pferd gefallen und mein Bein war gebrochen. Darum war ich zum ersten Mal beim Orthopäden. Ich habe damals einen Monat lang einen Gipsverband tragen müssen. Das war sehr unbequem. Danach war ich sehr vorsichtig beim Reiten.
Lehrerin Kim	Das stimmt. Wir sollten immer vorsichtig sein, obwohl wir unempfindlich sind. In dieser Woche bleibt es kalt. Bitte, achten Sie alle auf Ihre Gesundheit.

문법

1. V더라도

- 가정이나 양보의 뜻을 나타내는 연결어미로 부정적이거나 극단적인 상황 혹은 뒤의 내용을 보장하기 어려운 경우를 가정할 때 쓴다.

  Als eine Endung, die für eine Voraussetzung od. eine Konzession bedeutet, wird 'V더라도' bei einer negativen od. extremen Situation benutzt. Diese Endung wird auch in einem Fall benutzt, wo der nachfolgende Tatbestand nicht gewährleistet wird.

예) 그 사람은 힘이 들더라고 열심히 일한다.

Der Mann arbeitet fleißig, obwohl die Arbeit zu schwer ist.

2. -(으)ㄴ/는 데도/-(으)ㄴ데도 불구하고

- (형용사나 '이다', '아니다' 뒤에서) 앞의 상황에 관계없이 뒤의 동작이나 상황이 일어남을 나타내는 연결어미

  -ㄴ데도 : 받침 없는 형용사 어간이나 'ㄹ' 받침으로 끝나는 형용사 어간, '이다', '아니다'에 사용

  -은데도 : 'ㄹ'을 제외한 받침 있는 형용사 어간에 사용

  -는데도 : 동사 어간이나 '있다', '없다', '-았-', '-겠-' 뒤에 사용

  -(으)ㄴ데도 불구하고 : 앞뒤 상황이 더 상관없음을 강하게 표현하고자 할 때

  Endung : obwohl

  Aㄴ데도 : wenn das Adjektiv mit einem Vokal oder '이다' und '아니다' des Adjektivs mit 'ㄹ' endet.

  A은데도 : wenn das Adjektiv mit einem Konsonanten endet.

  V는데도 : nach einem Verb oder '있다', '없다', '-았-' und '-겠'

예) 그 여자는 착하고 예쁜데도 아직 남자친구가 없어요./그 여자는 착하고 예쁜 데도 불구하고 아직 남자친구가 없어요.

Obwohl die Frau nett und schön ist, hat sie noch keinen Freund.

그 여자는 영화배우인데도 전혀 사치스럽지 않아요.

Obwohl die Frau Schauspielerin ist, ist sie überhaupt nicht luxuriös.

3. V다가(는)

> • 어떤 행위나 상태가 중단되고 다른 행위나 상태로 바뀜을 나타내는 어미
> Diese Form hat eine Bedeutung von der Zustandsveränderung, die durch eine Unterbrechung einer Aktion od. eines Zustandes eine andere Aktion od. einen neuen Zustand hervorbringt.

예) 공부를 하다가 친구의 전화를 받았어요.

Während des Lernens habe ich einen Anruf von meinem Freund bekommen.

4. V지 말다/-지 말자

> • 동사의 어미 '-지' 뒤에 명령형으로 쓰여 어떤 행동을 금지하는 뜻을 나타내는 표현
> 다른 사람에게 직접적으로 어떤 행동을 금지하게 하는 뜻을 가지는 명령문이나 다른 사람과 함께 어떤 일을 하지 말기를 요청하는 청유문을 만들 수 없으므로 이를 표현하기 위해서 '-지 말다'를 쓴다.
> **Verbot**
> Das Verb '말다' tritt als Hilfsverb hinter das mit '-지' norminalisierte Hauptverb, um ein Verbot auszudrücken. Die Prohibitivform gleicht in ihrem Aufbau der Negationsform '-지 않다'.
> Die Prohibitivform ist eine kompositionelle Verbalform. Sie wird gewöhnlich mit Hauptsatzprädikaten im Imperativ oder Propositiv kombiniert, kann aber auch zusammen mit der verbalen Konjunktionalform '-고' beim Nebensatzprädikat kombiniert werden.

예) 술을 많이 마시지 말자. Trinken wir nicht so viel Alkohol!

문장과 단어 : 신체 Körper

F : 아픈가요? Sind Sie krank?

A : 네, 아파요. Ja, ich bin krank.

F : 어디가 아파요? Wo tut es weh?

A : 열이 나고 콧물이 있고 기침을 하는 걸 보면 감기에 걸린 것 같아요.

Ich habe Fieber, Schnupfen und Husten. Ich glaube, ich bin erkältet.
병원에 가야겠군요. Sie müssen zum Arzt gehen.

- 신체/몸 **Körper**
  - 머리카락 Haare
  - 머리 Kopf
  - 얼굴 Gesicht
  - 이마 Stirn
  - 눈썹 Augenbrauen
  - 눈 Augen
  - 코 Nase
  - 입 Mund
    - 입술 Lippen
    - 이/이빨 Zähne
    - 혀 Zunge
  - 귀 Ohren
  - 목 Hals
  - 어깨 Schultern
  - 가슴 Brust
  - 팔 Arme
  - 손 Hände
    - 손바닥 Handfläche
    - 손가락 Finger
    - 손톱 Fingernagel
  - 배 Bauch
  - 허리 Rücken
  - 엉덩이 Hintern
  - 다리 Beine
  - 발 Füße
    - 발바닥 Fußfläche
    - 발등 Fußrücken
    - 발가락 Zeh
    - 발톱 Fußnagel
- 씻다 **sich waschen**
  - 머리를 감다 Haare waschen

- 면도하다 sich rasieren
- 목욕하다 baden
- 샤워하다 duschen
- 세수하다 Gesicht waschen
- 이를 닦다 Zähne putzen

• 건강 **Gesundheit**

- 감기 Erkältung
- 건강하다 gesund sein ↔ 아프다 krank sein
- 구토하다 sich übergeben/erbrechen
- 땀이 나다 schwitzen
- 변비 Verstopfung
- 설사를 하다 Durchfall haben
- 열이 있다 Fieber haben
- 화상을 입다 sich verbrennen

• 약 **Medizin**

- 물약 Tropfen
- 알약 Tablette/Kapsel – 복용하다 einnehmen
- 연고 Salbe – 바르다[bareuda] auftragen

연습문제

Ⅰ. 읽고 대답하십시오.

오늘 수업에서는 몸이 좋지 않았을 때의 경험에 대해 이야기 했다.
지난 주 유키 씨의 몸이 좋지 않아 보이더니, 오늘 강의 시간에 유키 씨가 오지 못했다. 아마도 몸이 아직 좋지 않은 것 같다.
진백진 씨는 지난주에 머리가 아프고 코가 막히고 기침이 심해 병원에 갔었는데, 약을 먹고 쉬었더니 지금은 감기가 거의 다 나은 것 같다.
뮐러 씨는 딸이 장염에 걸려서 병원에 가 본적이 있었다고 한다. 딸이 아팠을 때 뮐러 씨는 걱정을 많이 한 것 같다.
왕영호 씨는 가벼운 감기 증세가 있을 때는 따뜻한 차를 마시며 집에서 푹 쉰다고 한다. 왕영호 씨는 병원에 가는 것을 싫어하는 것 같다.
스미스 씨도 병원에 가는 것을 싫어하지만, 2년 전 중이염에 걸려 수술을 받은 후부터는 몸이 좋지 않으면 병원에 간다고 한다.
파타 씨는 7살 때 말을 타다가 말에서 떨어져 다리가 부러져서 한 달 이상 깁스를 했다고 한다. 한 달 이상 깁스를 하고 있을 때 참 힘들었을 것 같다.
김 선생님은 중년의 나이가 되면 정기검진을 받아야 한다고 생각하신다. 그래서 그녀는 1년에 한 두 번 정도는 유방암과 자궁암 검사, 2년에 한 번 내과 정기검진을 받으신다고 한다. 선생님의 말씀처럼 정기검진을 정기적으로 받는 것은 꼭 필요한 것 같다.
이번 주는 날씨가 추울 것이라고 한다. 감기에 걸리지 않기 위해 조심해야겠다. 유키 씨가 빨리 나았으면 좋겠다.

1. 유키 씨는 오늘 수업에 왜 오지 못한 것 같습니까?

→

2. 진백진 씨의 감기 증상은 어떠했습니까? 어느 병원에 다녀 온 것 같습니까?

→

3. 뮐러 씨의 딸은 장염에 걸려서 어느 병원에 간 것 같습니까?

→

4. 왕영호 씨는 가벼운 감기에 걸리면 어떻게 합니까?

→

5. 스미스 씨는 병원에 가기 싫어하면서도 몸이 좋지 않을 때 병원에 간다고 합니다. 왜 그런 것 같습니까?

→

6. 파타 씨는 다리가 부러졌을 때 어느 병원에 간 것 같습니까?

→

7. 김 선생님은 유방암과 자궁암 검사를 어디에서 받는 것 같습니까?

→

8. 당신은 병원에 자주 가는 편입니까?

→

자주 가는 편이라면 어느 병원에 주로 갑니까?

→

병원에 가기 싫어한다면 왜 그렇습니까?

→

9. 당신은 가벼운 감기에 걸린 경우 어떻게 합니까?

→

II. 다음을 읽고 쓰세요.

진백진 씨는 며칠 전부터 기침을 했다. 그런데 어제부터는 목도 아프고 머리도 아팠다. 그래서 진백진 씨는 아침에 선생님께 전화를 했다. "선생님, 죄송합니다. 감기에 걸려서 학교에 못 가겠

습니다." 선생님께 전화를 한 후에 진백진 씨는 병원에 갔다.
의사 선생님께 "머리와 목이 아프고 열이 있습니다. 기침도 하고 콧물도 납니다."라고 이야기를 했다. 의사 선생님은 진찰을 하고 약을 처방해 주며 "처방해 드린 약을 드시고 푹 쉬셔야 합니다."라고 말했다.
진백진 씨는 처방전을 들고 약국에 갔다.
약사는 진백진 씨에게 이틀분 약을 주면서 "술을 마시지 마십시오. 그리고 물을 많이 드십시오." 라고 말해 주었다.
진백진 씨는 집에 돌아 와서 약을 먹고 하루 종일 잤다.
지금은 몸이 많이 나아진 것 같다.

1. 진백진 씨는 어제 왜 선생님께 전화를 했습니까?
→

2. 진백진 씨는 어떻게 아팠습니까?
→

3. 진백진 씨는 어제 선생님께 전화를 한 후에 무엇을 했습니까?
→

4. 약사가 진백진 씨에게 어떻게 말했습니까?
→

III. 약의 종류와 그 약이 필요한 경우를 연결 하십시오.

1) 소화제 ·	· 통증이 심할 때 먹는 약
2) 기침약 ·	· 눈이 아플 때 눈에 넣는 약
3) 진통제 ·	· 기침이 날 때 먹는 약
4) 안 약 ·	· 소화가 안 될 때 먹는 약
5) 해열제 ·	· 열이 많이 날 때 먹는 약

Ⅳ. 여러분 나라에서는 어떻게 감기를 예방하고, 감기에 걸렸을 때 어떻게 하는지 민간요법을 쓰십시오.

1) 감기 예방하는 방법 :

2) 특별히 먹는 음식 :

3) 못 먹게 하는 음식 :

4) 감기를 낫게 하는 특별한 방법 :

제16과 한국의 전통음악 체험
Lektion 16. Erlebnis der koreanischen traditionellen Musik.

소현　　사물놀이 공연을 가 본 적이 있나요?
공연표가 2장 있는데 같이 갈래요? 공연은 오늘이에요.

파타　　텔레비전에서 공연 하는 것을 보았는데, 직접 공연을 본 적은 없어요.
한번 보고 싶어요.

소현　　그럼 잘됐네요. 같이 보러 가요.
'서울 예술의 전당'에서 공연해요.

파타　　난 거기가 어딘지 잘 모르는데 미리 만나서 가면 어떨까요?

소현　　좋아요. 전철 3호선을 타고 남부터미널에서 내려 5번 출구로 나오세요.
'5번 출구' 앞에서 기다릴게요.

파타　　몇시까지 가면 되지요?

소현　　공연이 7시에 시작하고 남부터미널에서 도보로(걸어서) 10분 정도 걸리니까 6시 30분에 만나기로 하지요.

파타　　알았어요. 그럼 이따 6시 30분 남부터미널에서 봐요.

(두 사람은 공연을 보고 난 후 커피숍에서 차를 마신다)

파타　　오늘 사물놀이 공연이 너무 재미있었어요.
고마워요. 소현 씨 덕분에 좋은 공연 봤어요.
사물놀이가 그렇게 신명나게 하는 음악인지 몰랐어요.
소현 씨는 한국 전통 음악 공연들을 자주 보러 다니나요?

소현　　자주는 아니지만, 시간이 되거나 좋은 공연이 있으면 보러 다녀요.

파타　　소현 씨만 괜찮다면, 좋은 공연이 있을 때 저에게 연락 주시겠어요?

소현　　알겠어요.
아, 한 달 후쯤에 '국악당'에서 판소리 공연이 있는데 함께 갈래요?

파타　　물론이지요.

소현　　그럼, 공연 날짜와 시간을 알려 드릴게요.

파타 그런데 판소리와 민요의 차이는 무엇인가요?

소현 제가 잘 설명할 수 있을지 모르겠는데, 민요와 판소리의 공통점은 오랜 옛날부터 사람들 사이에서 불려오는 전통적인 노래로 한국인들의 생활과 감정이 고스란히 담겨 있는 노래라고 할 수 있어요.

차이점으로 민요는 악보나 가사가 기록되어 있지 않은 채 입으로 전해 오는 구전이기 때문에 노랫말이나 가락이 시대나 지역에 따라 다소 달라지기도 해요.

대표적인 민요로는 아리랑, 강강술래, 군밤타령, 도라지타령, 늴리리야, 풍년가, 한오백년, 쾌지나칭칭 등이 있어요.

판소리는 북장단에 맞추어 긴 이야기를 노래와 말로 엮어 몸짓을 곁들이며 구연하는 민속 음악이면서 주로 입으로 전하는 서사문학에 한국 고유의 음악과 연극적인 요소를 포함한 것으로 일종의 종합 예술이에요.

판소리는 두 명이 하는데, 한 명은 고수라 하여 북을 치며 장단을 맞추고 나머지 한 명은 광대라 하여 쥘부채를 들고 긴 이야기를 구연해 나가요.

이때 광대는 노래와 말을 섞어 하는데 광대가 부르는 노래를 창이라고 하며 말로 하는 대사를 아니리라고 해요.

판소리는 기생과 양반 자제의 사랑을 다룬 춘향가, 눈먼 아버지를 위해 몸을 판 딸의 효도를 그린 심청가, 탐욕스러운 형과 착한 아우를 대비시킨 흥부가, 불치병을 치료하기 위해 토끼의 간을 갖고자하는 용왕과 그에 맞선 토끼의 지략을 묘사한 수궁가, 중국의 소설인 삼국지연을 재창작한 적벽가의 5편이 현재까지 전해져 오는 판소리 작품인데 이를 통틀어 판소리 다섯 마당이라고 해요.

파타 그렇군요.

그럼, 이번에 들을 판소리는 어떤 것인가요?

소현 남자 주인공 이몽룡과 여자 주인공 성춘향이 백년가약을 맺고 사랑이 깊어 졌을 때 사랑에 겨워 부르는 노래 사랑가가 담긴 춘향전이에요.

파타 한 달 후가 기대되네요.

Lektion 16. Erlebnis der koreanischen traditionellen Musik

So-Hyun	Waren Sie schon einmal in der Aufführung 'Samulnori'? Ich habe 2 Eintrittskarten dabei. Kommen Sie mit? Die Aufführung findet heute statt.
Pata	Ich habe es nur im Fernsehen gesehen, aber noch nicht direkt in einer Aufführung. Ich möchte es einmal direkt sehen.
So-Hyun	Das klingt gut. Wollen wir es zusammen sehen? Die findet in Seoul Arts Center statt.
Pata	Leider weiß ich nicht genau, wo das Seoul Arts Center ist. Was halten Sie davon, dass wir uns vorher treffen?
So-Hyun	Gut. Zuerst nehmen Sie U-Bahn Linie 3, dann steigen Sie in der Station 'Nambuterminal' aus. Und gehen Sie zum Ausgang 5. Vor dem Ausgang 5 warte ich auf Sie.
Pata	Bis wann muss ich da sein?
So-Hyun	Die Aufführung beginnt um 7 Uhr. Von der Station 'Nambuterminal' dauert es 10 Minuten zu Fuß. Darum treffen wir uns um halb sieben.
Pata	O.K. Dann sehen wir uns nachher um halb sieben in der Station 'Nambuterminal'.

(Die zwei Personen trinken Kaffee, nachdem sie sich die Aufführung gesehen haben)

Pata	Die Vorstellung 'Samulnori' war heute sehr interessant. Vielen herzlichen Dank dafür. Ich habe nicht gewusst, dass das 'Samulnori' so eine interessante Musik ist. Frau So-Hyun, gehen Sie oft zur Aufführung der koreanischen traditionellen Musik?
So-Hyun	Nicht so oft, aber ich gehe immer, wenn ich Zeit habe oder wenn eine gute Aufführung stattfindet.
Pata	Wenn es geht, könnten Sie mir mitteilen, wann eine gute Aufführung stattfindet?

So-Hyun	Das mache ich gern. Ach, gehen wir in einem Monat zusammen zur Vorstellung 'Pansori' in Gukakdang?
Pata	Ja, natürlich.
So-Hyun	Dann sage ich das Datum und die Zeit der Vorstellung.
Pata	Was ist der Unterschied zwischen 'Pansori' und 'Minyo'?
So-Hyun	Ich weiß nicht, ob ich gut erkären kann oder nicht. Die Gemeinsamkeit zwischen 'Pansori' und 'Minyo' ist ein von alten Zeiten gesungenes traditionelles Lied, in dem das Leben und das Gefühl der Koreaner geblieben sind. Der Unterschied liegt darin, dass Texte und Melodien je nach Zeiten und Regionen relativ unterschiedlich gesungen werden. Denn 'Minyo' ist eine Liedart der ohne geschriebene Note und Texte nur von Mund zu Mund überlieferten Lieder. Das typisches 'Minyo' sind 'Arirang', 'Ganggangsulrae', 'Gunbamtaryeong', 'Dorasitaryeong', 'Nuilririya', 'Pungnyeonga', 'Hanobaeknyeon' und 'Qoaejinachingchin' u.s.w. 'Pasori' bezeichnet sich als eine Volksmusik, die man nach dem Trommeltakt eine lange Geschichte mit Liedern und Worten gestikulierend singt. Dabei wird 'Pansori' als eine Art der Gesamtkultur benannt, die die ursprüngliche koreanische Musik und die dramatischen Elemente auf die von Mund zu Mund überlieferte epische Dichtung einbezieht. Zwei Personen machen zusammen 'Pansori'. Einer von ihnen heißt 'Gosu', er trommelt und schlägt den Takt. Ein anderer, 'Kwangdae' genannt, erzählt eine lange Geschichte mit Faltfächer, indem er mit Liedern und Texten singt. Das von 'Kwangdae' gesungene Lied nennt man 'Chang' und den Dialog mit Texten 'Aniri'. 'Pansori' besteht haupsächlich aus 5 Gesängen. Der erste Gesang heißt 'Chunhyangga', das die Liebe zwischen einer Frau 'Gisaeng' und einem Edelmann behandelt. Der zweite Gesang 'Simcheongga' erzählt über die Pietät einer Tochter, die sich für ihren blinden Vater verkauft hat. Im dritten Gesang wird der Unterschied zwischen einem geizigen älteren

Bruder und einem gutherzigen jüngeren Bruder dargestellt. Der vierte Gesang 'Sugungga' beschreibt einen Drachenkönig, der für die Heilbehandlung einer unheilbaren Krankheit eine Hasenleber erwerben wollte und die Klugheit eines Hasen gegen den Drachenkönig. Der letzte Gesang heißt 'Jeokbyeokga', der eine chinesische Novelle 'Samgukjiyeon' wieder verfasst. Die bis heute überlieferten fünf Gesange sind Pasori-Werke, die man insgesamt 'Fünf-Madang' nennt.

Pata — Ich verstehe.
Nun welchen Gesang hören wir denn?

So-Hyun — Wir hören diesmal den Gesang 'Chunhyangga', Der beschreibt das Liedeslied der zwei Hauptpersonen, 'Lee Mong-Ryeong' und 'Seong Chun-Hyang'. Die beiden schwören sich ewige Treue, verlieben sich tief und singen über ihre Liebe.

Pata — Ich erwarte schon den nächsten Monat.

문법

-(으)ㄴ 데요

• (구어체로) '해요'할 자리에 쓰여, 어미 '-어요'의 뜻에 더해, 말하는 이가 자신이 경험한 사실을 현재의 장면에 옮겨 와서 말함을 나타내는 종결어미

Diese Endung wird an der Stelle von '해요' verwendet. Als Schlussendung benutzt der Sprecher diese Endung, wenn er seine Erfahrungen in der jetztigen Situation zu zeigen versucht.

예) 좋아 보이는 구나!

Du siehst ja gut aus!

엄마도 전보다 훨씬 좋아 보이시는 데요?

Mama sieht jetzt schöner als früher aus!

연관단어와 문장 : 악기 Musikinstrument

F : 어떤 악기를 할 수 있나요?

Welche Musikinstrumente können Sie spielen?

A : 바이올린을 켤 수 있어요.

Ich kann Geige spielen.

A : 피아노와 드럼을 칠 수 있어요.

Ich kann Klavier und Trommel spielen.

A : 플루트를 불 수 있어요.

Ich kann Querflöte spielen.

• 음악 **Musik**

- 단음악 Monotonie
- 배경음악 Hintergrundmusik

- 대중음악 populäre Musik
- 영화음악 Filmmusik(soundtrack)

• 지휘자 **Dirigent**

• 성악가 **Sänger**

• 관현악 **Orchester**

• 악기류 **Musikinstrumente**

- 피아노 Klavier, 하모니카 Mundharmonika
- 섹스폰 Saxophon, 심벌즈 Zimbel, 바순 Fagott, 트롬본 Posaune, 바이올린 Geige
- 피콜로 Pikkoloflöte, 더블베이스 Kontrabass
- 클라리넷 Klarinette, 오버에 Oboe
- 리코더 Blockflöte, 트럼펫 Trompete
- 호른 Horn, 하프 Harfe, 트라이앵글 Triangel
- 기타 Gittare, 베이스드럼 Pauke
- 케틀드럼 Kesselpauke, 공 Gong
- 플루트 Querflöte, 첼로 Cello, 튜바 Tuba
- 오르겐 Orgel

연습문제

Ⅰ. 다음을 읽고 쓰십시오.

소현 씨는 한국 전통 음악인 국악 공연을 자주 보러 다닌다.
파타 씨는 이제 까지 한국 전통 음악 공연을 직접 본 적이 없었다.
그래서 소현 씨는 파타 씨를 사물놀이 공연에 초대하였다.
두 사람은 공연을 보고 난 후 함께 커피숍에서 차를 마시며 이야기를 나눈다.
사물놀이 공연을 관람한 파타 씨는 사물놀이 음률의 경쾌함에 신명나 있다.
파타 씨가 다른 한국 전통음악들의 공연도 보고 싶어 해서 소현 씨는 한 달 후에 있을 판소리 공연에 파타 씨와 함께 가기로 했다. 한 달 후에 가서 볼 판소리는 춘향가이다.
파타 씨는 한국 전통 노래에 민요와 판소리가 있다는 것을 알고 있었지만 그 차이점을 알지 못했기 때문에 소현 씨에게 물어보았다.
소현 씨는 파타 씨에게 민요와 판소리에 대해 다음과 같이 알려주었다.
민요와 판소리의 공통점은 오랜 옛날부터 사람들 사이에서 불려오는 전통적인 노래로 한국인들의 생활과 감정이 고스란히 녹아 있는 노래라고 할 수 있다.
차이점으로 민요는 악보나 가사가 기록되어 있지 않은 채 입으로 전해 오는 까닭에 노랫말이나 가락이 시대나 지역에 따라 다소 달라지기도 한다. 대표적인 민요로는 아리랑, 강강술래, 군밤타령, 도라지타령, 늴리리야, 풍년가, 한오백년, 쾌지나칭칭 등이 있다.
판소리는 북장단에 맞추어 긴 이야기를 노래와 말로 엮어 몸짓을 곁들이며 구연하는 민속 음악이면서 주로 입으로 전하는 서사문학에 한국 고유의 음악과 연극적인 요소를 포함한 것으로 일종의 종합 예술이다.
판소리는 두 명이 하는데, 한 명은 고수라 하여 북을 치며 장단을 맞추고 나머지 한 명은 광대라 하여 쥘부채를 들고 긴 이야기를 구연해 나간다. 이때 광대는 노래와 말을 섞어 하는데 광대가 부르는 노래를 창이라고 하며 말로 하는 대사를 아니리라고 한다. 판소리는 기생과 양반 자제의 사랑을 다룬 춘향가, 눈먼 아버지를 위해 몸을 판 딸의 효도를 그린 심청가, 탐욕스러운 형과 착한 아우를 대비시킨 흥부가, 불치병을 치료하기 위해 토끼의 간을 갖고자 하는 용왕과 그에 맞선 토끼의 지략을 묘사한 수궁가, 중국의 소설인 삼국지연의 환골탈태시켜 재창작한 적벽가의 5편이 현재까지 전해오는 판소리 작품인데 이를 통틀어 판소리 다섯 마당이라고 한다.

1. 한국의 전통 음악을 한 단어로 무엇이라고 합니까?

→

2. 파타 씨는 한국 전통 음악에 관심이 있어서 공연장에 자주 다닙니까?

→

3. 사물놀이 공연장을 나온 파타 씨의 기분은 어떻습니까?

→

4. 판소리는 다섯 마당이 있는데 그 다섯 마당은 무엇입니까?

→

5. 판소리는 고수와 광대로 구성되어 부르는 노래입니다. 고수와 광대의 역할은 무엇입니까?

고수 :

광대 :

6. 악보나 가사가 없이 구전으로 전해 내려오는 노래는 무엇입니까?

→

7. 여러분이 알고 있는 한국 민요는 무엇이 있습니까? 알고 있다면 그 가사 내용을 써 보십시오.

→

II. 다음을 읽고 쓰십시오.

예로부터 유난히 음악과 춤을 좋아했던 한국 민족은 제사 의식을 통해 춤과 노래를 즐겼다. 이러한 사실은 고구려의 동맹, 예맥의 무천, 부여의 영고 등과 같은 몇 나라들의 제천 행사에 관한 기록을 통해서도 잘 알 수 있다.
중국의 역사책인 <삼국지>, <위지 동이전>에 보면 한국의 조상들이 농사 절기에 맞추어 함께 모여 제사 지내고 밤낮으로 음주가무를 즐겼다는 기록이 있다.
그 후 한국의 선조들은 활발한 국제 교류 활동을 통하여 중앙아시아와 중국, 그리고 인도의 음악까지 받아들였고 재창조하여 지금의 전통음악을 만들어 내었다.
현재 연주되고 있는 음악은 그 음악의 스타일에 따라 클래식, 재즈, 발라드, 힙합, 락, 댄스와 같이 여러 장르로 나누지만 한국의 전통 음악인 국악은 조금 다른 기준으로 나눈다.
국악은 궁중이나 지식 계층에서 쓰는 정악과 일반 서민들이 즐기는 민속악이 있다. 정악은 기쁨이나 슬픔 같은 감정이 절제된 음악으로 일정한 음만을 사용하고 정해진 형식에 맞추어 만들어졌다.
이에 반해 민속악은 일반 백성들의 삶과 기쁨, 슬픔과 같은 감정들을 솔직하게 담아낸 음악으로 전체적으로 흥겹고 구성진 가락이 많으며 장단이 빨라 생동감이 넘치는 음악이 대부분이다.

1. 한국 민족은 어떤 의식을 통해 음악과 춤을 즐겼습니까?
→

2. 술 마시며 노래하고 춤춘다는 한자 성어를 찾아 쓰십시오.
→

3. 정악과 민속악을 즐기던 계층은 어떤 계층입니까?
→ 정악은
민속악은

4. 정악과 민속악의 특징에 대해 쓰십시오.
→

III. 민요에 대한 내용을 읽고 쓰십시오.

민요는 오랜 옛날부터 사람들 사이에서 불려오는 전통적인 노래다. 일반적으로 작사가나 작곡가가 따로 없이 사람들 사이에서 자연적으로 만들어져 입에서 입으로 전해 내려오기 때문에 한국인들의 생활과 감정이 고스란히 담겨 있다.
민요는 유행가처럼 일시적으로 불리는 것이 아니고 대대로 이어져 내려오는 것인 데다가 악보나 가사가 기록되어 있지 않은 채 입으로 전해 오는 까닭에 노랫말이나 가락이 시대나 지역에 따라 다소 달라지기도 한다.
민요가 언제부터 불려 지기 시작했는지 정확히 알 수는 없다. 다만 역사가 시작되고 나라가 세워져 사람들이 함께 모여 일을 하면서 박자에 맞추어 소리를 내고 거기에 가락을 얹어 부르기 시작한데서 출발한 것으로 추측된다. 아주 오랜 옛날부터 춤과 노래를 즐기고 사랑하여 온 전통이 그대로 이어져 내려오다가 이 가운데 일부를 나라에서 수용하면서 그 나머지가 민간에 떠돌다가 순수한 민요의 모습으로 자리 잡게 되었다고 보는 것이다.
민요는 시간이 흐르면서 상류 계층의 음악과 거리를 두게 되는 듯 하였지만 조선 후기에 이르러 민중 의식이 높아 감에 따라 자신들의 생활과 생각을 표현하려는 적극적인 자세가 반영되면서 독특한 고유의 장단을 갖춘 민요들이 많이 불리기에 이르렀다. 그리하여 전국에 민요를 직업적으로 부르는 소리꾼까지 생겨났다.
아리랑, 강강술래, 군밤타령, 도라지타령, 늴리리야, 풍년가, 한오백년, 쾌지나칭칭 등 한국인에게 낯익은 노래 외에도 민요는 그 종류가 헤아릴 수 없을 정도로 많은데 일반적으로 어느 정도로 널리 퍼져 있는가에 따라 토속 민요와 통속 민요로 나누곤 한다.
토속 민요는 어느 일정한 지방에서만 전해지는 민요를 말하는데 김매기 소리, 모내기 소리, 상엿소리같이 함께 일을 하면서 그 지방 사람들에 의해 만들어지고 전해져 오는 노래들로 노랫말이나 가락이 극히 소박하고 단순하며 향토적이다. 이 민요들의 또 다른 특징은 아주 노골적으로 원색적인 표현을 하거나 아니면 사물이나 동물의 비유를 통하여 서민 계층의 애환이나 복잡하고 참담한 심정을 그대로 드러낸다는 데 있다. 반면에 통속 민요는 직업적인 소리꾼에 의해 널리 전파되어 불리는 세련된 민요로 한국인의 보편적인 정서를 기반으로 하는 가사와 리듬을 갖추고 있다. 오늘날 우리가 알고 있는 민요의 대부분이 여기에 속한다. 또 민요는 지방마다 특색이 있어 만들어진 지역이나 기능에 따라 구분하기도 한다.

1. 한국인들의 생활과 감정이 들어 있는 민요는 특정한 형식이 있는 노래입니까?

→

2. 소리꾼이란 무엇입니까?

→

3. 지방 사람들이 함께 일을 하면서 노랫말이나 가락이 극히 소박하고 단순하며 향토적인 민요는 어떤 민요입니까?

→

4. 직업적인 소리꾼에 의해 널리 전파되어 불리는 세련된 민요로 한국인의 보편적인 정서를 기반으로 하는 가사와 리듬을 갖추고 있는 민요는 어떤 민요입니까?

→

5. 한국의 민요나 판소리를 들어 본 적이 있습니까? 들어 본 경험이 있다면 어땠습니까?

→

Ⅳ. 다음은 한국의 전통 악기의 내용입니다. 읽고 쓰십시오.

여러분은 한국의 전통 악기에 대해 얼마나 알고 있나요? 한국 전통 악기의 종류가 몇 가지인지 아세요? 한국 전통 악기는 약 여든 일곱 종이나 된답니다. 여든 일곱 종이나 되는 한국 악기들은 만드는 데 필요한 주요 재료와 악기가 어떤 계통의 음악에 편성되는가 하는 용도에 따라서 여러 가지로 나누어져요. 그럼 이제 각각의 악기들이 어떤 재료로 만들어졌고 어떤 용도로 사용되었는지 알아볼까요?

한국 악기는 그것을 만든 재료에 따라 나눌 수 있어요. 금속, 돌, 실, 대나무, 바가지, 흙, 나무, 가죽 등이지요. 한국 조상들은 각 재료들의 특징과 성질을 잘 파악하여 악기를 만들었답니다. 그럼, 재료에 따른 악기의 종류를 알아볼까요?

금속을 이용해 만든 악기 : 편종, 특종, 방, 나발, 징 등

돌을 이용해 만든 악기 : 편경, 특경 등

실을 이용해 만든 악기 : 거문고, 가야금, 해금, 향비파, 아쟁, 대쟁 등

대나무를 이용해 만든 악기 : 피리, 대금, 소금, 퉁소, 단소 등

바가지를 이용해 만든 악기 : 상황, 화, 우 등
흙을 이용해 만든 악기 : 훈, 부 등
나무를 이용해 만든 악기 : 박, 축, 어 등
가죽을 이용해 만든 악기 : 장구, 갈고, 좌고, 옹고, 소고 등이 있답니다.

1. 여러분이 알고 있는 한국 전통 악기는 무엇이 있습니까?

→

2. 한국 악기의 재료는 무엇입니까?

→

3. 한국의 악기를 배워 본 적이 있습니까? 배워보았다면 어떤 악기를 배워 보았습니까? 배워보지 않았다면, 어떤 악기를 배워보고 싶습니까? 그 이유를 쓰십시오.

→

V. 사물놀이의 내용을 읽고 쓰십시오.

사물놀이란 네 사람이 꽹과리, 징, 장구, 북 등 타악기들을 한데 어울려 치며 노는 놀이이다. 그러나 좀 더 엄밀하게 말하면 이 네 악기로 연주하도록 편성한 음악 또는 이러한 악기로 편성된 합주단을 말한다.

사물놀이에서 사물(四物)은 불교 의식에서 사용되던 악기로 법고, 운판, 목어, 범종을 가리키던 것인데 뒤에 꽹과리, 징, 장구, 북을 가리키는 말로 전용된 것으로 보인다. 사물놀이란 용어는 근래에 생긴 것으로 추정하는데 확실하지는 않지만 사물놀이라는 합주단이 1978년 최초로 창단되었던 것과 관련이 있다.

이 합주단은 농악이 갖고 있는 음악, 노래, 춤, 곡예 등 여러 요소 중에서 음악만을 극대화하여 이를 실내 무대용 음악에 걸맞게 구성하였다. 이런 면은 전통 농악과 두드러지게 다른 점이라 할 수 있는데 그러면서도 농악 특유의 생동감과 치밀감을 잘 표현하였다. 이들 4인조의 연주는 서로 주거니 받거니 하면서 어느 때는 엉키고 또 어느 때는 누군가가 주도적으로 이끌기도 하며 신명나게 진행되기 때문에 이들의 음악을 듣고 있노라면 절로 신이 나서 어깨를 들썩이게 한다.

1. 네 사람이 꽹과리, 징, 장구, 북 등 타악기들을 한데 어울려 치며 노는 놀이 음악을 무엇이라고 합니까?

→

2. 사물놀이의 악기는 무엇입니까?

→

3. 여러분은 사물놀이 공연을 본 적이 있습니까? 있다면 그 공연을 보고 난 후의 느낌은 어땠습니까?

→

제17과 어떤 음식을 즐겨 먹어요?
Lektion 17. Welche Speise essen Sie gerne?

김 선생님	여러분은 한국 음식 중 어떤 음식을 즐겨 먹나요?
뮐러	제가 한국에 온 지 얼마 되지 않았을 때, 한국친구의 집에 초대 받아 갔었어요. 그 때 친구 어머니께서 불고기를 해 주셨는데 정말 맛있었어요. 그 때 불고기를 처음 먹어 보았어요. 그 후 음식점에 가면 불고기를 자주 먹는 편이에요.
유키	일본에서는 한국처럼 매운 음식이 많지 않아요. 그러나 요즘에는 김치뿐만 아니라 고춧가루로 만든 한국 음식들을 일본에서도 먹어 볼 수 있어요. 그렇지만 한국에서처럼 맵지는 않은 편이에요. 저는 고향에서 김치를 즐겨 먹었기 때문에 매운 음식을 잘 먹는 편이라고 생각했었어요. 그래서 제주도에 갔을 때 제주도의 특산물인 갈치조림을 먹어 보았어요. 정말 매웠어요. 입안에서 불이 붙은 것처럼 매웠어요. 아직 한국 친구들처럼 매운 것은 잘 먹지 못하지만 탕 종류는 자주 먹는 편이에요. 특히 추운 날에 따뜻한 국물인 매운탕은 정말 맛있어요.
왕영호	저는 두부가 들어간 음식들을 좋아해요. 특히 된장찌개와 김치찌개를 즐겨 먹는 편이에요. 된장찌개는 두부와 호박과 해물이 함께 곁들여 있어 참 맛있어요. 물론 음식점마다 조금씩 다르지만 김치와 두부가 곁들여 요리된 김치찌개도 좋아해요.
스미스	저는 비빔밥을 좋아해요. 돌솥비빔밥도 좋아하지만 전주비빔밥을 즐겨 먹는 편이에요. 왜냐하면 돌솥비빔밥은 약간 뜨겁기 때문이에요. 밥에 여러 가지 나물들을 고추장과 함께 비벼 먹는 비빔밥은 정말 맛있어요. 그러나 아직 고추장은 조금만 넣어서 먹어요.
김 선생님	여러분이 먹는 이야기를 하니까 갑자기 배가 고파지네요. 수업 끝나고 함께 한식당에 가서 식사를 하도록 할까요?

그래요. 여러분이 말한 것처럼 한국의 밥상은 밥, 국, 김치, 찌개 그리고 반찬이 기본이에요.

한국의 음식은 주로 아침, 점심, 저녁 식사인 주식과 간식인 부식이 분명하게 구별되어 있기 때문에 주식인 밥이 식사에서 차지하는 비중은 커요.

식사하는 것도 주로 '밥을 먹다'라고 표현하는데 이는 밥을 먹는 것이 곧 식사를 하는 것으로 생각하기 때문이지요.

밥은 일반적인 쌀로 지은 밥, 한국의 전통 음식 가운데 하나인데 고기나 나물 등과 양념을 섞어 비벼 먹는 비빔밥 그리고 1월 15일 대보름 날에 먹는 오곡밥이 있어요. 오곡밥은 쌀, 보리, 조, 콩, 기장 등 다섯 가지 곡식을 넣고 지은 밥이에요.

국은 고기, 생선, 채소 따위에 물을 많이 붓고 간을 맞추어 끓인 음식이에요.

김치는 배추나 무 따위의 채소에 고춧가루, 파, 마늘, 생강, 소금 등 각종 양념을 넣어 발효시킨 한국 고유의 음식으로, 김치는 한국인들의 식단에서 결코 빼놓고 생각할 수 없는 가장 중요한 반찬으로 이미 오래전부터 한국을 대표해 온 식품이에요.

찌개는 고기나 채소에 고추장, 된장 또는 젓국 등을 넣고 갖은 양념을 하여 바특하게 끓인 반찬으로 국에 비하여 국물이 적고 간이 센 편이에요.

그리고 찌개는 어떤 재료를 사용했느냐에 따라 김치찌개, 두부찌개, 생선찌개 따위로 분류하고, 어떤 양념을 사용하였는가에 따라 고추장찌개, 된장찌개, 청국장찌개 따위로 분류해요.

반찬은 주식인 밥에 곁들여 먹는 음식을 통틀어 이르는 말이에요.

한국의 음식은 크게 밥과 같은 주식, 이와 함께 먹는 반찬, 식사가 다 끝난 다음 먹는 후식으로 나누는 것이 보통인데, 이 중 반찬은 국, 찌개, 전골, 볶음, 찜, 생채, 나물, 조림, 전유어, 구이, 적, 회, 쌈, 편육, 족편, 장아찌, 김치, 젓갈 등을 포괄하여 이르는 말이며 때로는 국을 제외한 좁은 의미로 쓰이기도 해요.

전통적인 밥상의 차림은 반찬의 가짓수에 따라 품격이 결정되요.

밥, 국, 김치, 간장은 모든 밥상에 기본적으로 오르며 여기에 세 가지 반찬이 더 오르는 3첩 반상이 가장 기본이 되는 밥상의 형태예요. 그리고 예전에는 신분이나 경제적인 형편에 따라 5첩, 7첩, 9첩, 12첩 반상까지 다양하게 준비하였으며 생일이나 결혼식과 같은 잔칫날이면 신분과 지위의 고하를 막론하고 '상다리가 부러질 정도'로 많은 찬을 준비했어요. 그래서 이 반찬의 종류로 잔칫날의 종류를 알 수도 있어요.

Lektion 17 Welche Speise essen Sie gerne?

Lehrerin Kim Welche koreanische Speise essen Sie gerne?

Müller Als ich in Korea ein paar Monate lang geblieben bin, hat mich ein koreanischer Freund eingeladen. Die Mutter von meinem Freund hat 'Bulgogi' gekocht. Das schmeckte ganz toll. Da habe ich zum ersten Mal 'Bulgogi' gegessen. Danach esse ich sehr oft 'Bulgogi', wenn ich ins Restaurant gehe.

Yuki In Japan gibt es scharfes Essen nicht so viel wie in Korea.
Aber man kann auch in Japan sowohl Kimchi als auch die mit Paprikapulver gekochte scharfe Speise essen. Denn als ich schon in Japan Kimchi gegessen habe, habe ich gedacht, dass ich scharfes Essen ertragen könnte. Als ich auf der Insel Jeju war, habe ich das Sonderprodukt 'den gekochten Degenfisch' gegessen. Er war sehr so scharf wie ein Feuer im Mund. Wie Koreaner kann ich scharfes Essen noch nicht ertragen. Trozdem esse ich oft gerne eine Art von Suppe. Besonders beim kalten Wetter ist es wirklich lecker, eine warme und scharfe Topfsuppe 'Maeuntang' zu essen.

Wang Young-Ho Ich mag sehr gerne das Essen mit Tofu. Besonders den Sojabohnen- und Kimchieintopf.
Der Sojabohneneintopf mit Tofu, Kürbis und verschiedene Seeprodukten ist sehr delikat. Natürlich hat jedes Restaurant seine eigene Kocharte. Jedoch mag ich gerne die dicke Kimchisuppe mit Kimchi und Tofu.

Smith Ich mag gerne den mit verschiedenen Gemüsen gemischten Reis 'Bibimbap'. Ich mag auch den gemischten Reis im Kochtopf aus Stein 'Dolsotbibimbap', aber esse lieber 'Jeonjubibimbap', weil 'Dolsotbibimbap' etwas heißer ist.
Das Bibimbap, in dem der gekochte Reis mit verschiedenen Gemüsen und Paprikapasten gemischt ist, ist ehrlich lecker.

Leider esse ich Bibimbap mit wenigen Paprikapasten.

Lehrerin Kim Ich habe plötzlich Hunger, wenn Sie über das Essen sprechen. Wollen wir alle zusammen nach dem Unterricht ins koreansiche Restaurant gehen?

O.K. Also, Wie sie gesprochen haben, besteht das koreansiche Essen grundsäztlich aus Reis, Suppe, Kimchi, Eintopf und Beilagen. Im koreanischen Essen unterscheidet man Haupt- und Nebengericht. So der Reis nimmt einen wichtigen Platz beim Essen. Das Verhalten, was man isst, wird bezeichnet dadurch, dass man Reis isst. Das bedeutet, wenn man Reis isst, wird er verstanden als das Essen.

Es gibt verschiedene Reissorten, und zwar den mit dem üblichen Reis gekochte Reis, als eine der typischen koreanischen Speisen wird Bibimbap erwähnt, zu dem man Fleisch, Gemüse und Gewürze zutut und mischt. Es gibt auch ein Ogokbap, das man am 15. Januar nach dem Mondkalender isst.

Ogokbap wird gekocht mit fünf Getreidearten, nämlich Reis, Gerste, Kolbenhirse, Bohne und Hirse.

Kimchi ist ein traditionelles und originäres Gericht von Korea.

Es wird hergestellt, indem man Papurikaipulver, Lauch, Knoblauch, Ingwer und Salz dem Chinakohl und Rettich zutut und gären lasst. Den koreanischen Esstisch kann man sich ohne Kimchi gar nicht vorstellen. Außerdem ist Kimchi eine wichtige Beilage, die seit langem als eine der Korea vertretenden Speisen bezeichnet ist.

Der Eintopf 'Jjigae' ist als eine Beilage benannt. Man kocht sie, indem man zunächst in einem Topf zu Fleisch und Gemüse Peperonipaste, Sojabohnenpaste oder Marinade mit verschiedenen Gewürzen kocht. Diese Suppe hat wenig Wasser und ist nahrhafter als normale Suppe. Je nach Zutaten gibt es Kimchi-, Tofu- und Fischeintopf. Außerdem je nach beigegebenen Gewürz gibt es Peperonipaste-, Sojabohnenpaste- und Garneleeintopf.

Unter Beilagen versteht man alle Speise, die zum Reis gegessen werden.

Das koreanische Gericht gliedert sich im allgemeinen nach dem Hauptspeisemittel wie Reis, den mit dem Reis zugegebenen Beilagen und dem Nachtisch, der nach dem Essen gegeben wird.

Zu Beilagen gehören Suppe, Eintopf, geschmorenes Rindfleisch, Geröstetes, Dampfgericht, rohes Gemüse, junge Gräser, Gemüseplatte, gekochtes Fleisch, Bratfisch, gebratenes Fleisch, rohe Fische, Blätter des Lattichs od. Seetangs, Scheiben zerschnittenes gekochtes Fleisches, Sülze, das in Sojasauce eingemachte Gemüse, Kimchi und marinierte Gerichte. Im engeren Sinne können alle oben genannte Speise ohne Suppe als Beilage verstanden werden. Das traditionelle Tischdecken entscheidet sich nach der Artenzahl der Beilagen. Reis, Suppe, Kimchi und Sojasauce stehen als elementares Gericht auf allen Esstischen. Wenn noch drei Beilagen zu diesem elenmentaren Gericht kommen, ist das als ein Esstisch mit Dreibeilagen eine allgemeine Form eines Esstisches.

Früher wurde der Esstisch mit Fünf-, Sieben-, Neun- und sogar Zwölfbeilagen nach der sozialen Rangklasse od. wirtschaftlichen Situation auf verschiedene Weise vorbereitet. Sogar zur Geburtstags- oder Hochzeitsparty werden unzählige Beilagen, abhängig von der sozialen Stellung und deren Niveau, vorbereitet, so dass die Tischbeine beinahe abbrechen würden.

Darum kann nach der Zahl der Beilagen die Art des Feiertages vermutet werden.

문법

1. -(으)ㄹ 때

- 어떤 행위나 상황이 계속되는 동안이나 시간을 표현하는 표현

Der Ausdruck der dauernden Aktion oder Zeit

ㄹ 때 : wenn das Verb oder Adjektiv mit einem Vokal bzw. ‘ㄹ’ endet.

을 때 : wenn das Verb oder Adjektiv mit einem Konsonanten bzw. hinter ‘았, 었’ endet.

예) 그녀는 기분이 나쁠 때 음악을 듣는다.

Sie hört Musik, wenn sie in schlechter Laune ist.

도서관에 있을 때는 조용히 해야지요.

Man soll in der Bibliothek ruhig sein.

문장과 단어 : 취미 Hobby

F : 취미가 무엇입니까?

Was für Hobbies haben Sie? / Was ist Ihr Habby?

A : 여행입니다.

Ich mag gerne reisen.

A : 낚시입니다.

Ich mag gerne angeln.

- 취미생활 **Hobby**
  - 노래하다 singen
  - 등산하다 Berg steigen
  - 사진을 찍다 fotografieren
  - 요리하다 kochen
  - 여행하다 reisen

- 음악을 듣다 Musik hören
- 춤을 추다 tanzen
- 그림을 그리다 malen
- 극장에 가다 ins Theater gehen
- 연극을 보다 ein Theaterstück ansehen
- 영화관에 가다 ins Kino gehen
- 악기를 연주하다 Instrument spielen
- 전시회에 가다 eine Ausstellung besuchen

연습문제

1. 다음을 읽고 쓰세요.

뮐러 씨는 한국에 온 지 얼마 되지 않았을 때, 한국친구의 집에 초대 받아 갔었고 친구 어머니께서 불고기를 해 주셨는데 정말 맛있었다. 그 때 뮐러 씨는 불고기를 처음 먹어 보았고 그 후 음식점에 가면 불고기를 자주 먹는 편이다.

일본에서는 한국처럼 매운 음식이 많지 않다. 물론 요즘에는 김치를 비롯한 고춧가루로 만든 한국 음식들을 일본에서도 먹어 볼 수 있지만 한국에서처럼 맵지는 않은 편이다. 유키 씨는 고향에서 김치를 즐겨 먹었기 때문에 매운 음식을 잘 먹는 편이라고 생각했다. 그래서 제주도에 갔을 때 제주도의 특산물인 갈치조림을 먹어 보았는데 입안에서 불이 붙은 것처럼 매웠다. 유키 씨는 아직 한국 친구들처럼 매운 것은 잘 먹지 못하지만 탕 종류는 자주 먹는 편이다. 특히 추운 날에 따뜻하고 매운 국물인 매운탕을 즐겨 먹는 편이다.

왕명호 씨는 두부가 들어간 음식들을 좋아한다. 특히 두부와 호박 그리고 해물이 곁들여 끓여진 된장찌개를 좋아하고, 물론 음식점마다 조금씩 다르지만 김치와 두부가 곁들여 요리된 김치찌개도 즐겨 먹는 편이다.

스미스 씨는 비빔밥을 좋아한다. 돌솥비빔밥도 좋아하지만 전주비빔밥을 즐겨 먹는 편이다. 왜냐하면 돌솥비빔밥은 약간 뜨겁기 때문이다. 밥에 여러 가지 나물들을 고추장과 함께 비벼 먹는 비빔밥은 정말 맛있다. 그러나 스미스 씨는 아직 고추장을 조금만 넣어서 비벼 먹는다.

위에서 여러 사람들이 즐겨 먹는 음식들은 한국의 기본적인 음식의 종류라고 할 수 있다.

한국의 밥상은 밥, 국, 김치, 찌개 그리고 반찬이 기본이다.

한국의 음식은 주로 주식과 부식이 분명하게 구별되어 있기 때문에 주식인 밥이 식사에서 차지하는 비중은 크다. 식사하는 것도 주로 '밥을 먹다'라고 표현하는데 이는 밥을 먹는 것이 곧 식사를 하는 것으로 생각하기 때문이다.

밥은 일반적인 쌀로 지은 밥, 한국의 전통 음식 가운데 하나인데 고기나 나물 등과 양념을 섞어 비벼 먹는 비빔밥 그리고 1월 15일 대보름날에 먹는 오곡밥이 있다. 오곡밥은 쌀, 보리, 조, 콩, 기장 등 다섯 가지 곡식을 넣고 지은 밥이다.

국은 고기, 생선, 채소 따위에 물을 많이 붓고 간을 맞추어 끓인 음식을 통틀어 이르는 말이고, 김치는 배추나 무 따위의 채소에 고춧가루, 파, 마늘, 생강, 소금 등 각종 양념을 넣어 발효시킨 한국 고유의 음식이다. 김치는 한국인들의 식단에서 결코 빼놓고 생각할 수 없는 가장 중요한 반찬으로 이미 오래전부터 한국을 대표해 온 식품이다.

찌개는 고기나 채소에 고추장, 된장 또는 젓국 등을 넣고 갖은 양념을 하여 바특하게 끓인 반찬으로 국에 비하여 국물이 적고 간이 센 편이다. 그리고 찌개는 어떤 재료를 사용했느냐에 따라 김치찌개, 두부찌개, 생선찌개 따위로 분류하고, 어떤 양념을 사용하였는가에 따라 고추장찌개, 된장찌개, 청국장찌개 따위로 분류한다.
그리고 반찬은 주식인 밥에 곁들여 먹는 음식을 통틀어 이르는 말이다. 한국의 음식은 크게 밥과 같은 주식, 이와 함께 먹는 반찬, 식사가 다 끝난 다음 먹는 후식으로 나누는 것이 보통인데, 이 중 반찬은 국, 찌개, 전골, 볶음, 찜, 생채, 나물, 조림, 전유어, 구이, 적, 회, 쌈, 편육, 족편, 장아찌, 김치, 젓갈 등을 포괄하여 이르는 말이며 때로는 국을 제외한 좁은 의미로 쓰이기도 한다. 전통적인 밥상의 차림은 반찬의 가짓수에 따라 품격이 결정 된다.
밥, 국, 김치, 간장은 모든 밥상에 기본적으로 오르며 여기에 세 가지 반찬이 더 오르는 3첩 반상이 가장 기본이 되는 밥상의 형태이다. 그리고 예전에는 신분이나 경제적인 형편에 따라 5첩, 7첩, 9첩, 12첩 반상까지 다양하게 준비하였으며 생일이나 결혼식과 같은 잔칫날이면 신분과 지위의 고하를 막론하고 '상다리가 부러질 정도'로 많은 찬을 준비하였다.

1. 오늘 수업의 주제는 무엇입니까?

→

2. 뮐러 씨는 언제, 어디에서 처음으로 불고기를 먹어 보았나요?

→

3. 유키 씨는 제주도에서 갈치조림을 먹었는데 그 맛이 어땠다고 표현했나요?

→

4. 유키 씨는 추운 날에 어떤 음식을 즐겨 먹나요?

→

5. 왕영호 씨는 어떤 재료가 들어간 음식을 좋아하나요?

→

6. 스미스 씨는 비빔밥 중에서도 어떤 종류의 비빔밥을 좋아하나요?

→

7. 한국 밥상의 기본은 무엇인가요?

→

8. 한국어 표현 중 식사하는 것을 '밥을 먹다'라고 표현합니다. 왜 그렇습니까?

→

9. 오곡밥은 어떤 곡류로 지은 밥인가요?

→

10. '국'이란 무엇인가요?

→

11. '김치'는 어떻게 만든 음식입니까?

→

12. '찌개'란 어떤 것을 말하고 찌개의 종류를 어떻게 구분합니까?

→

13. 주식인 밥에 곁들여 먹는 음식을 통틀어 이르는 말을 무엇이라 합니까?

→

14. 국, 찌개, 전골, 볶음, 찜, 생채, 나물, 조림, 전유어, 구이, 적, 회, 쌈, 편육, 족편, 장아찌, 김치, 젓갈 등을 포괄하여 이르는 말을 무엇이라 합니까?

→

15. 한국의 음식은 크게 어떻게 나눕니까?

→

16. 밥, 국, 김치, 간장 이외에 반찬의 가지 수에 따라 어떻게 분류됩니까?

→

II. 다음을 읽고 쓰십시오.

경민	아이구, 벌써 두 시가 되었군요! 배고파서 죽겠는데 빨리 시킵시다.
스미스	날씨가 쌀쌀한데 따끈한 설렁탕을 먹을까요?
경민	좋아요. 여보세요. 여기 주문 좀 받으세요. 설렁탕 둘 주세요.
식당 아주머니	미안합니다. 설렁탕은 지금 안 되는데요. 날씨가 쌀쌀해선지 오늘 주문량이 많았습니다. 갈비탕이나 돌솥비빔밥은 됩니다.
경민	그럼 갈비탕으로 할까요?
스미스	그러지요. 나도 경민 씨와 같은 것으로 하겠어요. 아주머니, 깍두기도 많이 갖다 주세요.

1. 두 사람은 어떤 식당에 간 것 같습니까? 왜 그렇게 생각합니까?

→

2. 두 사람은 왜 설렁탕을 먹으려고 했습니까?

→

3. 두 사람은 오늘 설렁탕을 먹을 수 없습니다. 왜 그렇습니까?

→

4. 지금 이 식당에서 먹을 수 있는 음식은 무엇입니까?

→

5. 만약 당신이라면 이 상황에서 갈비탕을 먹겠습니까? 아니면 다른 식당에 가겠습니까?

→

III. 다음을 읽고 쓰십시오.

뮐러	지금 몇 시지요?
소현	오후 두 시예요.
뮐러	아, 그렇군요. 그래서 제가 배가 고프군요. 소현 씨, 점심식사 했어요?
소현	아니요. 저도 아직 점심식사 전이에요.
뮐러	그래요. 잘됐네요. 혼자 먹기가 좀 그랬는데… 함께 점심을 먹을까요?
소현	그렇게 해요. 무슨 음식을 먹을까요?
뮐러	아무거나 괜찮아요. 저는 다 좋아해요. 그리고 지금 배가 너무 고프거든요. 배가 등에 붙었어요.
소현	그럼, 가까운 학생 식당에 갈까요? 학생 식당에는 한식과 양식이 있어요.
뮐러	예, 좋아요. 학생 식당이 어디에 있지요?
소현	학생 식당은 학생 회관 안에 있어요. 학생 식당은 깨끗하고 음식 값도 싸고 맛도 괜찮은 편이에요.

1. 당신은 평일 몇 시쯤에 점심식사를 합니까? 주말엔 몇 시쯤에 식사를 합니까?

→

2. 소현 씨가 뮐러 씨에게 어떤 음식을 먹을 것이냐고 물었을 때, 뮐러 씨는 왜 아무거나 괜찮다고 했습니까?

→

3. 소현 씨와 뮐러 씨가 이용하는 학생식당은 어떻습니까?

→

4. 여러분이 이용하는 학생 식당은 어떻습니까?
학생식당을 자주 갑니까? 왜 자주 갑니까?
학생식당에 가지 않는다면 왜 그렇습니까?

→

5. 당신은 한국 음식 중 어떤 음식을 좋아 합니까? 왜 그렇습니까?

→

IV. 다음을 읽고 쓰십시오.

한식집에서

유키 뭘 시킬까요?

영호 불고기를 시킵시다. 괜찮습니까?

유키 저는 고기를 좋아하지 않아요. 저는 생선과 야채를 좋아해요.

영호 그럼, 생선찌개와 된장찌개를 시킵시다.
지난번에 한번 와 봤는데 음식 맛이 깔끔하니 맛있더라구요.
유키 씨는 된장찌개 좋아해요?

유키 네, 좋아해요.
매운 청량고추를 넣지 않은 된장찌개는 아주 좋아해요.
한국에 온지 얼마 안 되었을 때 청량고추를 넣은 음식을 먹고 입안이 얼얼하고 눈물이 나와 혼났거든요.
매운탕 같은 음식도 좋아하고 고추도 좋아하는데 청량고추는 아직도 먹기 힘들어요.

영호 여기 생선찌개 일 인분과 청량고추 넣지 않은 된장찌개 일인 분 주세요.

(두 사람은 식사를 한다)

영호 생선찌개가 맛있네요. 김치도 시원하니 맛있네요.

	된장찌개는 어때요?
유키	된장찌개도 맛있어요. 맛이 구수하고 담백하니 맛있네요.
	생선찌개는 많이 매웠어요?
영호	아니요. 약간 맵지만 시원한게 아주 맛있어요.
유키	정말 이 식당 음식이 맛있네요.
	영호 씨 덕분에 좋은 식당을 알게 되었네요. 고마워요.

1. 유키 씨는 어떤 음식을 좋아합니까?

→

2. 영호 씨와 유키 씨는 무엇을 먹습니까?

→

3. 영호 씨는 이 식당의 음식 맛이 어떻다고 생각합니까?

→

4. 유키 씨는 청량고추를 먹어 본 경험이 있습니다. 그 경험을 어떻게 표현했습니까?

→

5. 맛이 구수하고 담백하다는 표현은 누가 무엇에 대해 말한 건가요?

→

6. 영호 씨는 생선찌개의 맛이 어떻다고 말했습니까?

→

7. 여러분이 경험 했거나 알고 있는 음식명과 그 음식의 맛에 대한 표현을 써 보십시오.

→

V. 다음을 읽고 쓰십시오.

맛이란 어떤 물질이나 물체를 입에 넣어 씹거나 그것에 혀가 닿을 때에 느껴지는 달거나 쓰거나 맵거나 시거나 짠 성질을 말하거나 어떤 일이나 생활이나 사람 또는 어떤 물건에서 느껴지는 그 본래의 특징이나 성질이나 즐거움을 비유적으로 표현하는 용법이다.
입맛이란 입에서 느끼는 음식의 맛으로, 음식을 먹고 싶어 하는 신체적이거나 정신적인 욕구, 즉 식욕의 뜻으로 쓰이는 일이 많다. 특히 쓰다, 떫다와 같은 서술어와 함께 쓰여 어떤 경험에서 받은 심리적인 충격의 성질을 나타내기도 한다.
우리는 여러 가지 맛을 느낄 수 있다. 왜냐하면 그 맛은 원래 혀의 부위에 따라 감지하는 맛이 다르기 때문이다. 맛으로 느낄 수 있는 성분은 기본적인 맛과 그 이외의 맛으로 나눌 수가 있다. 기본적인 맛은 혀 전체의 짠맛·혀의 맨 앞쪽의 단맛·혀의 양 끝 쪽의 신맛·혀의 맨 끝 안쪽(목구멍 쪽)의 쓴맛으로 미각세포에 의해서만 감지될 수 있다. 그 이외의 맛으로는 향미, 매운 맛, 떫은 맛, 아릿한 맛, 구수한 맛, 청량한 맛 등을 들 수 있다. 향미는 냄새를 후각이 받아들여 느끼는 맛이지만, 나머지는 일반 피부감각이 차지하는 비율이 크다. 음식물의 '맛있다' '맛없다'의 판단은 이러한 맛의 감각인 미각, 시각과 후각의 통합작용의 결과에 심리적인 요소가 첨가되어 이루어진다. 특히 각 개인의 맛에 대한 습관, 기호에 좌우되는 경우가 많다.
한국어는 맛에 대한 표현이 매우 다양하다. 그 예를 다 들 수는 없지만 몇 가지 예를 들면 다음과 같은 것들이 있다.
짠맛의 경우(소금) : 염화나트륨을 기본으로 하는 맛으로 생리적인 기호가 강한 맛이다. 체내에는 식염을 함유한 혈액 등이 있어서 거의 일정한 농도로 유지되고 있다. 이 농도의 증감에 의해 짠맛의 기호가 좌우된다.
예) 짜다, 짭짤하다(감칠맛 있게 조금 짜다) 등
단맛의 경우(설탕, 꿀) : 설탕을 비롯하여 많은 당류가 가진 맛으로 짠맛처럼 생리적 기호가 강한 맛이다. 다른 맛에는 맛있다고 느끼는 농도의 폭이 한정되어 있지만, 단맛만은 농도에 관계없이 맛있다고 느낀다.
예) 달다, 달콤하다, 꿀맛이다, 달착지근하다 등
쓴맛의 경우(커피) : 쓴맛을 내는 물질로는 카페인·니코틴·퀴닌을 비롯하여 기호성 식품인 커피·초콜릿·향신료 등에 많은 종류가 존재한다. 물질의 종류로는 무기질에 마그네슘이나 칼슘 등의 염류, 유기물에 알칼로이드·글리코시드·담즙산 등이 있다. 또 타서 일부 탄화하기 시작한 것도 쓴맛을 낸다.
예) 쓰다, 쌉쓰름하다 등
신맛의 경우(식초) : 식초·감귤류 등에 함유된 유기산의 대표적인 맛으로 짠맛·단맛과 같은 생리적인 맛과는 달리, 감정에 의해 미각이 지배되는 정서적인 맛으로 분류할 수 있다.

예) 시다. 시큼하다, 매우 시큼하다 등

매운맛의 경우(고추) : 강한 점막 자극에 의해 얼얼하고 뜨거운 느낌을 갖는 것이다.

매운 맛, 얼얼한 맛은 모두 통증을 뜻한다.

예) 맵다. 매콤하다, 입이 화끈거리다. 입이 화끈거려 알알하다 등

떫은맛의 경우(떫은 감) : 혀 점막의 수렴에 의해 생기는 것으로 탄닌계의 물질에 의해 생긴다.

예) 떫다, 시금털털하다(맛이 시금하고도 상당히 떫다.) 등의 표현이 있다.

그 외의 맛으로 표현되는 예는 다음과 같다.

아린 맛은 죽순·토란 등의 야채나 산나물에 함유되어 있는 일반적으로 '떫다'라고 표현되는 물질의 맛이다. 아린 것은 맛이 아니다. 무나 고추 등에 들어있는 성분이 혀를 자극해서 통증을 느끼게 하는 것이다.

구수한 맛은 다시마·가다랭이포·표고버섯 등을 끓여서 우려낸 국물의 맛으로 주로 글루탐산과 핵산계 물질에 의해 정해지는 맛이다.

청량한 맛은 탄산을 함유한 음료·박하·신맛·냉온 등에 의해 생기는 미각으로 산뜻한 감각을 준다.

감칠맛이란 입에 당기는 맛, 일이나 물건이 사람의 마음을 끌어당기는 힘을 말하는 것으로, 음식물이 입에 당기는 맛. 즉 음식을 먹은 뒤에까지도 혀에 감기듯이 남는 잊혀 지지 않고 늘 마음에 감돌 정도로 맛있는 것을 의미한다. 멸치와 다시마가 들어간 음식을 말한다.

담백한 맛의 뜻은 맛이나 색이 깨끗하고 시원하다로 산뜻한 맛을 의미하는 것인데, 양념에 의해 재료 본래의 맛이 가려지지 않은 맛, 얼큰하거나 시큼하거나 달지 않은 재료 본래의 맛이 살아있는 느끼하지 않은 맛이며 깔끔한 맛으로 시원하다고 표현하는 음식들이 담백하다고 표현 할 수 있다. 사람마다 맛의 느낌이 각기 다르겠지만 무국, 동치미, 백김치나 삶거나 찐 육류요리 등을 들 수 있다.

깊은 맛이란 오랫동안 숙성된 맛을 말하는 것이며 그 요리에 들어가 있는 요리한 사람의 정성이 깃들여 있는 음식의 맛을 의미한다. 예를 들면 어머니가 해 주셨던 된장찌개의 맛을 말할 때 사용하는 표현이다. 깊은 맛의 대표적인 것은 된장과 고추장을 들 수 있다.

개운한 맛이란 향신채소인 마늘, 파, 고추가 들어간 음식으로 산뜻하고 시원한 맛이라 할 수 있다.

새콤한 맛이란 조금 신 맛이 나면서 양념장에 식초를 넣어 새콤하게 간을 한 맛을 의미한다.

새콤달콤한 맛이란 조금 시면서 달콤한 맛이 나는 음식의 맛을 말한다.

쌉쓰름한 맛이란 조금 쓴맛이 나는 음식의 맛을 말한다. 주로 산나물 종류에서 느낄 수 있는 맛이다.

달착지근한 맛이란 조금 달콤한 맛이 있는 맛을 말한다.

1. 음식의 맛이란 무엇입니까?

→

2. 입맛이란 무엇입니까?

→

3. 왜 우리는 여러 가지 맛을 느낄 수 있습니까?

→

4. 우리는 같은 음식이라도 왜 각기 다르게 느낄 수 있습니까?

→

5. 미각세포에서 느낄 수 있는 기본적인 맛의 종류는 무엇입니까?

→

6. 얼얼하고 뜨거운 느낌의 통증에 의한 맛을 무엇이라고 합니까?

→

7. 떫다, 시금털털하다고 표현하는 맛은 어떤 맛입니까?

→

8. 담백한 맛이란 무엇입니까?

→

9. 여러분이 먹어 본 된장찌개는 어떤 맛으로 표현할 수 있습니까?

→

VI. 다음은 음식과 관련한 속담입니다. 읽고 쓰십시오.

가을 식은 밥은 봄 양식이다 : 풍족할 때 함부로 낭비하지 않고 절약하면 뒷날 궁할 때 도움이 된다는 뜻이다. 밥은 원래 따뜻할 때 먹는 것으로 먹을 것이 흔한 가을에는 식은 밥은 먹지 않고 그냥 두기가 쉽다. 하지만 양식이 귀한 봄에는 이렇게 식은 밥도 귀중한 먹을거리가 된다는 것에 비유한 속담이다.

급히 먹는 밥이 목에 멘다 : 일을 너무 급히 서둘러 하면 잘못하고 실패한다는 뜻이다. 밥은 국과 같은 반찬과 함께 꼭꼭 씹어서 먹어야 하는 음식으로 급하게 먹으면 목이 메고 체하게 된다는 것에 비유한 속담이다.

한술 밥에 배 부르랴 : 무슨 일이나 초반에 큰 효과를 얻을 수는 없고 밥은 노력과 시간을 들이면 결국 성과가 나온다는 뜻이다. 처음 떠서 한 숟가락의 밥으로 금방 배가 부를 수 없다는 것에 비유한 속담이다.

남의 말 하기는 식은 죽 먹기 : 남의 잘못을 드러내어 말하는 것은 아주 쉬운 일이라는 뜻이다. 죽은 먹기에 매우 편한 음식이다. 더구나 식은 죽은 그냥 마실 수도 있을 정도로 먹기가 쉽다는 것에 비유한 속담이다.

다 쑤어 놓은 죽 : 잘 되었든 못 되었든 이미 끝나서 더 이상 어쩔 수 없게 된 경우를 말한다. 일단 죽을 다 쑤어 놓았으면 제대로 되었든 아니든 간에 더 이상 어찌 해 볼 수가 없다는 것에 비유한 속담이다.

죽 쑤어 식힐 동안이 급하다 : 어떤 일을 이루려고 할 때 눈앞에 다다른 마지막 시기가 사람을 초조하게 만든다는 뜻이다. 죽은 재료가 다 풀어져야 하기 때문에 만드는데 시간이 오래 걸린다. 그런데 이렇게 죽을 쑤는 시간보다도 다 쑤고 나서 먹기 좋게 식히는 잠시 동안이 더 기다리기 힘들다는 것에 비유한 속담이다.

뜨거운 국에 맛 모른다 : 급한 경우를 당하면 정확한 판단을 할 수 없다는 뜻이다. 막상 국이 막 끓어서 뜨거울 때에는 아무리 맛을 보아도 정확한 맛을 알 수 없다는 것에 비유한 속담이다. 또 사리를 분별하지 못하고 마구 행동한다는 뜻으로도 쓰인다. 이는 국이 어떤지도 모르고 덤벙대고 맛부터 보는 행동에 비유한 속담이다.

식은 국도 불고 먹는다 : 한 번 놀란 후에는 조심을 하게 된다는 뜻이다. 뜨거운 국에 덴 경험이 있는 사람은 다 식은 국도 혹시나 하여 불면서 먹게 된다는 것에 비유한 속담이다.

시장이 반찬 : 배가 고프면 반찬이 없어도 맛있다는 뜻이다. 원래 한국 음식은 밥과 함께 여러 가지 반찬을 먹는 것이 이상적이지만 몹시 배가 고프면 별다른 반찬이 없이도 밥이 맛있게 느껴진다. 즉 시장기가 있으면 맛있는 반찬 구실을 한다는 것에 비유한 속담이다.

그 나물에 그 밥 : 서로 격이 어울리는 것끼리 짝이 된 경우를 뜻한다. 소박한 밥에 소박한 나물이 보통이듯 두 부류의 것이 별 차이가 없어 고만고만한 경우를 비꼬아서 비유한 속담이다.

눈치기 빠르면 절에 가도 젓갈을 얻어 먹는다. : 눈치가 있으면 어디를 가도 군색한 일이 없다는 뜻이다. 절은 살생을 하지 않는 승려들이 사는 곳으로 원래는 젓갈이 있을 수 없는 곳이다. 그러나 눈치가 빠르면 이러한 절에서도 어떻게 해서든지 젓갈을 얻을 수 있다는 것에 비유한 속담이다.

1. '급히 먹는 밥이 목에 멘다'는 속담은 무슨 뜻입니까?

→

2. 처음 떠서 한 숟가락의 밥으로 금방 배가 부를 수 없다는 것에 비유한 속담은 무엇입니까?

→

3. '죽 쑤어 식힐 동안이 급하다'란 속담은 무엇을 비유한 것입니까?

→

4. 급한 경우를 당하면 정확한 판단을 할 수 없다는 뜻을 가진 속담은 무엇입니까?

→

5. 배가 고프면 반찬이 없어도 맛있다는 뜻을 가진 속담은 무엇입니까?

→

6. 소박한 밥에 소박한 나물이 보통이듯 두 부류의 것이 별 차이가 없어 고만고만한 경우를 비꼬아서 비유한 속담은 무엇입니까?

→

7. 눈치가 빠르면 절에서도 젓갈을 얻을 수 있다는 것에 비유한 속담은 무엇입니까?

→

8. 여러분 나라의 음식과 관련된 속담 한 가지를 써 보십시오.

→

제18과 한국의 잔치문화
Lektion 18. Koreanische Partykultur.

김 선생님　여러분 주말 잘 보냈나요?
저는 주말에 몹시 바빴어요.
지난 토요일에 시아버님의 칠순잔치가 있었거든요.

스미스　저도 칠순잔치에 대해서 들어 본 적이 있어요.
그런데 환갑, 진갑, 칠순의 의미는 정확히 모르겠어요.
환갑과 진갑은 같은 말인가요? 아니면 진갑이 칠순인가요?

진백진　환갑은 61세이고 진갑은 62세 그리고 칠순은 70세에 맞는 생일날이라고 알고 있어요.

김 선생님　진백진 씨가 잘 말해주었어요. 조금 더 덧붙인다면 칠순은 고희 또는 희수연이라고도 해요.

파타　그렇다면 환갑, 진갑, 칠순 잔치를 매번 크게 하나요?

김 선생님　61세를 맞으신 부모님의 생신, 회갑 또는 환갑이라고도 하는데 회갑은 61세가 되신 부모님, 진갑은 62세가 되신 부모님의 생신을 기쁘게 해 드리기 위해 그리고 건강하시기를 비는 의미로 잔치를 열었는데 평균수명이 길어진 오늘날에는 환갑과 진갑이 점차 의의를 상실하고 있어요. 간단하게 밖에서 외식을 하고 여행을 보내 드리는 경우가 많아 졌어요. 그대신 칠순인 희수연에 잔치를 크게 해 드려요.

진백진　한국에는 생일과 관련된 잔치가 참 많은 것 같아요. 그리고 잔치에 따라 준비하는 음식도 조금씩 다르다고 하던데, 특히 떡의 종류가 다르다고 하던데요.

김 선생님　그래요.
우선 한국에서 잔치는 이웃이나 친지를 초대하여 준비한 음식을 먹으며 그 기쁨을 함께 나눈다는 의미를 가지고 있어요.
생일은 태어난 날을 말하며 나이가 많은 웃어른의 경우는 생신이라 하여 높여 말해요.
생일과 관련된 돌상, 환갑, 진갑과 희수연의 기본 상차림은 같지만 음식은 손님의 대상과 수에 따라 각 집마다 준비하는 음식이 조금씩 달라요.

가장 중요한 것은 축하해주기 위해 오신 손님들이 즐겁고 푸짐하게 드시고 가시는 것이에요.

그리고 진백진 씨가 말한 것처럼 잔치의 종류에 따라 떡의 종류는 조금씩 달라요.

예를 들면, 장수를 의미하는 백설기는 맵쌀가루를 시루에 넣고 쪄낸 떡으로 어린 아이의 삼칠일, 백일, 돌과 고사 따위의 신성한 날에 빠져서는 안 될 대표적인 음식이고, 액을 면해주는 수수팥떡과 끈덕지고 여물기를 바란다는 의미의 인절미도 생일상위에 놓여지는 음식이에요.

송편은 주로 추석에 먹는 것이고 인절미, 절편, 약식은 정월 대보름에 먹는 한국 고유의 절기 음식 가운데 하나예요.

떡국은 고기를 곤 국물에 가래떡을 썰어 넣고 끓여 먹는 음식으로 주로 설날에 먹는 음식이에요.

그리고 결혼한 신혼부부가 결혼 후 회사 동료나 친구, 친지들을 초대 하거나 새로운 집으로 이사한 후에 이웃과 친지를 불러 집을 구경 시키고 음식을 대접하는데 이것을 집들이라고 해요. 이때 집주인은 백설기, 절편, 약식, 인절미 등의 떡과 여러 가지 음식들을 제공하여 함께 즐겁게 지내는 잔치예요.

Lektion 18 Koreanische Partykultur

Lehrerin Kim	Hatten Sie ein schönes Wochenende? Ich war am Wochenende sehr beschäftigt. Am letzten Samstag hatte mein Schwiegervater seinen siebzigsten Geburtstag.
Smith	Ich habe schon von der siebzigsten Geburtstagsparty gehört. Jedoch weiß ich nicht genau, was Hwangap, Jingap und Chilsun bedeuten. Haben Hwangap und Jingab die gleiche Bedeutung? Ist Jingap auch gleich mit Chilsun?
Jin Baek-Jin	Ich denke, Hwangap ist der 61. Geburtstag, Jingap ist der 62. Geburtstag und Chilsun ist der 70. Geburtstag.
Lehrerin Kim	Frau Jin Bae-Jin hat Recht. Wenn ich noch etwas hinzufügen darf, man nennt Chilsun auch Gohui oder Huisuyeon.
Pata	Macht man immer eine Party am Hwangap, Jingap, Chilsun?
Lehrerin Kim	Der 61. Geburtstag der Eltern wird als Hoegap oder Hwangap bezeichnet. Hoegap ist der Feiertag für die 61 jährigen Eltern, Jingap ist der Feiertag für die 62 jährigen Eltern. An diesem Tag macht man eine Feier, um ihnen zum Geburtstag zu gratulieren und auf ihre Gesundheit achtend ein Festessen zu geben. Indem die Lebensdauer heutzutage verlängert wird, ist die Bedeutung von Hwangap und Jingap immer schwächer geworden. So ist das üblich, dass man mit seinen Eltern außer Haus essen geht und seine Eltern reisen lässt. Stattdessen macht man ein großes Fest am 70. Geburtstag Chilsun nämlich Huisuyeon von seinen Eltern.
Jin Baek-Jin	In Korea gibt es viele mit dem Geburtstag bezogene Feiern. Ich habe schon davon gehört, dass man die Speise nach der Party unterschiedlich vorbereitet. Besonders gibt es verschiedene Sorten von Reiskuchen.

Lehrerin Kim Stimmt.

Zunächst hat das Bankett in Korea eine Bedeutung in diesem Sinne, dass man seine Nachbarn und Verwandten einlädt und die gemachten Speisen mit ihnen zusammen isst und mit ihnen auch Freude teilt.

Der Geburtstag heißt 'Saengil' auf Koreanisch und der für ältere Leute heißt 'Saengsin' als höfliche Redeform.

Das elementare Tischdecken für die mit dem Geburtstag bezogenen verschiedenen Feiertage, nämlich Dolsang, Hwangap, Jingap und Huisuyeon, ist grundsätzlich gleich. Aber das vorbereitete Festessen ist unterschiedlich je nach der Gästezahl und der Gäste.

Was daher wichtigste ist, ist es, dass die zum Gratulieren kommenden Gäste fröhlich sind, gut essen und mit Freuden nach Hause zurückgehen.

Wie Frau Jin Baek-Jin gesagt hat, sind die Sorten von Reiskuchen unterschiedlich nach der Bankettart. Zum Beispiel, der die Reispulver im Dampfkopf gedünstete Reiskuchen 'Baekseolgi' hat eine Bedeutung für das lange Leben. Dieser Reiskuchen müsste als ein bedeutendes Gericht vorbereitet werden am 21. Tag od. am 100. Tag nach der Geburt eines Kindes und am ersten Geburtstag dieses Kindes und am heiligen Tag wie am Opferfest für die Geister. Auf dem Tisch des Geburtstags stehen der aus dem klebrigen Kauliang gemachte Honigkuchen 'Susupattteok' zur Vorbeugung des Unglücks und der Reiskuchen aus Fettreis Injeolmi für die Beharrlichkeit und das Reifsein eines Menschen.

Als eine traditionelle Jareszeitspeise Koreas isst man den auf Kiefernadeln gedämpfte Reiskuchen 'Songpyeon' am 15. August nach dem Mondkalender 'Chuseok' und am 15. Januar nach Mondkalender isst man auch 'Injeolmi', den mit Blumenmustern eingeprägten Reiskuchen 'Jeolpyeon' und den süße Reis mit Honig, Datteln und Kastanien gedämpften Reiskuchen 'Yaksik'.

Als eine Speise isst man die Reiskuchen-Suppe(bereitet mit Scheiben

Reiskuchen, Rindfleisch, Ei usw.) 'Tteokguk' am 1. Januar nach dem Mondkalender.

In Korea gibt es auch eine Zeremonie zu Hause, wobei das neuvermählte Ehepaar nach der Hochzeit seine Kollege, Freunde und Verwandte zum Essen einlädt.

Außerdem lädt man nach dem Umzug seine Nachbarn und Verwandte zu seinem neuen Haus od. seiner neuen Wohnung ein, damit er sie gastfreundlich bedienen und die neue Wohnung zeigen kann.

Diese Zeremonie nennt man 'Jipdeuly' in Korea, wobei der Gastgeber eine Reihe von Kuchen 'Baekseolgi', 'Jeolpyeon', 'Yaksik' und 'Injeolmi' und verschiedene Speise anbietet und zusammen feiert.

문법

1. -거든요

- 질문에 대한 대답 또는 앞의 내용에 대한 이유, 사실 등을 설명하듯 말하거나 뒤에 이야기가 계속 이어짐을 나타내는 표현

Diese Form ist eine fortgesetzte Äußerung für die Beantwortung oder die Erklärung der vorgenannten Gründe und Tatbestände

예) 그 남자 배우가 요즘 무척 인기가 있어요. 잘생겼거든요.

Der Mann ist zurzeit sehr beliebt. Er sieht toll aus.

2. 매번/항상/언제나

- 모든 시간 범위에 걸쳐서. 또는 때에 따라 달라짐이 없이 '항상'의 뜻을 지닌 부사

Adverb : jedesmal, sooft od. immer

예) 바다를 바라보면 언제나 시원한 기분이 든다.

Sooft ich über das Meer blicke, fühle ich mich erfrischt.

3. N에 따라

- (명사나 명사 구실을 하는 표현 뒤에서) '특별한 이유 없이 그 경우에만 공교롭게'의 뜻을 나타내는 보조사

Hilfspartikel

Diese Form hat eine Bedeutung von nach od. laut.

예) 지역에 따라 집값 차이가 많이 난다.

Nach der Region ist die Miete sehr unterschiedlich.

문장과 단어 : 기념일 Feiertag

F : 정월 대보름에는 무엇을 먹나요?

Was isst man am Daeboreumstag

A : 대보름에는 잡곡밥과 여러 가지 나물 그리고 견과류를 먹어요.

Am Daeboreumstag isst man den gekochten Reis mit verschiedenartigen Getreiden und verschiedene getrockne Gemüsen und Nussen.

- 공휴일 **Nationale Feiertag**
  - 신정(1.1) Neujahr
  - 설(음력 1.1) Neujahr nach dem Mondkalender
  - 삼일절(3.1) Tag der Unabhängigkeitsbewegung
  - 어린이날(5.5) Kindertag
  - 석가탄신일(음력 4.8) Buddhas Geburstag nach dem Mondkalender
  - 현충일(6.6) Volkstrauertag
  - 광복절(8.15) Tag der Befreiung
  - 추석(음력 8.15) Chuseok nach dem Mondkalender
  - 개천절(10.3) Tag der Staatsgründung
  - 성탄절(12.25) Weinachten
- 민속의 날 **Traditioneller Kulturtag; nach dem Mondkalender**
  - 설(1.1) der erste Tag des Jahres
  - 대보름(1.15) der erster Vollmond des Jahres
  - 한식(2.22) Hansik
  - 단오(5.5) Dano
  - 칠석(7.7) Chilseok
  - 추석(8.15) Chuseok
  - 동지(11.17) Dongji
- 환경 **Umwelt**
  - 물의 날(3.22) Tag des Wassers
  - 기상의 날(3.23) Tag des Wetters
  - 식목일(4.5) Tag des Baums
  - 바다의 날(5.31) Tag des Meers

- 환경의 날(6.5) Tag der Umwelt

- 계절 **Jahreszeit; nach dem Mondkalender**
  - 봄 Frühling : 입춘(12.21), 우수(1.6), 경칩(1.21),
    춘분(2.6), 청명(2.21), 곡우(2.7)
  - 여름 Sommer : 입하(4.22), 소만(4.8), 망종(4.24), 단오(5.5), 하지(5.10), 소서(5.26),
    초복(6.8), 대서(6.12), 중복(6.18), 말복(6.28)
  - 가을 Herbst : 입추(6.27)칠석(7.7), 처서(7.14), 백로(8.1),
    추석(8.15), 추분(8.16), 상강(9.16)
  - 겨울 Winter : 입동(10.2), 소설(10.17), 대설(11.2), 동지(11.17),
    소한(11.21), 대한(12.6)
- 개인 **Personal**
  - 백일 der 100. Tag nach der Geburt eines Kindes
  - 돌 der erste Geburstag
  - 결혼기념일 Tag der Hochzeit
  - 환갑/회갑 der 61. Geburstag
  - 기일 Todestag
- 동사 **Verben**
  - 기념하다 gedenken
  - 초대하다 einladen
  - 축하하다 gratulieren
  - 선물하다 schenken
  - 대접하다/차리다 bewirten/das Essen zubereiten
  - 차례를 지내다 Ahnengedenkfeier machen

연습문제

1. 다음을 읽고 쓰십시오.

사람은 태어나서 사는 동안에 기쁜 일을 여러 번 맞게 된다. 출생, 생일, 혼인, 회갑, 진갑 같은 인생의 경사에는 크건 작건 잔치를 벌인다.
잔치의 종류는 많이 있지만, 그 중 생일과 관련된 잔치와 결혼한 후나 새로 이사해서 하는 집들이에 대해 살펴보면 다음과 같다.
의학이 발달하지 못했던 옛날에는 태어난 지 얼마 되지 않아 목숨을 잃는 아이가 많았기 때문에 100일이 되면 백일잔치를, 1년이 되면 돌잔치를 해 기념했다. 백일잔치란 아이가 태어나서 100일 째 되는 날의 백일잔치로 먼저 삼신상을 차려놓고 떡과 고기를 넣은 미역국, 쌀밥 등을 장만하여 백일상을 차리는데, 그 상에는 장수를 의미하는 백설기, 아이가 넘어지지 않도록 하기 위해서 끈덕지고 여물기를 바라는 의미의 인절미 그리고 부정을 막고 부정살을 제거하는 주술적인 뜻을 담은 수수팥떡 등을 장만하여 아이가 건강하게 자라기를 기원한다. 이때 이웃이나 친지를 초청하여 함께 먹고 아이를 축복해주 는데, 초대받은 사람은 실이나 옷, 밥그릇 등을 선물로 주기도 한다.
아기가 태어난 지, 만 1년이 되는 날에는 아이의 첫 생일을 축하하고 무사히 자라기를 기원하는 돌잔치가 있다.
돌날에는 백설기·수수팥떡·경단·대추·과일·쌀·국수·책·붓·먹·벼루·무명실·활(여아는 자) 등으로 상을 차리고 돌쟁이 어린애를 상 앞에 앉히는데, 아이는 상 주위를 돌다가 제 마음대로 붓도 집고 책도 집는다. 아기에게 상 위에 놓인 물건들을 집게 해 미리 미래를 점치는데 그것을 '돌잡이'라고 한다.
어떤 아이는 쌀을 맨 먼저 집기도 하는데 맨 먼저 집는 물건의 뜻을 좋게 해석해서 큰 부자가 되겠다는 등 축복하는 풍습이 있다. 쌀·돈은 부유하게 되기를 희망하는 것이고, 국수·무명실은 장수하기를, 대추는 자손이 번창하기를 희망하는 것이다. 책은 글을 잘하여 학문에 통달하기 위함이고, 붓과 먹은 문필로서 유명하게 되기를 바라는 것이다. 그러나 최근에는 전통적인 방법으로 돌잔치를 치르지 않고 서양식 풍속에 따라 케이크를 마련하기도 한다. 또 전통적인 금반지 대신 아기 옷이나 아기 용품을 선물하는 경우가 많다.
아기 생일에 수수팥떡을 해주어야 자라면서 액을 면할 수 있다고 믿는 생각은 한국 전역에 걸친 것으로 아기가 10세가 될 때까지 생일마다 수수팥떡을 해주고 생일이 되면 세상에 태어났다는 것과 일생 동안의 건강·무사·장수·영화를 축원하며, 또한 축복을 받는 기념적인 행사가 크든

작든 따른다.
생일은 태어난 날을 말하며 나이가 많은 웃어른의 경우는 생신이라 하여 높여 말한다.
한국에는 자식들이 부모님의 생신 상을 차려 드리고 축하드린다. 그 중에서도 대표적인 것은 61세를 맞으신 부모님의 생신, 회갑 또는 환갑이라고도 하고 진갑은 62세가 되신 부모님의 생신을 맞아 부모님을 기쁘게 해 드리기 위해 그리고 건강하시기를 비는 의미로 잔치를 열었다.
과거에는 악공과 기생을 불러 풍악을 잡히고 기생은 권주가를 부르면서 헌수를 성대하게 장식했다. 환갑을 며칠 앞두고 수연시(壽宴詩)의 운자(韻字)를 내어 친척이나 친지에게 알려 시를 짓게 하고, 잔칫날 지은 시를 발표하면서 홍을 돋우었으며, 시를 모아 '수연시첩(壽宴詩帖)'을 만들어 자손 대대로 전하기도 하였고, 산해진미를 차려놓고 부모의 장수를 빌면서 자손들이 부모님을 기쁘게 해 드리거나, 손님들을 대접하였다.
오늘날에는 이른바 '인생은 60부터'라든가 '60 청춘'이라는 말이 생겨날 정도로 노령 인구가 늘어나면서 환갑이나 진갑의 의미도 그만큼 축소되었다. 즉 예전에는 60세 이상 살면 오래 산 것으로 여겨 환갑이나 진갑 잔치를 성대하게 열었으나, 오늘날에는 아예 일반 생일상처럼 차리고 오히려 71세의 생일인 고희 또는 희수연으로 대신하는 경우가 많아졌다.
집들이란 본래 이사하는 날 저녁에 새집에서 고사를 올린 것에서 비롯되었다. 그러나 최근에는 이사한 집을 친구나 친지들에게 보여주고 축하를 받는 자리가 되었다. 이제는 고사의 성격보다는 이사한 집을 소개할 겸 사람들을 초대하는 잔치의 의미가 더 강하다. 주로 저녁 시간에 가까운 사람들을 초대하여 잔치를 한다. 예전에 집들이에 초대받은 손님들은 성냥이나 초, 혹은 비누나 휴지를 선물하였다. 이 선물들은 모두 새로 이사 간 집에서 살림이 늘어 부자가 되라는 의미를 지니고 있다. 그러나 요즘은 그 집에 필요한 작은 물품들을 선물하거나 세제 등을 선물하는 경향으로 바뀌고 있다.
이 이외에도 많은 잔치가 있지만, 한국에서의 잔치의 의미는 이웃이나 친지를 초대하여 준비한 음식을 먹으며 그 기쁨을 함께 나누는 의미를 가지고 있다.

1. 자손들이 부모님의 생신날 큰 잔치 베풀어 드리는데 대표적인 생신잔치 3가지를 무엇이라고 합니까?

→

2. 한국에서 잔치의 의미는 무엇입니까?

→

3. 아이가 태어난 지 100일째 되는 날 치루는 잔치의 명칭은 무엇입니까?

→

4. 백일상이나 돌상에서 볼 수 있는 떡들에는 그 의미가 담겨 있습니다. 특히 백설기, 수수팥떡과 인절미에 담겨 있는 의미는 무엇입니까?

→

5. 돌잔치란 무엇입니까?

→

6. 돌잔치를 하는 이유는 무엇입니까?

→

7. 돌잡이는 무엇입니까?

→

8. 최근에는 돌잡이가 어떻게 바뀌었습니까?

→

9. 돌잡이 물건의 의미가 바르게 된 것을 이어 보세요.

실과 국수	·	·	장수를 의미한다.
장난감 활과 화살 혹은 칼	·	·	컴퓨터를 잘하게 된다.
돈	·	·	프로 운동선수가 된다.
책과 연필 혹은 공책	·	·	용기를 의미한다.
컴퓨터의 마우스	·	·	학자나 공부를 잘하는 사람이다.
골프채나 야구	·	·	부와 재물을 의미 한다.

10. 본래 집들이는 무엇에서 시작되었습니까?

→

11. 최근에 집들이를 하는 이유는 무엇입니까?

→

12. 집들이 선물의 의미는 무엇입니까?

→

13. 집들이 선물과 그 선물의 의미를 바르게 연결하십시오.

성냥이나 초	·	·	비누 거품처럼 재물이 몇 배로 불기를 바라는 마음
비누 종류	·	·	모든 일이 술술 잘 풀리기를 바라는 마음
두루마리 휴지	·	·	재물이 불처럼 한꺼번에 불어나기를 바라는 의미

14. 여러분 나라의 대표적인 잔치 날은 언제이고 그 잔치 날에는 어떤 음식을 먹습니까?

→

II. 다음을 읽고 쓰십시오.

사람들의 생활 모습은 문화에 따라 각기 다양하다. 그래서 한국 문화와 외국 문화를 비교해 보면 재미있는 점이 많이 있다.
우리의 생활에서 가장 중요한 것이 무엇인가? 그것은 먹는 일이다. 무엇을 주로 먹는지는 나라에 따라 다르다. 그리고 음식물의 차이점에 따라 먹는 도구들도 다양하다.
한국에서 먹을 때 주로 사용하는 것이 무엇인가? 그것은 숟가락과 젓가락 그리고 대접이다. 왜 숟가락과 젓가락, 대접과 같은 것을 사용할까? 그것은 한국인이 주로 먹는 것이 밥과 김치와 국이기 때문이다. 밥은 포크로 먹으면 매우 불편하다. 김치도 마찬가지이다. 물론 무로 만든 김치를 먹기에는 편리하겠지만 다른 반찬을 먹기에는 아주 불편할 것이다. 한국의 반찬에는 여러 가지 야채로 만들어진 가늘고 긴 것들이 많다. 예를 들어 멸치, 미역 줄기, 시금치 등이 모두 가늘고 긴 것들이다. 이런 것들을 먹기에는 역시 젓가락이 최고이다. 그래서 한국 음식 문화는 숟가락과 젓가락의 문화라고 하는 것이다.
한편, 서양 사람들은 소고기나 돼지고기 같은 것과 빵 종류를 많이 먹는다. 고기를 먹을 때는 숟가락이나 젓가락보다 포크와 칼이 훨씬 편리하다. 고기를 자르고 찍어 먹기에는 포크보다 더 좋은 것이 없기 때문에 포크를 사용한다.
이처럼 문화에 따라 생활 모습도 각기 다르다.

1. 음식을 먹을 때 한국인들이 주로 사용하는 것은 무엇입니까? 왜 그렇습니까?

→

2. 문화적으로 한국 사람들과 서양 사람들의 식사 도구가 왜 다릅니까?

→

3. 포크와 칼을 쓰는 서양 사람들과 달리 한국인은 숟가락과 젓가락을 사용하는 음식 문화를 갖고 있습니다. 위의 글을 읽고 그렇게 된 이유를 찾아 쓰십시오.

→

III. 다음을 읽고 쓰십시오.

한국의 잔치 음식 중 빼 놓을 수 없는 음식 중 하나가 떡이다. 떡은 곡식가루를 시루에 넣어 찌거나, 찐 것을 다시 절구나 떡판에 놓고 치거나 빚어서 만든 음식을 통틀어 이르는 말이다. 한국과 이웃한 일본이나 중국에서도 떡을 만들어 먹는데 한국에서는 주로 멥쌀을 쩌서 떡을 만드는 반면 중국은 밀가루로 만들어 구워 먹고 일본은 찹쌀가루를 끈기가 생기도록 해서 먹는다는 점이 다르다.

한국에서의 경사 떡은 아이와 어른의 경우가 다르다. 아이일 때는 대개 백설기, 수수팥떡, 송편 등을 하고, 어른이 되어 치르는 혼인, 회갑, 진갑에는 각색편, 인절미, 절편 등을 주로 한다. 돌이나 환갑 같은 잔치 때, 또는 제사를 지내거나 장사를 치를 때도 떡은 반드시 들어가는 음식이다. 떡의 종류는 지방이나 계절에 따라 조금씩 다르기는 하지만, 대표적인 떡으로는 맵쌀가루를 시루에 넣고 쪄 낸 떡으로 어린아이의 삼칠일, 백일과 고사 따위의 신성한 날에 빠져서는 안 될 대표적인 음식인 백설기, 주로 추석에 먹는 절식인 송편, 인절미, 절편, 정월 대보름에 먹는 한국 고유의 절기 음식 가운데 하나인 약식 그리고 고기를 곤 국물에 가래떡을 썰어 넣고 끓여 먹는 음식으로서 주로 설날에 먹는 떡국 등이 있다.

떡과 관련한 속담으로는 다음과 같은 것이 있다.

떡 줄 사람은 꿈도 안 꾸는데 김칫국부터 마신다 : 상대방은 해 줄 생각도 안 하고 있는데 미리부터 다 된 일로 알고 경솔하게 행동한다는 뜻이다. 흔히 떡을 먹을 때는 목이 메지 않도록 김치 국물을 함께 떠먹는다. 그런데 상대방은 떡을 줄 생각도 안 하고 있는데 성급하게 국물부터 마시고 있다는 것에 비유한 속담이다.

귀한 자식 매 한 대 더 때리고 미운 자식 떡 한 개 더 준다 : 아이에게 당장 좋게만 해 주는 것이 오히려 아이의 버릇을 나쁘게 만드는 해로운 일이라는 뜻이다. 원래 매를 때리는 것은 자식을 아프게 하는 것이고 맛있는 떡을 주는 것은 자식을 기쁘게 해 주는 일이다. 그러나 오히려 귀한 자식일수록 버릇을 제대로 가르치기 위해서 매를 들게 되고, 미운 자식일수록 당장 귀찮음을 모면하려고 달라는 대로 떡이나 주어서 결국 버릇없는 아이로 만든다는 것에 비유한 속담이다.

남의 손의 떡은 커 보인다 : 남의 것은 자기 것보다 무조건 더 좋아 보일 정도로 욕심이 많다는 뜻이다. 나와 남이 똑같이 떡을 가지고 있는데 왠지 남이 가지고 있는 것이 더 커 보인다는 것에 비유한 속담이다.

누워서 떡을 먹으면 팥고물이 눈에 들어간다 : 자기 몸 편할 생각만 해서 일을 하면 도리어 자신에게 해롭게 된다는 뜻이다. 떡을 먹는 것은 그 자체로도 즐거운 일인데 거기서 더 편해보겠다고 욕심을 부려 누워서 먹다가는 떡에 있는 팥고물이 눈에 들어가서 결국 스스로 괴롭게 된다는 것에 비유한 속담이다.

두 손의 떡 : 두 가지 일이 똑같이 있는데 무엇부터 먼저 해야 할지 모를 경우를 뜻한다. 떡을 손에 넣게 되어 빨리 먹고 싶은데 양쪽 손에 다 있어 보니 어느 것부터 먹어야 할지를 모른다는 것에 비유한 속담이다. 또한 한꺼번에 두 가지행운이 겹친 경우를 뜻하기도 한다.

1. 여러분이 알고 있는 한국의 떡 종류와 먹는 시기를 쓰십시오.

→

2. 신성한 날에 빠져서는 안 되는 떡의 종류는 무엇입니까?

→

3. 남의 것은 자기 것보다 무조건 더 좋아 보일 정도로 욕심이 많다는 뜻을 가진 속담은 무엇입니까?

→

4. "귀한 자식 매 한 대 더 때리고 미운 자식 떡 한 개 더 준다"란 속담은 어떤 뜻을 가지고 있습니까?

→

5. 떡을 먹는 것은 그 자체로도 즐거운 일인데 거기서 더 편해보겠다고 욕심을 부려 누워서 먹다가는 떡에 있는 팥고물이 눈에 들어가서 결국 스스로 괴롭게 된다는 것에 비유한 속담은 무엇입니까?

→

6. 두 손의 떡이란 속담은 무엇을 비유한 것입니까?

→

7. 상대방은 해 줄 생각도 안 하고 있는데 미리부터 다 된 일로 알고 경솔하게 행동한다는 뜻을 비유한 속담은 무엇입니까?

→

8. 여러분의 고향에서 잔칫날에 즐겨 먹는 음식은 무엇이고 그 음식과 관련된 속담 한 가지를 써 보십시오.

→

Ⅳ. 다음을 읽고 쓰십시오.

웃음이 필요한 까닭

사람들이 웃음을 잃어 가고 있다. 심각하고, 우울하고, 시간에 쫓겨 허둥대는 이들의 어두운 얼굴이 세상을 가득 메우고 있다. 웃음이 설자리를 잃은 것은 답답한 현실과 무거운 일상생활 때문일 것이다. 꼬리를 물고 이어지는 사건과 사고, 그리고 치열한 경쟁을 계속 해야 하는 현실이 자꾸만 웃음을 세상 밖으로 밀어 내고 있다.

그러나 삶이 무거울수록 더욱 필요한 것이 웃음이다. 답답한 현실의 무게를 덜어 주고, 삶에 탄력을 불어넣는 마법 같은 힘이 웃음 안에 담겨 있기 때문이다. 그렇기 때문에 인류는 아득한 옛날부터 웃으면 복이 온다, 웃음은 건강을 부른다, 웃으면 젊어진다, 웃는 얼굴은 주먹도 피해 간다. 등의 속담을 통해 웃음을 예찬해 왔다.

웃음은 인간이 기쁘거나 즐거울 때, 혹은 특별한 감정이 들 때에 얼굴 근육을 움직여 일정한 표정을 짓는 반응을 일컫는 말이다. 웃음으로 감정을 표현하는 동물은 인간밖에 없다고 한다. 그래서 아리스토텔레스는 인간을 '웃는 동물'이라고 하였다.

현대에 이르러 웃음은 막연히 좋다는 인식을 넘어서서 과학적이고 체계적으로 연구되고 있다. 지금까지 나온 의학적인 연구 결과를 종합하여 보면, 웃음은 몸의 항체를 강화하고, 통증을 완화하고, 불면증을 고치고, 감기를 낫게 하고, 혈압을 내리고, 심장 혈관 기능을 강화하고, 암의 확산을 늦추고, 수명을 연장하는 데 도움을 주는 것을 알 수 있다.
독일의 한 철학자는 웃는 얼굴에 담긴 의미를 네 가지로 설명하였다. 건강을 위한 웃음, 일상생활에서 원활한 교류를 위한 웃음, 사랑의 표현으로서의 웃음, '그럼에도 불구하고'의 웃음이 그것이다. 그가 마지막으로 지적한 웃음의 의미는 힘들거나 괴로울 때에 '그럼에도 불구하고' 웃어야 한다는 것을 뜻한다. 행복해서 웃는다기보다는, 웃다 보면 행복해지는 것이 우리네 삶이라는 것을 지적한 말일 것이다.
우리 모두 삶의 뒷전으로 내몰았던 웃음을 되찾자. 설사 아무리 힘들어도 여유 있고 긍정적인 마음으로 희망을 품고 웃어 보자. 그러면 기쁨의 에너지가 샘솟아 온갖 고민을 사라지게 할 것이다. 그리고 하나의 웃음은 또 다른 웃음을 낳을 것이다.

1. 사람들이 웃음을 잃어가고 있는 까닭은 무엇입니까?

→

2. 웃음의 의학적 가치는 무엇입니까?

→

3. 독일의 철학자가 말한 웃는 얼굴에 담긴 의미 중 '그럼에도 불구하고'의 웃음은 어떤 웃음입니까?

→

4. '웃음이 필요한 까닭'을 읽고 느낀 점을 쓰십시오.

→

제19과 다양한 문화의 수용
Lektion 19. Kulturenvielfalt

김 선생님 문화라는 것은 전통예술, 의식주 및 생활양식을 포함해 다양한 범위를 이르는 말입니다.

우리는 서로 각기 다른 문화 속에서 살다가, 지금은 한국의 문화적 공간에서 같이 살고 있지요.

오늘은 여러분이 한국에서 문화적 차이로 곤란을 겪은 경험에 대해서 이야기 해볼까요? 그리고 여러분이 한국의 문화에 대해서 더 알고 싶은 것이나 궁금한 것이 있으면 질문하세요.

진백진 한국에 온지 얼마 되지 않았을 때 당황스러운 일이 있었어요.

한국 친구의 집에 초대를 받고 갔어요. 그 날 비가 왔어요. 그래서 제 신발은 젖어 있었어요.

한국에서는 신발을 벗고 들어가야 한다는 것을 알고 있었지만 저는 습관적으로 신발을 신은 채 거실에 들어갔어요.

친구가 조심스럽게 신발을 벗어야 한다고 말해줘서 곧 다시 신발을 벗긴했지만 저는 참 당황스러웠어요.

스미스 저도 친구의 집에서 있었던 일이에요.

친구와 친구의 부모님께서는 저를 반갑게 맞아 주셨고 맛있는 음식도 함께 먹었어요.

식사하는 도중 친구의 아버님께서 저에게 술을 권하셨어요.

그런데 저는 한 손으로 술잔을 받았어요. 그리고 친구의 아버님께 한 손으로 술을 따라 드렸어요.

저는 그 때만해도 그렇게 술을 받거나 술을 따라서는 안 된다는 것을 몰랐어요.

나중에 친구가 한국의 술좌석 예법에 대해 말해 주었습니다.

'한국에서는 어른에게 술잔을 받을 때는 두 손으로 술잔을 잡고, 몸을 옆으로 돌려서 술을 마셔야 하고 어른들께 술을 드릴 때는 오른팔 아래에 왼손을 붙이고 술을 따라야 한다'고 합니다.

그리고 또 한 가지, 어른과 술을 마실 때는 어른이 술을 권하시면 인사하고 술을 받고, 어른이 마시고 난 후에 마신다는 것입니다.

왕영호 중국에서는 음식을 조금 남기는 것이 예의인데 한국에서는 음식을 남기지 않고 다 먹는 것이 좋은 것이라고 하더군요.

유키 일본에서는 밥을 먹을 때 주로 젓가락으로 밥을 먹고 밥그릇을 들고 먹기도 하는데 한국에서는 젓가락이 아닌 숟가락으로 밥을 먹어야 하고 밥그릇과 국그릇은 들고 먹어서는 안 된다고 해요.

그런데 어른과 식사를 할 때는 어떻게 해야 하는지 자세히 알고 싶어요.

김 선생님 우선 중요한 것은 어른과 같이 식사할 때는 먼저 수저를 들지 않아요. 그리고 어른보다 식사가 먼저 끝났다 할지라도 국그릇에 수저를 올려 놓고 어른이 식사를 다 하실 때까지 자리에서 기다려요.

뮐러 몇 개월 전의 일이었어요.

한국 친구를 저의 생일에 초대했는데, 그가 다른 지방에 가야 하기 때문에 제 생일파티에 올 수 없게 되었어요. 그러자 그 친구는 저의 생일 파티에 올 수 없어 미안하다며 미리 선물을 보내고 싶다고 하더군요.

저는 깜짝 놀랐어요. 왜냐하면 독일에서는 생일 전에는 선물도 축하한다는 말도 해서는 안 되거든요.

만약 먼저 선물을 주면 그 사람에게 좋지 않은 일이 일어난다고 믿기 때문이에요.

제가 독일의 생일 문화에 대해서 한국친구에게 이야기해 주었더니 그 친구는 이해하면서 생일이 지나면 선물하겠다고 하더군요.

그러면서 그 친구가 한국의 생일문화에 대해서 이야기 해 주었습니다.

한국에서는 생일 선물을 미리 하거나 당일 날 또는 지나서도 한다고요.

예를 들면 돌잔치나 부모님의 생신잔치인 회갑, 진갑, 고희 잔치는 많은 친지들과 함께하는 잔치이기 때문에 잔치를 앞당겨서 주말에 한다고 해요.

김 선생님 맞아요. 한국에서는 당일에 생일잔치를 할 수 없는 부득이한 경우, 생일을 앞당겨서 축하하곤 해요.

파타 그런데 한국에서 부모님의 생일잔치인 회갑은 60세이고 고희는 70세에 하는 것이 맞나요? 아니면 61세와 71세에 하는 것이 맞나요?

김 선생님 61세는 회갑, 62세는 진갑, 70세는 칠순 그리고 71세는 진칠순이라 합니다. 그러니까 회갑은 61세이고 고희는 70세가 맞겠지요.

한국에서 자손들이 부모님의 61살을 회갑 또는 환갑이라 하고 70살을 칠순 혹은 고희라 하여 잔치를 해 드리는 것은 자칫 어르신들의 운명을 알 수가 없기에 한을 만들지 않기 위한 지혜라고 생각하시면 됩니다.

그래서 6순이나 7순의 생일이나 기념일을 늦춰서하지 않는 것이고 앞당겨서는 하는 이유가 발생한 것입니다.

뮐러 질문이 있습니다.

예를 들어 오늘은 2010년 1월 3일입니다.

생년월일이 2000년 7월 29일인 사람의 나이를 말할 때, 저는 9살이라고 알고 있습니다. 그러나 한국에서는 11살이라고 합니다. 왜 그런가요?

그리고 '세'와 '살' 중 나이를 높여 부르는 경우는 '세'로 나타내야만 한다고 하는데, 정확하게 '세'와 '살'의 차이는 무엇인가요?

김 선생님 먼저 '세'와 '살'의 차이에 대해서 살펴보면 '살'은 '순수고유어'로 나이를 '세는' 말로 예를 들면 '서른다섯 살' '서른 여섯살' 등으로 부르는 말입니다.

'세'는 '한자어'로 나이를 '나타내는' 말로 예를 들면 '삼십 오세' '삼십 육세' 등 나이를 나타내는 차이라 할 수 있습니다.

그리고 한국의 경우, 전통적으로 나이인 '세'는 태어난 순간부터 한 해가 되기 때문에 태어난 순간부터 1살이라고 합니다.

그래서 태어난 지 1년이 된 생일날은 2살이라고 하는 것입니다.

뮐러 씨가 예를 든 생년월일이 2000년 7월 29일인 경우 생일이 지나지 않았지만 '해'가 바뀌었기 때문에 11살이라고 하는 것입니다.

그러나 요즘은 관공서나 언론매체에서는 나이를 나타낼 때 위의 경우를 '만 9세'라고 나타냅니다.

Lektion 19. Kulturenvielfalt

Lehrerin Kim: Kultur bezeichnet sich als die Gesamtheit der traditionellen Kunst, der drei Grundbedürfnissen der Kleidung-Essen-Wohnung und der Lebensweise.
Wir alle haben jeweils in einer unterschiedlichen Kultur gewohnt, jetzt wohnen wir zusammen in der koreanischen Kultur.
Heute sprechen wir über die Erfahrungen, die sie in Korea aufgrund kulturellen Unterschiede in Verwirrung gebracht haben.
Fragen Sie mich über die koreanische Kultur, wenn Sie darüber mehr wissen und Fragen darüber stellen wollen!

Jin Baek-Jin: Ganz kurz nach der Ankunft in Korea war ich einmal verlegen.
Ich war von einem koreanischen Freund eingeladen. An diesem Tag regnete es. So waren meine Schuhe nass. Obwohl ich schon wusste, dass man in Korea zu Hause seine Schuhe ausziehen sollte, bin ich wie immer in die Wohnung eingetreten, ohne Schuhe auszuziehen. Da hat mein Freund vorsichtig gesagt, dass ich Schuhe ausziehen sollte. Natürlich habe ich meine Schuhe ausgezogen. Aber ich bin total in Verwirrung geraten.

Smith: Ich habe etwas zu sagen, was ich bei meinem Freund erfahren habe. Mein Freund und seine Eltern haben mich herzlich empfangen und zusammen gut gegessen. Beim Essen hat sein Vater mich mit Alkohol bewirtet. Da habe ich mit einer Hand das Trinkschälchen entgegen genommen. Und ich habe auch dem Vater natürlich mit einer Hand eingeschenkt. Bis da habe ich nicht gewusst, dass man in Korea nicht so entgegen nehmen und nicht so einschenken darf. Danach hat mein Freund über die Etikette der Trinkkultur in Korea erzählt. In Korea sollte man mit beiden Händen das Trinkschälchen entgegen nehmen und vom anderen abgewandt trinken. Beim Einschenken an Ältere sollte man die linke Hand unter der rechten

	Hand stüzend halten. Es gibt noch einen Punkt. Wenn ein Älterer beim Alkoholtrinken bewirtet, sollte man zunächst eine kleine Verbeugung machen und danach das Trinkschälchen entgegen nehmen. Nachdem der Ältere getrunken hat, dann sollte man trinken.
Wang Young-Ho	In China ist es höflich, beim Essen nicht alles zu essen. Aber in Korea sollte man alles essen.
Yuki	In Japan nimmt man die Reisschüssel in die Hand und isst Reis mit dem Stäbchen. In Korea aber sollte man nicht mit dem Stäbchen, sondern mit dem Löffel Reis essen und beim Essen die Schüssel für Reis und Suppe nicht in die Hand nehmen. Ich möchte noch gerne wissen, wie man sich beim Essen mit Älteren verhalten soll.
Lehrerin Kim	Was zunächst wichtig ist, sollte man nicht vor den Älteren anfangen. Obwohl man schon mit dem Essen fertig ist, sollte man seinen Löffel auf die Suppenschüssel legen und auf dem Essplatz abwarten, bis die Älteren gegessen haben.
Müller	Vor wenigen Monaten habe ich etwas erlebt. Als ich einen koreanischen Freund zu meiner Geburstagsparty eingeladen habe, hat er nicht kommen können, weil er in eine andere Region fahren musste. Darum entschuldigte er sich bei mir und wollte mir ein Geschenk vor dem Geburtstag schicken. Das hat mich in Erstaunen versetzt. Denn man sollte in Deutschland vor dem Geburtstag nichts schenken, sogar nicht gratulieren. Wenn man trotzdem vor dem Geburtstag ein Geschenk schicken würde, dann glaubt man, dass bei ihm etwas Schlechtes passieren könnte, der Geburtstag hat. Als ich meinem koreansichen Freund über diese deutsche Geburtstagskultur erzählt habe, hat er es natürlich verstanden und auch gesagt, dass er nach dem Geburtstag ein Geschenk gibt. Danach hat mein koreanischer Freund auch über die koreanische Geburtstagskultur erzählt. In Korea kann man ein Geschenk sowohl am Geburtstag, als auch vor oder nach dem Geburtstag geben.

	Ich habe gehört, dass man in Korea zum Beispiel den ersten Geburtstag für Kinder oder die Geburtagsparty für Eltern wie Hoegap, Jingap, Gohui, bei denen viele Verwandten zusammen feiern, auch am Wochenende macht.
Lehrerin Kim	Das stimmt. Wenn man in Korea am Tage des Geburtstags keine Party geben kann, gratuliert man früh zum Geburtstag.
Pata	Der sechzigste Geburtstag der Eltern ist 'Hoegap', der siebzigste Geburtstag der Eltern 'Gohui'. Ist das richtig? Oder 61 und 71?
Lehrerin Kim	Die 61 jährige Party ist 'Hoegap', die 62 ist 'Jingab'. Die 70 jährige Party ist 'Chilsun' und die 71 ist 'Jinchilsun'. In Korea nennt man die 61. Geburtstagsparty der Eltern 'Hoegap' oder 'Hwangap'. Und den 70. Geburtstagsparty 'Chilsun' oder 'Gohui'. Dass man an diesem Tag groß feiert, beruht vorwiegend auf einer Weisheit. Diese Weisheit liegt darin, dass man nicht genau weiß, wann das Schicksal der Älteren besiegelt ist, und damit man seine Beleidigung zu Eltern nicht nachträgt. Aus diesem Grund sollte man den 60. oder 70. Geburtstag oder Gedächtnistag nicht später feiern, sondern früher machen.
Müller	Ich habe einige Fragen, und zwar z. B. ist heute der 3. Januar 2010. Wer am 29. Juli 2000 geboren ist, ist 9 Jahre alt. Jedoch ist er in Korea 11 Jahre alt. Warum sagt man so? Ich habe gehört, dass man in Korea das Alter nicht als 'Sal', sondern als 'Se' bezeichnen soll, wenn man jemanden verehrend ruft. Was ist der genaue Unterschied zwischen 'Se' und 'Sal'?
Lehrerin Kim	Wenn man zunächst den Unterschied zwischen 'Se' und 'Sal' ansieht, kann man so sagen. 'Sal' bedeutet als ein Wort 'Reineigenname', dass man das Alter zählt. das heißt 35 Sal, 36 Sal. 'Se' wird als ein Sinokoreanisch in dem Sinne benutzt, dass man das Alter bezeichnet. Z. B. in 35 Se, 36 Se zeigt sich das Alter. Außerdem hat das Alter 'Se' eine solche Bedeutung, und zwar sobald

ein Kind geboren ist, ist er gleich ein Jahr alt.

Aus diesem Grund ist ein Kind in Korea zwei Jahre alt an seinem ersten Geburtstag.

Wer am 29. Juli 2000 geboren ist, wie Herr Müller als Beispiel gezeigt hat, ist 11 Jahre alt wegen des Jahreswechsel, obwohl er seinen Geburtstag noch nicht hinter sich hat.

Wenn aber das Alter zurzeit in der öffentlichen Behörde und in Massenmedien bezeichnet wird, wird es als 'volle neun Jahre alt' gezeigt.

문법

1. -(으)를 이르는 말이다

• 어떤 대상을 무엇이라고 이름 붙이거나 가리켜 말하는 표현 **Diese Form bezeichnet od. benennt einen Gegenstand.**

예) 문화라는 것은 전통예술, 의식주 및 생활양식을 포함해 다양한 범위를 이르는 말입니다.

Der Begriff der Kultur bezeichnet einen umfangreichen Bereich mit der traditionellen Kunst, der Kleidung-Essen-Wohnung und der Lebensweise.

2. V(으)ㄴ 채

• (동사 뒤에서) 어떤 행위를 한 상태 그대로 있음을 나타내는 표현 -ㄴ 채 : 받침 없는 동사 어간이나 'ㄹ' 받침으로 끝나는 동사 어간에 사용 -은 채 : 'ㄹ'을 제외한 받침 있는 동사 어간 뒤에 사용 Diese Form wird verwendet, wenn eine Aktion unverändert stehen bleibt. Vㄴ 채: wenn das Verb mit einem Vokal bzw. 'ㄹ' endet. V은 채: wenn das Verb mit einem Konsonanten endet.

예) 그는 눈을 뜬 채 잠을 잔다.

Er schläft mit offenen Augen.

그가 눈을 감은 채 가만히 앉아 있다.

Er sitzt ruhig mit geschlossenen Augen.

3. (시간) 경에/쯤에

• 시간의 정도 표현 **Ausdrückende Form der Zeit** Die Bedeutung von '경에' ist gegen, etwa.

예) 몇 시에 자요?

Um wieviel Uhr gehen Sie ins Bett?

→ 11시 경에 자요.

Ich gehe gegen elf Uhr ins Bett.

문장과 단어 : 지도 Landkarte

한반도는 아시아 대륙의 동쪽 끝부분에 위치해 있고 남쪽으로는 1,020km에 이른다.

Die koreanische Halbinsel liegt am östlichen Ende des asiatischen Kontinents und erstreckt sich rund 1,020 km in südlicher Richtung.

산과 언덕은 동쪽해안가를 따라 뻗어 있으며, 면적의 70%를 차지한다.

Gebirge und Hügel ziehen sich an der Ostküste entlang und machen 70% der Oberfläche aus.

한반도는 북쪽으로는 중국과 러시아, 동쪽으로는 동해 그리고 이웃한 일본과 경계를 이른다.

Im Norden grenzt die Halbinsel an China und Rußland, im Osten an das Ostmeer, auf dessen anderer Seite Japan liegt.

한반도는 위도 38선을 따라 남쪽으로는 공화국 대한민국(남한) 그리고 북쪽으로는 공산주의인 북한으로 나뉘어져 있다.

Die koreanische Halbinsel ist durch eine entmilitarisierte Zone, die entlang des Breitengrads 38 verläuft, in die Republik Korea(Südkorea) im Süden und das kommunistische Nordkorea geteilt.

대한민국의 면적은 99,500평방km이고 인구수는 49,773,145명(2009년 기준)에 이른다.

Die Republik Korea hat eine Flache von 99.500 Quadratkilometern, die Bevölkerungszahl beträgt 49,7Milionen(2009).

행정구역상 대한민국은 9개의 도, 수도인 서울, 제2수도인 부산 그리고 6백만 명 이상이 거주하는 도시인 대구, 인천, 광주, 대구와 울산으로 구성되어 있다. 9개의 도 내에는 77개의 시와 88개의 군이 있다.

Administrativ besteht die Republik Korea aus neun Provinzen(do), der Hauptstadt Seoul, der zweiten Hauptstadt Busan und den sechs Milionenstädten Daegu, Incheon, Gwangju, Daejeon und Ulsan. In den neun Provinzen gibt es 77 Städte und 88 Landkreise.

- 대륙 **Kontinent**
  - 아시아 Asien
  - 오세아니아 Australien
  - 유럽 Europa
  - 아프리카 Afrika
  - 북아메리카 Nordamerica
  - 남아메리카 Südamerika
- 대양 **Ozean**
  - 태평양 Pazifischer Ozean
  - 대서양 Atlantischer Ozean
  - 인도양 Indischer Ozean
  - 남극해 Südpolarmeer
  - 북극해 Nordpolarmeer
- 바다 **Meer**
  - 베링 해 Beringmeer
  - 동해 Ostmeer
  - 황해 Gelbesmeer
  - 지중해 Mittelländisches Meer
  - 흑해 Schwarzesmeer
  - 홍해 Rotes Meer
- 강 **Fluss**
  - 한강 Hanfluss
  - 황하 강 der gelbe Fluss
  - 라인 강 der Rhein
  - 미시시피 강 der Mississippi
  - 아마존 강 Amazonen Fluss
- 산맥 **Gebirge**
  - 히말라야 산맥 Himalajagebirge
  - 안데스 산맥 Anden
  - 로키 산맥 Felsengebirge
  - 파미르 산맥 Pamir
  - 알프스 산맥 Alpen

- 피레네 산맥 Pyrenäen
- 우랄 산맥 Uralgebirge

• 사막 **Wüste**
- 사하라 사막 die Wüste Sahara
- 아라비아 사막 Arabische Wüste
- 고비 사막 Gobiwüste

연습문제

I. 다음을 읽고 물음에 답하십시오.

의견제시나 그 제안에 대한 거절 방법은 각 문화권마다 조금씩 다를 것이다.
그 중 한국 사람들의 거절 방법을 단적으로 엿볼 수 있는 경우를 예로 들어 보면, 아는 사람의 집을 방문했는데 마침 식사 시간이라서 가족들이 식사를 하고 있다. 그 때 집주인이 "같이 좀 드시지요?" 라고 권하면 한국 사람들은 보통 이렇게 대답한다. "괜찮습니다. 조금 전에 먹었습니다." 그렇지만 이 대답 속에는 두 가지의 뜻이 담겨 있다. 하나는 진짜 상대방의 의견이이나 제안이 싫어서 하는 거절이고 또 하나는 예의적인 거절이다. 한국 사람들은 보통 누군가 무엇을 권하면 한두 번은 사양을 한다. 실제로는 먹고 싶어도 폐를 끼치기 싫어서 한두 번의 사양은 당연한 예의라고 생각하기 때문이다. 그래서 한국 사람들의 "됐습니다", "괜찮습니다"는 잘 생각해 봐야 하는 말이다.

1. 위 글의 제목은 무엇입니까?

→

2. 식사를 권했을 때 한두 번의 사양이 당연한 예의라고 생각하는 이유는 무엇입니까?

→

3. 위와 같은 상황일 경우, 당신의 나라에서는 어떻게 대답합니까?
   그 대답의 의미는 무엇입니까?

→

II. 다음을 읽고 쓰십시오.

한국은 조선시대이후 유교적 전통규범을 따르던 문화였다. 이런 유교적인 질서가 집의 구조에 그대로 반영된 것이 기와집이다.
조선시대의 기와집은 하늘로 날아갈 것만 같은 지붕의 처마 곡선이다. '기와'란 점토를 빚어서 구워 낸 지붕 재료이다. 기와는 '모골' 또는 '와범'이라는 틀에 점토를 넣어 모양을 만든 다음, 가마에 넣고 구워 만든다. 기와는 만드는 과정도 까다롭고 값도 비쌌다. 그래서 기와집은 가난한

서민들은 지을 수가 없었고 부자 양반들만 지을 수 있었다.
기와집은 신분이 높은 사람들이 살았던 집이기 때문에 크고, 그 구조도 복잡한 사랑채, 안채, 행랑채와 집 안에 조상들을 모셔 제사나 차례를 지내는 사당으로 구분되어 있었다.
행랑채는 집안의 하인이 머무르던 곳으로, 광과 방으로 되어 있으며 광에는 곡식들을 저장해 두었다.
행랑마당의 오른쪽으로 난 문을 통해 사랑마당을 지나면 사랑채에 오르게 된다. 사랑채는 집안의 남자들이 지내는 곳으로 대청과 누마루, 침방, 서고 등으로 구성되어 아버지가 쓰는 공간은 큰사랑이라고 하고, 아들이 쓰는 공간은 작은사랑이라고 했고, 사랑방은 주인이 머무르면서 손님들을 접대하고 자녀들을 교육하였던 공간으로 집안에서 가장 중요한 곳이었다.
그리고 행랑마당의 왼쪽 문을 통하면 집안 여자들이 머무르던 안채로 들어서게 되는데 안채는 대문에서 가장 먼 쪽에 자리를 잡아 다른 사람이 쉽게 접근하지 못하도록 만든 곳이다. 이 또한 여자는 안에서 살림을 도맡아 하고 바깥출입은 삼가야 한다는 유교 규범의 영향 때문이었다.
안채는 안마당을 중심으로 안방, 대청, 건넌방, 부엌 등으로 구성되어 있고, 안채 옆으로 난 작은 문을 통하면 별당으로 들어서는데, 별당에는 며느리나 나이 많은 딸, 또는 노부부가 살았다.
이렇듯 조선시대의 기와집에는 남자와 여자가 생활하는 공간이 철저하게 분리된 유교적인 질서가 반영된 주거형태이다.

1. 서민들이 기와집에서 살기 어려웠던 까닭은 무엇입니까?
→

2. 조선시대의 기와집은 어떤 건물들로 구성되었습니까?
→

3. 조선시대의 기와집에 유교적인 질서가 반영되었다는 사실을 알 수 있는 문장은 무엇입니까?
→

III. 다음을 읽고 쓰십시오.

‘문화마다 다른 신체언어의 사용과 의미’

인간은 의사소통적 상호작용에서 신체 움직임을 사용함으로써 의도적이든 비의도적이든, 혹은 의식적이든 끊임없이 메시지를 주고받는다. 이러한 신체언어의 대부분은 의식적인 학습에서 이루어지는 것이 아니라 한 문화 내에서 인습적으로 굳어진 내면화 된 행위이다. 물론 문화권과 무관하게 보편성을 띄는 신체 언어 행위도 있지만, 문화권마다 독특한 의미와 형태를 갖는 문화특수성을 띠는 신체언어의 패턴들도 다양하게 나타나고 있다.

예컨대 문화마다 다르게 수행되는 인사행위의 방식에서 그 차이는 보다 현저하게 드러난다. 한국을 비롯한 동아시아권에서 고개를 숙여 상체를 앞으로 굽히는 인사형태는 상대방에 대한 존경과 겸손을 표시하는데, 이는 독일인들에게 오히려 순종 또는 복종으로 잘못 해석될 수 있거나 심지어 상대와 거리를 두고자 하는 인상을 줄 수도 있다. 그리고 친지나 친한 친구와 인사를 나누는 경우 서양에서는 다양한 신체접촉인 부둥켜안기, 어깨 두드리기, 뺨에 키스하기 등을 교환하면서 만남의 기쁨과 하나 됨을 표시하는데 한국에서 이런 접촉은 어색하고 불편할 뿐만 아니라, 심지어 불쾌함으로 해석 될 수 있다. 또한 친근함과 우정을 표시하기 위해 에스키모인들은 서로 팔을 붙잡고 코를 비비면서, 아랍 남성들은 볼에 키스를 주고 받으면서 인사를 나누는데, 한국에서는 이런 인사법을 전혀 하지 않는다. 또한 인사의 한 형태인 악수는 이별을 고하거나 화해의 의미, 협상의 결렬 등으로 중요한 커뮤니케이션의 수단이다. 미국의 경우 사업상 행하는 악수라 할지라도 남성이 먼저 악수를 청하는 일이 없으며 반드시 여성이 악수를 청하는 것을 예법으로 보고 있다. 케냐, 브라질과 칠레에서는 남성이 먼저 악수를 청하는 것이 일반적이다. 인도에서는 여성의 프라이버시를 침해할지 모른다는 관념 때문에 남성이 여성에게 악수를 청하지 않는다.

다른 문화적 차이점의 전형적인 예로는 시선접촉을 들 수 있다. 독일이나 스페인의 경우 대화하는 동안 상대방의 눈을 지속적으로 쳐다보는 것을 중요시 여긴다. 상대를 보지 않고 얘기하는 것은 무관심 내지는 무엇인가를 속이고 있다고 오해할 수 있다. 이와는 달리 한국에서는 특히 어른과 대화를 나눌 때 지속적으로 눈을 맞추는 것을 무례하다고 보기 때문에 대화의 원활한 흐름을 위해 장기적인 시선 접촉을 피하도록 권하고 있다. 하지만 상대방의 눈을 전혀 마주치지 않는 것도 대화의 자세로 부적절하기 때문에 상대가 부담스럽지 않을 정도로 적당하게 눈을 마주치는 것이 사회적 예법으로 규범화되어 있다.

대부분의 문화권에서 머리를 끄덕임이 ‘yes’를, 머리를 좌우로 흔드는 것이 ‘no’의 의미를 가지고 있지만 그리스에서는 정반대의 언어적 의미를 가지고 있다. 또한 머리를 좌우로 갸우뚱하게 가로젓는 것은 일본이나 한국에서 ‘잘 모르겠어요’를 의미할 수 있지만 독일에서는 ‘아니오’만을 뜻한다.

결국 상호 문화사이의 의사소통의 몰이해나 오해는 언어행위에 국한된 것이 아니다. 비언어적 행동인 신체언어 내지 제스처에서도 문화적으로 서로 다른 규범과 해석규범이 있기 때문에 이를 제대로 이해하지 못할 경우 의사소통의 문제점이 발생하는 것이다.
따라서 우리는 자국의 문화에서 갖는 신체언어의 의미와 기능뿐만 아니라 다른 문화의 신체언어의 사용규범과 의미를 올바로 이해할 때 상호 문화사이의 상이성을 보다 명확하게 인식할 수 있다. 또한 그러한 상호 문화사이의 올바른 인식은 낯선 문화에 대한 이질감을 극복하고 문화적 관용성과 개방성을 키워 나갈 수 있다.

1. 사람은 언어 이외에 어떤 것을 사용하면서 의도적이든 비의도적이든, 혹은 의식적이든 끊임없이 메시지를 주고받고 있습니까?

→

2. 의식적인 학습에서 이루어지는 것이 아니라 한 문화 내에서 인습적으로 굳어진 내면화 된 행위의 언어를 무엇이라 합니까?

→

3. 한국을 비롯한 동아시아권에서 고개를 숙여 상체를 앞으로 굽히는 인사형태는 어떤 뜻을 지니고 있습니까?

→

4. 한국에서는 특히 어른과 대화를 나눌 때 지속적으로 눈을 맞추는 것을 무례 하다고 보기 때문에 대화의 원활한 흐름을 위해는 시선을 어떻게 해야 하겠습니까?

→

5. 독일에서는 머리를 좌우로 갸우뚱하게 가로젓는 것을 독일에서는 '아니오' 만을 뜻하지만 한국에서는 '아니오'의 의미 이외에 또 어떤 의미가 있습니까?

→

6. 상호 문화사이의 의사소통의 몰이해나 오해는 언어행위에 국한된 것이 아니라 무엇을 제대로 이해하지 못할 경우 의사소통의 문제점이 발생하는 것입니까?

→

7. 우리는 상호 문화사이의 상이성을 보다 명확하게 인식할 수 있기 위해서 어떻게 해야 합니까?

→

8. 우리는 상호 문화사이의 올바른 인식을 낯선 문화에 대한 이질감을 극복하기 위해서 어떻게 해야 합니까?

→

9. 여러분의 경우, 친한 관계에서 잠시 헤어질 때 어떻게 인사합니까?

→

10. 한국의 신체언어와 비교해, 다른 신체언어가 있습니까? 있다면 그것은 무엇입니까?

→

11. 당신의 경우, 신체언어가 달라 당황한 경험이 있었습니까? 있었다면 그 경험을 써 보십시오.

→

IV. 다음을 읽고 쓰십시오.

하루 동안 얼마나 많은 말을 하고 듣는가, 또 얼마나 많은 글을 쓰고 읽는지 생각해 본 적이 있는가? 우리가 하루 동안 말하고, 듣고, 읽고, 쓰는 내용을 모두 기록해 보면 그 양은 실로 엄청날 것이다.
우리는 언어의 세계에서 생활하고 있다. 친구와 이야기를 하거나 책을 읽는 것뿐만 아니라, 간판을 보거나 노래를 부르는 것 모두 일종의 언어활동이라고 할 수 있다. 우리가 의식하지 못할 뿐이지, 사실 우리는 아침에 눈을 떠서 잠자리에 들 때까지 언어 속에 파묻혀 생활하고 있다.
언어활동은 기본적으로 말하고, 듣고, 읽고, 쓰는 네 가지로 분류된다. 이 중에서 말하기와 듣기는 '음성언어'를 사용하는 언어활동이고, 읽기와 쓰기는 '문자언어'를 사용하는 언어활동이다. 음성언어와 문자언어는 모두 언어로서 일정한 기능을 담당하지만, 소리와 문자라는 특성 때문에 여러 측면에서 차이를 보인다. 음성언어와 문자언어가 어떤 특성을 지니는지 알아보자.
친구에게 무슨 이야기를 전해야 한다고 하자. 그 친구와 함께 있다면 직접 말로 물을 수 있지만, 친구가 곁에 없다면 글로 써서 편지나 전자 우편을 보내야 할 것이다. 이렇게 우리는 처한 상황에 따라서 음성언어를 사용하기도 하고, 문자언어를 사용하기도 한다. 음성언어와 문자언어가 서로 다른 특성을 지니고 있기 때문이다.
음성 언어는 소리의 특성 때문에 말하는 이와 듣는 이가 대면한 상태에서 사용된다. 그리고 말하는 이와 마주보고 있기 때문에 손짓이나 억양, 몸짓, 표정, 어조 등 부수적인 표현 방법을 활용하기도 하고, 듣는 이의 반응을 참조하면서 강조하거나 반복해서 말하기가 가능하다. 또, 듣는 이가 즉시 이해하도록 비교적 쉬운 내용을 간단하게 말하는 특징이 있다.
이에 비해 문자언어는 상대방이 없는 상태에서 충분한 시간을 가지고 사용하게 된다. 문자언어는 사전에 계획이 가능하며, 다 적은 후에는 계속 수정이 가능하다. 또 길이에 제약이 없기 때문에 많은 내용을 적을 수 있으며, 음성언어를 사용할 때 보다 복잡한 내용을 논리적으로 전달할 수 있는 특성이 있다. 그리고 무엇보다도 영구적으로, 다른 지역에 사는 많은 이들에게 동일한 내용을 전달할 수 있는 특징이 있다. 이런 특성 때문에 문자언어는 인류의 지식은 다음 세대에 전승하는 주요 수단이 되어 왔다. 음성언어와 문자언어는 여러 가지 점에서 차이가 있지만, 이 둘은 상호 보완적이다. 그러므로 일상생활에서는 이 둘의 특성을 고려해 가면서 상황에 맞게 적절히 활용하여야 한다. 언어에 지속적인 관심을 가지고, 이를 효과적으로 사용할 때 우리의 생활은 더욱 풍요로워질 것이다.

1. 언어활동은 기본적으로 무엇으로 분류할 수 있습니까?

→

2. 음성언어의 특징은 무엇입니까?

→

3. 문자언어의 특징은 무엇입니까?

→

4. 음성언어와 문자언어의 차이점에 대해서 쓰십시오.

→

5. "음성언어와 문자언어는 여러 가지 점에서 차이가 있지만, 이 둘은 상호 보완적이다."에서 상호 보완적이란 무슨 뜻입니까?

→

제20과 이 글은 무엇에 대한 것인가?

Lektion 20. Worum geht es in diesem Text?

김 선생님 여러분, 읽기란 무엇일까요?

읽기란 낱낱의 글자나 단어 또는 문장을 파악하고, 나아가 글 전체의 내용과 구성, 글쓴이의 의도를 이해하는 과정이라 할 수 있습니다.

따라서 우리는 어떤 텍스트를 읽을 때 글쓴이가 전달하려는 의미를 올바로 파악해야 합니다.

그러기 위해서는 텍스트를 읽고 그 글의 제목, 주제, 주제문장과 중심 내용을 찾을 수 있어야겠지요.

다음의 예문을 읽어볼까요?

> **예문 1**
>
> 성공한 사람들은 자신감이 있다. 적어도 그들은 '나는 안돼' 라고 생각하지 않는다. 그들은 아무리 큰 어려움이 있어도 '나는 할 수 있어'라고 생각한다. 자신에 대한 이러한 믿음이 바로 성공의 에너지이다. 그리고 성공한 사람들은 실천력이 있다. 그들은 머릿속으로만 성공을 꿈꾸지 않고, 꿈을 현실로 만드는 힘을 가지고 있다. 즉 그들은 실패를 거듭해도 꿈을 이룰 때까지 목표를 향해 꾸준히 밀고 나가는 것이다.

김 선생님 제목이란 사전적인 의미로 '책이나 문학 작품 등에서 그것의 내용을 보이거나 대표하는 이름'을 말합니다.

그렇다면 여러분이 읽은 이 글의 제목은 무엇일까요?

파타 '성공과 실패의 차이점'입니다.

김 선생님 맞습니다. 이번에는 텍스트를 읽고 글의 주제를 알아보겠습니다.

주제는 글 전체의 핵심 주장을 명확하게 제시해 주는 것으로 겉으로 드러나지 않았지만 글에서 글쓴이가 말하고자 하는 것을 의미합니다.

보통 주제는 명사구로 나타냅니다.

그리고 주제 문장이란 주제를 한 문장으로 말하는 것입니다.

예문 2를 읽어 봅시다.

예문 2

현대를 흔히 '과학의 시대' 혹은 '과학 기술의 시대'라고 부른다. 그만큼 과거에는 생각할 수 없을 정도로 과학과 그것을 응용한 기술이 현대 사회에서 가지는 위상이 높아졌기 때문이다. 당장 에너지 문제에서부터 환경오염, 식량 증산, 인구 조절, 무기 개발 억제 문제 등 인류가 당면한 큰 문제들이 모두 과학과 유관한 문제라는 것이 이를 잘 말해준다.

김 선생님 이 글의 주제는 무엇일까요?

뮐러 '현대 사회의 과학의 위상'에 대한 내용입니다.

김 선생님 맞습니다. 이 글에서 글쓴이는 현대 사회에서 과학의 중요성이 매우 높아졌다는 것을 말하려고 하는 것입니다.
그럼 이번에는 예문 3을 읽고 주제문장을 알아보겠습니다.

예문 3

우리는 환경을 보호하기 위해 일회용품의 사용을 줄여야 한다. 비닐봉지나 컵라면 용기와 같은 것은 영원히 썩지 않을 뿐만 아니라, 소각할 경우에도 인체에 치명적인 영향을 주는 물질이 배출된다고 한다. 매스컴 등에서 보고되고 있는 독성 물질인 다이옥신도 이때 나온다. 최근 들어, 비닐봉지 대신 장바구니를 쓰거나 플라스틱 포장지 없애기 운동 등 일회용품의 사용을 줄이고자 하는 노력이 전개되고 있다. 이러한 흐름에 발맞추어 일회용품 사용에 대해 다시 한 번 생각해 보아야 할 것이다.

김 선생님 여러분, 다 읽었지요?
그럼 이 글에서의 주제문장은 무엇일까요?

진백진 '일회용품 사용을 줄여 환경을 보호하자.'입니다.

김 선생님 맞습니다. 또는 '환경보호를 위해 일회용품의 사용을 줄여야 한다.'도 됩니다.
이번에는 마지막으로 중심내용을 파악해 봅시다.
중심내용이란 글쓴이가 본래 말하고자 하는 것으로 한 문장으로 요약하여 정리하는 것입니다.
예를 들면 조각가가 조각상을 만들 때 어떻게 할까요?
우선 어떤 작품을 만들 것인가를 구상하지요.

구상 후에는 뼈대를 만들고 그 옆에 살을 붙여 나가지요.
여기에서 중심은 뼈대입니다. 글에서의 중심내용이 바로 뼈대라는 겁니다. 이런 중심내용은 주로 문단의 앞부분이나 끝부분에 위치합니다.
물론 항상 그렇지는 않습니다.
그러나 대부분의 글에서는 중심내용이 앞부분이나 끝부분에 옵니다.
자, 예문 4를 읽어 봅시다.

예문 4
불의 사용은 인류의 역사를 크게 진보시킨 매우 중요한 인간의 특징이다. 불을 사용하면서부터 음식을 익혀 먹어 위의 부담을 덜게 되었고, 어둠을 쫓아 활동하는 시간을 연장할 수 있었다. 모진 추위를 극복함은 물론, 맹수의 위협에서 해방될 수 있었다. 물론, 잘 훈련된 침팬지도 불을 사용하여 끽연을 할 수 있다고 한다. 결국 인간은 불의 사용으로 보존 능력이 증대되었고 생활권도 확장되었다.

김 선생님 다 읽었지요? 이 글에서의 중심내용은 무엇일까요?

왕영호 '불의 사용은 인류의 역사를 크게 진보시킨 매우 중요한 인간의 특징이다.' 입니다.

김 선생님 그렇습니다.
글을 읽는 것은 글을 통해 글쓴이가 전달하려는 의미를 파악하는 것입니다.
글쓰기는 어떨까요? 글쓰기의 목적은 읽기와는 반대로 글쓴이가 글을 통해 읽는 이에게 어떤 의미를 전달하고자 하는 것입니다.
그렇다면 글쓰기 또는 쓰기는 그 의미를 전달하기 위해 어떻게 해야 할까요?
글쓰기란 문자 언어를 통하여 자신의 경험과 사상 등을 일정한 형태의 의미로 조직하고 배열하는 과정을 말합니다. 그 과정이란 '계획하기 → 내용 상상하기 → 내용 조작하기 → 표현하기 → 고쳐쓰기'입니다.
주의할 점은 글쓰기 과정이 단계를 차근차근 밟아나가는 단선적인 과정이 아니라, 이전 단계로 돌아가거나 처음 단계로 돌아가 다시 시작하기도 하는 복합적인 사고과정이라는 것입니다.
따라서 '읽기와 쓰기'는 '글'을 통해 '의미'를 주고받는 활동이라고 말할 수 있습니다.

Lektion 20. Worum geht es in diesem Text?

Lehrerin Kim — Meine lieben Studenten! Was ist das Lesen?
Das Lesen erfasst ein einzelnes Wort, Wörter und Sätze. Weiter gehend versteht sich das Lesen als Vorgang, in dem man den Inhalt und die Struktur des gesamten Aufsatzes außerdem die Absicht des Autors begreift.
Darum sollten wir den vom Autor übermittelten Sinn richtig begreifen, wenn wir einen Text lesen.
Dafür sollten wir nach dem Lesen eines Textes den Titel, das Thema, Hauptsatz und Hauptinhalt des Textes herausfinden.
Nun jetzt lesen wir den folgenden Text.

Text 1 Erfolgreiche Menschen sind zuversichtlich. Jedenfalls denken sie überhaupt nicht, dass sie es nicht können. Sie denken immer "ich kann das", obwohl sie auf Schwierigkeiten stoßen. Das Vertrauen auf sich selbst ist eben die Quelle des Erfolges. Und die Erfolgreichen haben große Fähigkeiten, etwas praktisch anzuwenden. Sie trämen nicht im Kopf, sondern sie verwirklichen ihre Träume in der Tat. Obwohl sie immer wieder mit einem Misserfolg endigen, gehen sie ununterbrochen vorwärts zum Ziel und zwar bis zur Erfüllung ihrer Träume.

Lehrerin Kim — Nach der lexikalischen Bedeutung wird der Titel als ein im Buch oder im literarischen Text seine Inhalte zeigender und vertretender Name bezeichnet.
Nun was ist der Titel von diesem Text, den sie gerade gelesen haben?

Pata — Der Titel heißt 'Der Unterschied zwischen Erfolg und Misserfolg'.

Lehrerin Kim — Das stimmt. Nun finden wir diesmal das Thema des Textes, nachdem wir den Text gelesen haben.
Das Thema zeigt eine Kernbedeutung des gesamten Textes und

bedeutet ein anscheinend nicht Sichtbares, das der Autor im Text sagen wollte. Im Allgemeinen wird das Thema durch eine nominale Phrase gebildet.
Und der Hauptsatz bildet das Thema mit einem Satz.
Lesen wir alle den folgenden Text 2!

Text 2 Heutzutage bezeichnet man die gegenwärtige Zeit als 'das wissenschaftliche Zeitalter' oder als 'die Zeit der wissenschaftlichen Technik'. In der Vergagenheit konnte man sich nicht so vorstellen, dass der Zustand der Wissenschaft und ihrer angewandten Technik in der Gegenwart hoch geworden ist. Daran, dass sich die entgegenstehenden Probleme, nämlich von Energieprobleme, Umweltverschmutzung, und Ernährungsproduktionssteigerung bis zu Kontrolle der Waffenentwicklung, vorwiegend auf die Wissenschaft beziehen, kann man das erkennen.

Lehrerin Kim Was ist das Thema von diesem Text?
Müller 'Der Zustand der Wissenschaft in der modernen Gesellschaft'
Lehrerin Kim Das stimmt. In diesem Text hat der Autor die Absicht, darüber zu sagen, dass die Wissenschaft in der modernen Gesellschaft sehr wichtig geworden ist.
Nun finden wir einen Hauptsatz in dem folgenden Text 3!

Text 3 Wir sollten für den Umweltschutz die einmal benutzten Sachen nicht viel verbrauchen. Die Plastiktüten und Verpackungspapier od. Verpackungsgefäße aus Plastik sind auf immer nicht verfault. Außerdem werden die lebensgefährlichen Stoffe beim Verbrennen sogar ausgestoßen. Dabei ist ein tödlicher Stoff Dioxin gebildet, der in Massenmedien viel diskutiert wird. Heutzutage wird die Kampagne für die Benutzung des Einkaufskorb statt Plasiktüte geführt und die gemeinschaftliche Aktion gegen Plastikverpackung eingestellt. Eine solche Reihe von dieser Aktionen verbreitet sich für die Vermeinung des Gebrauchs der einmaligen Sachen. Indem man mit dieser Kampagne gleiches Schritt hält, sollte man über die Benutzung der einmaligen Sachen noch einmal nachdenken.

Lehrerin Kim	Haben sie den Text zu Ende gelesen? Nun was ist der Hauptsatz in diesem Text?
Jin Baek-Jin	'Durch die Einschränkung des einmaligen Gebrauchs schutzt man die Umwelt'.
Lehrerin Kim	Das ist richtig! Oder 'Wir sollten das Gebrauch der einmaligen Sachen für den Umweltschutz einschränken'. Als letztes erfassen wir den Hauptinhalt des Textes. Der Hauptinhalt wird als das Gemeinte des Autors mit einem Satz zusammengefasst. Zum Beispiel, was macht der Bildhauer bei der Bildhauerarbeit? Zunächst entwirft er etwas, was er bildhauen will. Nach dem Entwurf macht er das Gerippe und gießt danach eine Statue in Gips ab. Hierbei ist der Kern das Gerippe. Das heißt, der Hauptinhalt im Text ist eben das Gerippe. Der solche Hauptinhalt steht in meisten Texten am Anfang oder am Ende des Absatzes. Also, lesen wir den Text 4!

Text 4 Als eine sehr wichtige Eigenschaft des Menschen hat die Benutzung des Feuers die Geschichte der Menschheit fortschreitend beeinflusst. Seitdem man das Feuer benutzt hat, hat man angefangen, seine Ernährung kochen zu können. Dadurch werden die Magenbelastungen des Menschen erleichtert und seine Tätigkeit wird sogar im Dunkel verlängert. Außerdem kann man die bittere Kälte ertragen und sich von der Bedrohung des Raubtiers befreien. Es ist schon bewiesen, dass auch ein sehr gut trainierte Schimpanse durch die Feuerbenutzung rauchen kann.

Zuletzt vermehrt sich durch die Benutzung des Feuers von Menschen seine Erhaltungsfähigkeit. Weiter vergrößert sich sein Lebensbereich.

Lehrerin Kim	Haben sie alle zu Ende gelesen? Was ist der Hauptinhalt dieses Textes?
Wang Young-Ho	'Die Benutzung des Feuers hat als eine sehr wichtige Eigenschaft die

Geschichte der Menschheit fortschreitend entwickelt'.

Lehrerin Kim: Das stimmt.

Das Lesen erfasst die Bedeutungen, über die der Autor etwas durch das Schreiben aussagen wollte.

Was ist das Schreiben?

Im Gegensatz zum Lesen liegt der Zweck des Schreibens in der Vermittlung der Bedeutungen, über die der Autor durch die schriftliche Beschreibung zu Lesern aussagen wollte.

Das Schreiben wird als ein Prozess verstanden, in dem man durch die schriftliche Sprache seine Erfahrungen und Gedanken auf eine bestimmte Weise strukturiert und anordnet.

Dieser Prozess gliedert sich wie folgt, ,das Planen => das Entwerfen des Inhalts => das Manipulieren des Inhalts => das Formulieren => das Umschreiben.

Beachtenswert ist, dass der Prozess des Schreibens nicht als ein Schritt für Schritt fortgehender einfacher Werdegang verstanden werden sollte, sondern als ein komplexer Gedankenprozess, in dem das Schreiben auf die vorige Stufe oder sogar auf die Anfangphase zurückgeht.

Darum kann man so sagen, dass 'das Lesen und Schreiben' eine durch 'die schriftliche Beschreibung' 'Bedeutungen' wechselnde Tätigkeit ist.

문법

1 N란

- (받침 없는 명사 뒤에서) 어떤 대상을 특별히 지정하여 화제로 삼음을 나타내는 조사

  란 : 받침 없는 명사에 사용

  이란 : 받침 있는 명사에 사용

  Partikel-Thema

  Diese Form wird als eine Partikel verwendet, wenn man einen Gegenstand besonders benennt und ihn thematisiert.

예) 동요란 어린이를 위해서 만든 노래이다.

Das Kinderlied ist besonders ein Lied für Kinder.

2. 즉/다시 말하면

- 앞 문장을 자세히 설명하는 부문장

  Nebensatz : das heißt

예) 인간은 공동체 생활을 한다, 즉 인간은 사회적 동물인 것이다.

Der Mensch lebt in der Gemeinschaft, das heißt er ist ein soziales Wesen.

문장과 단어 : 대중매체 Massenkommunikationsmedium

대중매체는 의사소통의 수단이다.

Massenmedien sind Kommunikationsmittel.

대중매체를 통해서 대중적 의사소통이 가능하게 되었다.

Durch Massenmedien wird Massenkommunikation ermöglicht.

대중매체는 인쇄매체(잡지, 신문과 책)나 시청각매체(라디오, 텔레비전과 영화)를 수단으로 대중

에게 많은 사회정보와 사상을 전달한다.

Massenmedien vermitteln viele soziale Informationen und Gedanken an ein disverses Publikum durch die klassischen Massenmedien wie Printmedien (Zeitungen, Zeitschriften und Bücher) und elektronische Medien (Hörfunk, Fernsehen und Film).

- 대중매체/매스미디어 **Massenkommunikationsmedium**
  - 음향, 영상매체 Tonmedien, Schattenbild Medien
    텔레비전 Fernseher
    라디오 Radio
    영화 Film
    VTR 자료 VTR-Material
  - 문자매체 Schriftmedien
    신문 Zeitung
    잡지 Zeitschrift
    서적 Bücher
    광고지나 홍보책자 Werbung- od. Informationsbücher
  - 전자매체 Elektronischemedien
    인터넷 Internet
    컴퓨터 Computer
    핸드폰 Handy
- 단어 **Wort**
  - 방송 Sendung
    방송프로그램 Fernseh-/Radioprogamm
    방송국 Sender
    취재기자 Reporter
    인터뷰 Interview
    방송아나운서 Ansager
    생방송 Originalsendung
    오락방송 Unterhaltungssendung
    중계방송 Übertragung
    편집 Redaktion
    시청자 Zuschauer/청취자 Höhrer

광고 Werbung
- 출판 Veröffentlichung
출판사 Verlag
저자 Verfasser
독자 Leser
독자층 Leserklasse
구독 Abonnement
- 인터넷 Internet
웹사이트 Website
데이터 Daten
충전기 Akku
로그인 하다 einloggen
로그아웃 하다 ausloggen

연습문제

1. 다음을 읽고 쓰십시오.

대중 매체란 무엇인가?

대중매체란 의사소통을 수단으로 하는 신문사, 출판사, 방송국 등 특정 소수의 정보 제공자로부터 불특정 다수의 대중을 향한 정보 전달 수단이다. 전파를 이용한 대중 매체에는 텔레비전과 라디오가 있으며, 인쇄를 이용한 대중 매체에는 잡지와 신문이 있다. 1990년대 후반부터 인터넷을 이용한 정보 전달이 급격하게 늘고 있다. 대중 매체를 통한 정보의 전달을 대중 전달이라 부른다. 자본주의 사회에서는 문화를 대중화 시키는 긍정적인 역할을 하기도 하지만, 문화 상품화와 지배 이데올로기 형성 및 전파의 도구가 되기도 한다.

대중매체의 기능에 대하여 무엇보다도 대중매체는 정치, 경제, 사회, 문화 등의 각 분야에서 일어나는 일에 대한 정보를 제공하는 기능을 한다.

이러한 정보제공을 통해

1. 사회 구성원들은 자신들의 환경을 감시하고 위험에 대처하여 생존하도록 돕는다.
   그러나 대중매체가 전하는 정보는 때로 허위이거나 조작된 것이어서 사람들의 판단을 그릇되게 이끌어 갈 수도 있다.
2. 대중매체는 단순히 정보를 전달하기만 하는 것이 아니다.
   대중매체는 사건과 정보를 설명하고 해석하고 평가함으로써 사회 구성원간의 합의를 이끌어내고 여론을 형성한다. 또 정부나 기업 혹은 그 밖의 사회 조직들을 감시하고 견제한다.
   그러나 대중매체는 여론조작을 통해 대중들이 정의롭지 못한 기존질서에 순응하도록 하는 데 이바지하기도 한다.
3. 대중매체는 사회의 전통과 가치, 규범 등을 전파함으로써 사회구성원간의 통합을 촉진한다.
   그러나 대중매체는 인간적인 접촉을 줄이고 사회 구성원들의 가치와 사고방식을 획일화하고 문화의 다양성을 감소시킨다.
4. 대중매체는 오락을 제공하고 대중예술의 창조와 발전에 이바지한다. 또한 고급 예술을 접할 수 있는 기회를 제공하여 대중의 문화적 수준을 높인다.
   그러나 대중매체는 저급한 프로그램을 양산해 전파함으로써 문화의 저질화를 가져올 수 있으며, 사람들은 환상 속에 빠져들게 함으로써 현실을 유지하는 데 이바지할 수도 있다.

5. 대중매체는 사회 구성원들이 국가의 이익에 봉사하거나 특정한 사회적 가치나 행동을 택하도록 촉구한다. 경제개발계획, 가족계획, 국산품 애용, 불우이웃 돕기 등 많은 일에 사람들을 동원하는 역할을 한다.
그러나 이러한 역할이 늘 순수하고 긍정적인 목적으로만 수행되는 것은 아니다. 대중매체는 부당한 전쟁이나 권력투쟁이나 사적인 이익 등 부정적인 목적을 위해서도 사람들을 동원한다.
이상에서 알 수 있듯이, 대중매체는 서로 반대되는 두 가지 유형의 기능을 한다. 하나는 순기능이고 다른 하나는 역기능이라고도 한다. 그러나 이러한 기준은 엄격한 것이 아니다. 보는 사람의 입장이나 가치관 또는 이해관계에 따라 정반대로 이야기될 수도 있기 때문이다. 따라서 한 기능이 상반되게 이해될 수 있음을 늘 명심해야 한다.

1. 대중매체란 무엇입니까?

→

2. 대중매체의 종류로는 무엇이 있습니까?

→ 문자매체 :

음향, 영상매체 :

전자매체 :

3. 대중매체의 기능은 무엇입니까?

→

4. 대중매체의 장점과 단점을 기술하십시오.

→

II. 다음 글을 읽고, <보기>의 예시와 같이 이 글의 주제와 목적을 쓰십시오.

• 보기

이 글의 목표는 쓰레기를 길에 버려서는 안 된다는 것을 주장하는 것이다.

주제 글의 목적

갯벌은 바다 생물이 살아가는 터전이 되어 준다. 갯벌의 모래나 진흙 속에는 영양이 풍부한 유기물이 많다. 그래서 갯벌은 바다 생물인 갯지렁이, 바지락, 문어, 게 등이 영양분을 섭취하며 살아가는 삶의 터전이 되어 준다. 또 갯벌은 조류가 살아가는 터전이기도 하다. 갯벌에 사는 바다 생물을 먹이로 하여 살아가는 새들이 있다. 물새 떼, 도요새 등이 그 예이다.
갯벌은 우리 인간에게도 큰 도움을 준다. 갯벌은 오염 물질을 걸러주어 바닷물이 오염되는 것을 막아준다. 우리가 무심코 흘려보내는 오수나 폐수를 정화시켜주는 일을 갯벌이 한다. 또 갯벌은 태풍이나 해일이 발생할 때 이를 약화시켜주는 방파제 역할을 하기도 한다. 그래서 우리가 커다란 자연재해를 입지 않도록 해 준다. 이처럼 갯벌은 바다 생물과 조류, 우리 인간에게 많은 혜택을 준다.

→ 이 글의 목표는

III. 글에서 중심 문장을 찾아 쓰십시오.

불의 사용은 인류의 역사를 크게 진보시킨 매우 중요한 인간의 특징이다. 불을 사용하면서부터 음식을 익혀 먹어 위의 부담을 덜게 되었고, 어둠을 쫓아 활동하는 시간을 연장할 수 있었다. 모진 추위를 극복함은 물론, 맹수의 위협에서 해방될 수 있었다. 물론, 잘 훈련된 침팬지도 불을 사용하여 끽연을 할 수 있다고 한다. 결국 인간은 불의 사용으로 생존 능력이 증대되었고 생활권도 확장되었다.

→

IV. 다음 글 전체의 주제를 한 문장으로 쓰십시오.

고대 아테네는 모든 사람들이 나라 다스리는 일에 직접 참여하였다. 그러다 보니 사람들은 이 나라의 주인은 바로 '나'라는 생각을 갖게 되었다. 아테네가 강한 나라였다는 사실은 당시 세계에서 가장 강한 군사력을 지닌 페르시아와 전쟁을 치루면서 분명하게 드러나게 되었다. 페르시아 군대는 수많은 군사들을 배에 태워 아테네에서 근처 마라톤 해안에 상륙했다. 누구도 이 전투에서 아테네가 이길 것이라고는 믿지 않았다. 그런데 아테네 군대는 페르시아 군대를 격추시켰다. 왕이 시키니까 억지로 끌려나온 페르시아 군인들은 자신이 주인인 조국의 독립과 자유를 위해 목숨을 걸고 싸우는 아테네 군인들을 당해낼 수 없었던 것이다.
페르시아와의 전쟁이 끝난 후에 아테네는 그리스의 수많은 도시들을 이끄는 지도자 국가가 되었다. 이때 페리클레스라는 정치가가 나타나 오늘날과 같은 민주정치를 폈다. 페리클레스는 모든 시민이 정치에 참여하도록 하였다. 국가의 통치자는 제비뽑기로 정했다. 누구나 나라를 다스릴 수 있으나 모두가 나라 다스리는 일에만 메달릴 수 없으니 제비뽑기로 사람을 뽑아 그 사람이 모든 사람을 대신해 나라를 다스리는 일을 하게 한 것이다. 그리고 중대한 문제가 있으면 모든 국민들이 모여 회의를 통해 결정을 내렸다.
페리클레스가 한 연설 중 오늘날까지 전해져 내려오는 연설이 있다.
"우리의 정부는 몇몇 사람들만이 주인이 아니라 모든 사람이 주인이다. 그래서 우리는 이를 가리켜 민주주의라고 부른다."

→

V. 다음은 사회가 요구하는 유능한 인재의 필요성에 대해 쓴 수필이다. 이 글의 체계적인 글이 되도록 (가)~(라)를 바르게 배열하십시오. 그리고 글쓴이의 중심사상은 무엇인지 쓰십시오.

(가) 그릇은 항상 깨끗하게 준비되어 있어야 쓸 수 있다. 요즈음 우리 주변을 보면 질박하지만 깨끗한 그릇도 많이 있고, 좋은 그릇이지만 쓸 수 없는 오염된 그릇도 많이 있다. 주인이 쓸 수 있는 그릇은 재질과 모양이 훌륭한 그릇이 아니라 깨끗한 그릇이다.

(나) 신문의 어지러운 사회면, 정치면의 기사를 대할 때면 '깨끗한 그릇'이 절실하게 요구된다. 나라의 장래를 위하여 교육과 사회, 문화의 정책 방향도 이 사회가 요구하는 쓸모 있는 그릇, 적당한 그릇을 준비하는 데에 초점을 맞추어야 할 것이다.

(다) 또 그릇은 용도에 따라 그 크기가 적절해야 한다. 내용물보다 큰 그릇을 대하고 보면 민망스

러울 때가 있다. 그리고 작은 그릇에 넘치도록 담는 것을 보기도 한다. '적당하다'는 것이 얼마나 어려운 일인가?

(라) 일상생활에서 그릇은 긴요한 물건이지만 우리는 그 편리함을 느끼지 못한다. 값진 그릇에서부터 헐값의 그릇에 이르기까지 재질과 모양, 색상과 무늬 등에서 그 종류를 헤아리기 어렵다. 이렇게 많은 그릇 중에서 과연 값진 그릇은 무엇일까? 쓸 수 있는 그릇은 무엇일까? 어느 때, 어느 그릇을 쓸 것인가?

(　　) → (　　) → (　　) → (　　)

글쓴이의 중심사상 :

Ⅴ. 다음 글처럼 과학의 발전은 우리 삶의 터전을 병들게 하고 있습니다. 이러한 문제점을 해결할 수 있는 방법을 써 보십시오.

울창한 숲속의 나무들이 잘려 나가고, 자동차와 공장 등에서 매연이 뿜어져 나와 지구 위의 산소가 점점 줄어들고 있습니다. 또, 가정에서 버린 생활하수와 공장 폐수, 축산 폐수로 강과 바다가 오염되어 물고기들이 살 수 없게 되었습니다. 이처럼 하늘과 땅, 강과 바다가 지금 이 순간에도 계속 오염되어 지구는 병들어가고 있으며, 이에 따라 수많은 생물들이 사라져가고 있습니다.
사람들은 오염된 공기와 땅, 물 때문에 큰 위협을 받고 있습니다. 미래가 어떤 모습으로 변할지 두렵기까지 합니다.
그러나 미래가 꼭 어두운 것만은 아닙니다. 세계 곳곳에서 지구의 환경을 되살리려고 노력하는 사람들이 점점 늘어나고 있기 때문입니다. 우리 모두가 자연 환경을 보호하고 지구를 지키려는 노력을 계속한다면, 환경오염으로 병들어가는 지구를 살릴 수 있습니다.

→

VII. 다음을 읽고 쓰십시오.

울창한 숲들이 사라지고 많은 쓰레기가 그 자리를 차지하고 있다. 그 쓰레기를 만들어 내는 주범의 하나가 바로 일회용품이다. 일회용품 사용을 줄이고 자원 재활용률을 획기적으로 늘리지 못하는 한 쓰레기 문제를 해결하기란 불가능하다.
쓰레기 문제를 해결하기 위한 방안으로 '우유병 사용 운동'을 전개할 필요가 있다. 우유팩은 재활용이 어려우며 실제 재활용률도 매우 낮은 편이다. 그러나 유리병을 사용할 경우에는 90% 이상을 재활용 할 수 있어 쓰레기문제를 해결하는데 큰 도움이 된다.

1. 글쓴이가 제시한 문제는 무엇입니까?

→

2. 글쓴이가 제시한 해결방안은 무엇입니까?

→

3. 그 외에 쓰레기를 줄이기 위한 해결방안을 제시하십시오. (300자 내외)

→

Ⅷ. 다음을 읽고 물음에 답하십시오.

> 과학 기술의 발전은 하루가 다르게 발전하고 있다. 과거에는 10년 정도를 가지고 그 변화상을 얘기하는 것이 보통이었다면, 요즘은 몇 개월이 다르고 며칠이 다르다. 그만큼 과학 기술은 매우 빠른 속도로 발전을 하고 있는 것이다.
> 과학 기술의 발달로 인해 인류에게 주어진 혜택으로는 무엇보다 생활의 편리함을 들 수 있다. 육체노동시간이 줄었고 이로 인해 여가 시간이 증대되어 다양한 정보를 획득하고, 개인의 자율성과 다양성을 인정받을 기회를 가지게 되었다.
> 그런데 과학 기술의 발전이 반드시 긍정적인 것만은 아니다. 과학 기술의 발전이 가진 위험성 또한 크기 때문이다. 환경이 오염되고 핵전쟁의 위협에 시달리며 개개인의 인간은 기계화된 문명의 노예가 된다. 또한 개인주의가 팽배해져 인간소외현상 등을 낳을 염려가 있다고 사회학자들은 경고하고 있다.
> 과학기술은 이렇듯 양면성을 지니고 있다. 원자력을 폭탄으로 사용하여 인류를 멸망으로 이끌것인가, 아니면 깨끗하고 효율적인 자원으로 이용할 것인가 하는 사용자들의 태도에 달려 있는 것이다. 즉 그것이 약이 되는가 또는 독이 되는가는 결국 사용자의 몫인 것이다. 따라서 과학 기술의 발전에 상응하는 인간의 존엄성에 대한 성찰이 있어야 과학기술은 소중하게 사용될 수 있다.

위 글은 과학 기술의 발전에 관한 것이다. 이 글을 토대로 개요를 작성하십시오.

서론 :

본론 :

결론 :

III 해답편 Lösungen

제1과 자기소개

I

1. 한국어 선생님은 김 선생님입니다.(김 선생님입니다.)
2. 진백진 씨와 왕영호 씨의 고향은 중국입니다.(중국입니다.)
3. 몽골사람은 파타 씨입니다.(파타 씨입니다.)
4. 뮐러 씨는 독일 사람입니다.(독일 사람입니다.)
5. (각자의 이름과 출신을 말하고 나아가 한국에 온 이유를 쓰면 더 좋습니다.)

II

1. 김 선생님의 직업은 선생님입니다.
2. 중국 사람입니다.
3. 한국생활이 재미있습니다.
4. 한국 친구가 많습니다.
5. 어렵지만 재미있습니다.(어렵지만 재미있어 합니다.)

제2과 이것은 무엇입니까?

I

1. 이곳은 교실입니다.
2. 우리는 교실에 있습니다.

3. 스미스 씨입니다.
4. 문, 창문, 커튼, 칠판지우개와 분필이 있습니다.
5. 아닙니다. 꽃은 없습니다.

Ⅱ

1. 뮐러 씨는 학교에 갑니다.
2. 아니요, 소현 씨는 도서관에 갑니다.
3. 소현 씨는 도서관에서 책을 읽습니다.
4. 아닙니다.(뮐러 씨는 도서관에서 책을 읽지 않습니다.)

제3과 나의 가족

Ⅰ

1. 시할머니, 시아버지, 시어머니, 남편, 아들 그리고 딸과 함께 삽니다.
2. 뮐러 씨의 가족은 한국에 삽니다.
3. 네, 진백진 씨는 조부모님이 계십니다.
4. 아니오, 유키 씨는 자매가 없고 오빠(오빠 한 명)만 있습니다.
5. 파타 씨의 부모님은 몽골에 살고 계십니다.
6. 누나가 두 명입니다.(누나가 두 명 있습니다.)

Ⅱ

1. 7명입니다.
2. 꽃에 물을 주고 계십니다.
3. 아버지입니다.
4. 요리를 하고 계십니다.
5. 오빠와 여동생이 텔레비전을 보고 있습니다.

Ⅲ

1. 아닙니다. 남자입니다.
2. 아버지께서는 회사에 다니시고 어머니께서는 집에 계십니다.
3. (이경민 씨의) 형의 직업은 은행원입니다.

4. 동생은 고등학생입니다.

IV

1. 진백진 씨, 부모님께서는 안녕하십니까?
2. 뮐러 씨, 많이 드십시오.
3. 선생님, 어제 몇 시간 주무셨습니까?
4. 동생이 아버지께 선물을 드립니다.

V

1. 1) 가족은 모두 5명입니다.
   2) 부모님께서는 회사에 다니십니다.
   3) 네, 함께 삽니다.
   4) 2명입니다. 누나는 회사에 다니고 동생은 고등학생입니다.
   5) 가족들은(모두) 서울에 살고 있습니다.

2. ① 께서는 ② 연세가 많으십니다 ③ 건강하십니다 ④ 께서는 ⑤ 돌아가셨습니다 ⑥ 께서는 ⑦ 일하십니다 ⑧ 께서는 ⑨ 주무십니다 ⑩ 께서는 ⑪ 보시고 ⑫ 께서는 ⑬ 깎으십니다 ⑭ 께 ⑮ 드리고

제4과 김 교수님 계십니까?

I

1. 뮐러 씨는 김 선생님에게 전화를 합니다.
2. 공삼일 삼칠구에 사팔이일
3. 아니요.(통화를 하지 못했습니다.)
4. 김 선생님은 오후 7시에 집에 계십니다.
5. 뮐러 씨는 저녁 8시쯤에 다시 전화를 하겠다고 (말)했습니다.

II

1. (이 사람은) 중국에서 왔습니다.
2. (이 사람은) 한국 대학교에서 한국어를 공부합니다.
3. 학생은 모두 12명입니다.

4. 한국어 공부가 어렵지만 재미있습니다.
5. 학교 식당에서 친구들과 함께 먹습니다.
6. 점심을 먹고 도서관에 갑니다. 그리고 도서관에서 숙제를 하고 책을 읽습니다.
7. 저녁을 먹고 텔레비전을 봅니다. 그리고 음악을 들으며 책을 읽기도 합니다.
8. 친구들과 함께 축구나 농구를 하고 영화관에 갑니다.

III

1. 뮐러 씨가 소현 씨와 재래시장에서 떡볶이와 순대 1인분씩 그리고 어묵 1개씩을 먹었습니다.
2. 떡볶이, 순대, 어묵(튀김, 닭고치, …)을 팝니다.
3. 어묵과 무 그리고 여러 가지 해산물을 넣어 오랫동안 끓여(서) 만듭니다.

제5과 내 방에는 여러 가지 물건들이 있습니다.

I

1. 기숙사는 4층 건물입니다.
2. 1층에는 식당과 매점 그리고 휴게실이 있습니다.
3. (왕영호 씨의 방은) 2층에 있습니다.
4. 책상과 침대가 있습니다. 그리고 장롱이 있습니다.
5. 아닙니다. 텔레비전은 방에 없고 아래층에 있습니다.
6. 침대 옆에는 옷장이 있습니다.
7. 라디오는 책상 위에 있습니다.
8. 침대 밑에는 큰 가방이 있습니다.

II

1. 냉장고 - 책상 옆
2. 연필 - 침대 위
3. 가방 - 의자 옆
4. 시계 - 책상 위
5. 공책 - 침대 위
6. 신발 - 책상 아래
7. 텔레비전 - 없다

III

1. 왕영호 씨와 경민 씨는 매일 도서관에 갑니다.
2. 도서관에는 책과 잡지가 있습니다. 그리고 신문도 있습니다.
3. 신문은 도서관 5층에 있습니다.

IV

개 : 사과, 의자, 책상, 수첩

병 : 주스, 맥주

권 : 공책. 책

대 : 자동차, 컴퓨터, 텔레비전, 냉장고, 카메라

켤레 : 구두, 양말

벌 : 옷

송이 : 꽃

마리 : 강아지, 고양이, 염소

자루 : 볼펜, 연필

판 : 피자

잔 : 커피

장 : 종이, 수건

제6과 제 딸은 예뻐요.

I

1. 김 선생님의 자녀는 1남 1녀입니다.
2. 아들의 키는 170cm 정도에 안경을 썼고 딸은 155cm 정도의 단발머리 소녀입니다.
3. 뮐러 씨의 딸은 뮐러 씨 부인을 닮았습니다.
4. 뮐러 씨의 딸은 초록색 눈과 머리 색깔은 금발입니다.
5. 182cm입니다.
6. 유키 씨의 어머니는 158cm 정도의 키에 맑고 큰 눈을 가지고 계십니다.
7. 스미스 씨의 외모는 아버지를 닮았고 세심한 성격은 어머니를 닮았습니다.

Ⅱ

1. 야구를 좋아하는 사람은 영호입니다.
2. 아침을 못 먹은 사람은 스미스입니다.
3. 아침에 지하철을 타는 사람은 소현이입니다.
4. 커피를 마시면서 신문을 읽는 사람은 뮐러입니다.
5. 지금 잠을 자는 사람은 파타입니다.
6. 학교에서 중국어를 가르치는 사람은 진백진입니다.

Ⅲ

① 야구를 좋아하는 ② 식당에 가는 ③ 지하철을 타는

④ 커피를 마시면서 신문을 읽는 사람은 ⑤ 잠을 자는 ⑥ 가르치는

Ⅳ

1. 쓰
2. 끼, 했
3. 썼
4. 입, 맸
5. 메, 신, 썼
6. 쓰
7. 쓰, 썼 , 끼
8. 끼, 했, 하지.
9. 썼 , 썼
10. 입, 맸, 입었더니
11. 메, 신, 썼, 맸
12. 쓰, 쓰지

Ⅴ

1. 집근처에 있는 시장에 가서 바지와 티셔츠를 샀습니다.
2. 옷을 파는 가게에 갔습니다.
3. 가게에는 여름에 입는 옷들이 많았습니다.
4. 아닙니다. 가방은(을) 사지 않았습니다.

VI

1. 성격이란 선천적, 환경적, 교육적 조건에 의해 형성되는 가치관 즉 인생관 또는 세계관이나 품격, 인격을 말하는 것으로 한 사람의 개인적 심리적 특성을 뜻합니다.
3. 저의 (성격, 생활습관, 사고방식, 외모 등)는/은 (아버지/어머니 등)께/에게/한테 영향을 받았습니다. 또는 (아버지)이/가/께서 저의 (성격/사고방식)에 영향을 주었습니다.

제7과 내일 뭐 해요?

I

1. 13일입니다.
2. 오후에 친구를 만나서 식사를 하고 영화를 볼 겁니다.
3. 북한산으로 등산을 갈 겁니다.
4. 뮐러 씨는 보통 주말에 가족과 함께 운동을 합니다. 또는 등산을 갑니다.
5. 다음 주 토요일은 21일이고 뮐러 씨의 생일 파티를 할 겁니다.
6. 뮐러 씨는 생일 파티에 친구들과 진백진 씨를 초대 할 겁니다.

II

1. 오늘은 오월 십일 토요일입니다.
2. 아니요, 차를 타지 않고 걸어서 갔습니다.
3. 사람들은 산에서 약수를 마시고 운동을 했습니다.
4. 산의 물맛은 시원하고 맛있었습니다.

III

1. 네, 오늘은 수요일입니다.
2. 내일은 목요일입니다.
3. 네, 내일도 학교에 갑니다.
4. 아니요, 주말에는 집에서 쉽니다.(주말에는 학교에서 공부하지 않고 집에서 쉽니다.)
5. 주말에는 집에서 텔레비전을 보거나 책을 읽습니다.

Ⅳ

1. 학교 식당에 가서 점심을 먹었다.
2. 제육볶음과 비빔밥이다.
3. 커피를 마시며 이야기를 나누었다.
4. 경민은 오후 6시에 유키 씨와 만나서 영화를 볼 것이다.
5. 왕영호 씨는 고향에 있는 친구에게 편지를 쓸 것이다.
6. 나는 오후에 진백진 씨와 불고기를 만들기 위해 마트에 가서 재료를 산후 불고기를 만들어 먹을 것이다.
7. 강의실로 갔다.

Ⅴ

오늘은 금요일이다. 월요일, 수요일과 금요일에는 한국어 수업이 있다.
오늘 영화를 볼 것이다.
화요일에는 서점에 가서 한국어 책을 샀다.
목요일에는 도서관에서 공부를 하고 신문과 잡지를 읽었다. 그리고 한국 문화에 관련된 책도 빌려왔다.
일요일은 친구의 생일이다. 그래서 선물을 사기 위해 토요일에 백화점에 갈 것이다.
백화점에서 선물을 산후에 집안 청소를 할 것이다.
일요일 친구의 생일 파티가 기대된다.

제8과 어제 뭐 했어요?

Ⅰ

1. 영화 보는 것을 좋아합니다.(영화 보는 것입니다.)
2. 어제 시내에서 친구를 만나서 함께 영화를 보았습니다.
3. '괴물'을 보았습니다.
4. 네, 영화는 재미있었습니다.
5. 코믹영화를 좋아합니다.
6. 아니요. 스미스 씨는 한국영화를 본 적이 없습니다.
7. 함께 한국영화를 볼 것을 약속했습니다.

II

1. 5월 8일은 어버이 날입니다.
2. 빨간색 카네이션을 샀습니다.
3. ① X ② O ③ X

III

1. 유키 씨는 멜로 영화를 좋아한다.
2. 이번 주말에 볼 것이다.
3. 소현 씨는 요즘 바빠서 영화관에 갈 수 없었다.
4. 아니다. 유키 씨는 '8월의 크리스마스' 영화에 대해 들어 본적이 있다.

IV

1. 아니요. 나는 민속촌에 가 본적이 없습니다.(없어요.)
2. 나는 오늘 친구 경호와 같이 민속촌에 갔습니다.
3. 나와 친구는 버스와 지하철을 타고 민속촌에 갔습니다.
4. 지하철 1호선을 타고 갔습니다.
5. 아니오. 수원 역 앞에서 다시 버스로 갈아타고 갔습니다.
6. 아니오. 유키 씨는 관광버스로 와서 차를 갈아타지 않았습니다.
7. 나는 민속촌에서 농악대의 연주와 줄타기 그리고 전통가옥들을 관람했고 엿을 먹었고 장터에서 동동주와 해물파전을 먹었습니다.
8. 아니오. 나는 호박엿을 처음 먹어 봅니다.
9. 정말 즐겁고 재미있는 관광이었습니다.

V

1. 나는 민속촌에 가 본적 이 없다.
2. 나는 민속촌에 가보고 싶다.
3. 나는 민속촌에서 해물파전을 먹어 본적이 있고 동동주도 마셔 본적이 있다.
4. 한국영화를 본적 이 있나요. 오후에 나와 함께 영화를 보러 갈까요?
5. 어떤 영화를 좋아해요?
6. 내일 오후 1시에 학교식당 앞에서 만날까요?
   그렇지 않다면 카페테리아에서 만날까요?

7. 카페테리아에서 만납시다.

제9과 어떤 운동을 좋아합니까?

I

1. 월요일에는 한국어 수업이 있는 날입니다.
2. 왕영호 씨는 토요일에 친구와 함께 영화를 보았습니다. 그리고 일요일에는 친구들과 축구를 하였습니다.
3. 네, 뮐러 씨는 운동을 좋아합니다.
4. 뮐러 씨는 주말에 가족과 함께 수영장에서 수영을 했습니다.
5. 유키 씨는 테니스와 수영을 합니다.
6. 스미스 씨의 취미는 자전거 여행입니다.
7. 스미스 씨는 주말에 친구와 함께 자전거를 타고 한강에 갔습니다.
8. 진백진 씨는 야구구경을 좋아합니다.(운동을 하기 보다는 구경하는 것을 좋아합니다)
9. 파타 씨는 주말이면 고향에서 말을 탔습니다.
10. 파타 씨가 한국에서 아쉬워하는 것은 주말마다 말을 탈 수 없다는 것입니다.
11. 유키 씨는 수영을 좋아합니다. 뮐러 씨도 수영을 좋아합니다.
12. (수영/야구/조깅/축구를 하다, 테니스/탁구를 치다, 자전거/말을 타다)
13. (친구를 만나 영화를 보다, 여행을 하다, 서점에 가다, 운동을 하다, 쇼핑을 하다, 책을 읽다, 공부를 하다 등을 과거 동사로 써보기)

II

1. 바빠서 못했다.
2. 도서관에서 숙제를 한다.
3. 토요일에 할 것이다.(토요일에 하려고 합니다.)
4. 불고기를 먹고 영화 구경을 갈 것이다.

III

1. 어린이날은 5월 5일입니다.
2. 어버이날은 5월 8일입니다.
3. 스승의 날은 5월 15일 금요일입니다.

4. 시험은 5월 27일 수요일에 봅니다.
5. 5월 23일 토요일은 동생의 생일입니다.
6. 네, 5월 2일은 공휴일이고 석가탄신일입니다.

Ⅳ

1. 5개월 전부터 다니고 있다.
2. 토요일이면 친구와 스포츠센터에 간다.
3. 사우나하기를 가장 좋아한다.
4. 어제부터 몸이 아프기 시작했다.
5. 어제부터 몸이 좋지 않더니 오늘 아침부터는 열이 나고 몸도 쑤신다.
6. 친구에게 전화를 걸어 약속을 취소하고 집에서 쉬기로 했다.

제10과 조리사가 되고 싶어요.

Ⅰ

1. 유키 씨가 한국어를 배운지는 1년 6개월이 되었습니다.
2. 유키 씨는 6개월 전에 한국에 왔습니다.
3. 유키 씨는 6개월 정도 한국에 더 있을 계획입니다.
4. 아니오. 유키 씨는 일본에서 대학을 졸업하지 않고 한국에 왔습니다.
5. 유키 씨는 다시 일본에 돌아가면 대학을 졸업한 후 대학원에 진학해서 계속 공부할 계획입니다. (공부할 겁니다/공부하려고 합니다.)
6. 유키 씨의 전공은 동양문화입니다.

Ⅱ

1. 북경에서 대학에 다녔습니다.
2. 학교 근처의 하숙집에서 삽니다.
3. 대학교 기숙사에서 살았습니다.
4. 한국말과 한국 문화를 빨리 배우고 싶어서 이사했습니다.
5. 하숙집으로 이사하고 나서 한국말이 늘었습니다.

Ⅲ

1. 김경민 씨는 아침 6시에 일어납니다.
2. 아침을 먹기 전에 운동을 하고 샤워를 합니다.
3. 아침 식사를 한 후 신문을 읽습니다.
4. 퇴근 한 후에 친구를 만나거나 헬스장에서 운동을 하고 집에 돌아옵니다.
5. 메일을 하고 텔레비전을 보기 전에 식사를 합니다.
6. 저녁식사한 후 메일을 확인하고 텔레비전을 봅니다.
7. 자기 전에 1시간쯤 책을 읽습니다.

Ⅳ

파타 씨는 수업이 끝난 후에 도서관에서 공부를 했습니다. 그 후에 서점에서 소설책을 한 권 샀습니다. 그리고 기숙사에 왔습니다. 기숙사에 온 후에 방을 청소했습니다. 그리고 저녁을 먹은 후에 친구에게 편지를 쓰고 자기 전에 책을 읽었습니다.

제11과 어느 계절을 좋아해요?

Ⅰ

1. 한국은 봄, 여름, 가을 겨울인 사계절이 뚜렷한 나라이다.
2. 여름은 6월부터 8월까지이다. 7월은 약 2주간에 걸친 장마기간이 있다. 이 장마기간에 비가 많이 오고 날씨가 습하다. 장마기간이 끝나면 무덥고 뜨거운 날씨가 계속 된다.
3. 왜냐하면 몽골에서는 시원한 가을에 넓은 평원에서 말을 타고 달릴 수 있기 때문이다.
4. 유키 씨는 따뜻한 지방인 오키나와에서 태어나 자랐기 때문에 추위를 잘 탄다. 그래서 유키 씨는 겨울보다는 여름을 더 좋아한다.
5. 진백진 씨는 사계절 중 봄과 여름을 좋아한다. 왜냐하면 따뜻한 봄에는 새싹과 예쁘게 피어나는 꽃들을 보며 산책하는 것이 좋고 더운 여름엔 바닷가에서 수영하고 일광욕을 할 수 있기 때문이다.
6. 스미스 씨는 사계절 모두 좋아한다. 왜냐하면 각각의 계절마다 가지고 있는 특징이 다르기 때문이다. 봄은 따뜻하고 새들의 아름다운 소리와 새싹이 돋아나는 새로운 생명의 탄생이 있고 여름은 뜨겁지만 강한 햇살아래 반짝이는 푸른 나뭇가지의 모습과 바다에서 시원하게 불어오는 바람이 있다. 그리고 가을은 무더웠던 날씨 뒤의 시원하고 서늘한 바람과 모든 과일과 곡식들이 익어 수

확하는 풍요로운 모습을 볼 수 있고 겨울은 춥지만 하얀 눈에 덮인 나뭇가지의 하얀 꽃을 보며 스키를 탈 수 있다. 그래서 스미스 씨는 사계절 모두 좋아 한다.

7. 왜냐하면 김 선생님은 눈이 내리면, 어린아이처럼 눈을 맞으며 하늘을 쳐다보길 좋아하기 때문이다. 특히 그녀는 하얀 눈의 차가움이 얼굴에 닿을 때의 그 느낌을 좋아한다. 그래서 김 선생님은 겨울을 특히 좋아한다.
8. 기상청의 예보에 의하면 올 겨울은 예년보다 춥지만 눈은 많이 내리지 않을 것이라고 한다. 그래서 봄 가뭄이 예상된다고 한다.

II

1. 봄, 여름, 가을 네 계절이 있다.
2. 한국의 봄은 남쪽에서 시작된다.
3. 한국의 여름 날씨는 덥고 비가 많이 온다.
4. 여름에 삼계탕과 수박을 많이 먹는다.
5. 천고마비
6. 설악산과 내장산은 단풍으로 유명하다.
7. 아이들은 썰매를 타고 팽이를 치고 눈사람을 만들고 어른들은 군밤과 군고구마를 먹는다.

III

1. 나는 지하철을 타고 학교에 간다.
2. 월요일과 수요일에는 수업이 1교시에 있기 때문이다.
3. 출근시간에 지하철을 타는 사람들은 주로 회사원과 학생들이다.
4. 신문을 보거나 책을 읽거나 잠을 잔다.
5. 할아버지, 할머니 그리고 아이를 데리고 탄 아주머니들이다.
6. 출근시간의 지하철은 복잡하지만 오전 10시쯤 지하철은 한가롭다.

IV

1. 홍 선생님과 만나서 점심 식사를 할 겁니다.
2. 소현 씨와 경민 씨가 버스 정류장에서 만나기로 했습니다.
3. 소현 씨는 12시 15분쯤에 왔습니다.
4. 버스를 타면 늦기 때문에 택시를 탔습니다.
5. 두 사람은 5분 쯤 늦었습니다.
6. 소현 씨와 경민 씨는 죄송하다고 말했고 홍 선생님은 괜찮다고 말했습니다.

V

1. (지난 주 우리는) 회의를 했다.
2. 산행에 대한 논의를 했다.
3. (글쓴이는) 매일 공부를 열심히 해서 머리가 복잡했는데 산에 올라오니 머리가 맑아졌기 때문에 기분이 좋아졌다.
4. (글쓴이는) 앞으로 자주 산행을 하겠다고 결심했다.

VI

1. 한강
2. 궁궐
3. 경기도는 동쪽이 높은 산지이고 서쪽으로 낮은 들판이 넓게 펼쳐져 있다.
4. 옥수수와 감자, 오징어와 명태
5. 경상남도
6. 경주
7. 충청남도
8. 충청북도
9. 전라남도
10. 전라북도
11. 부산
12. 제주도

제12과 날씨는 어떻습니까?

I

1. 소현 씨와 뮐러 씨는 여행지에 대해서 이야기 하고 있습니다.
2. 뮐러 씨는 가족들과 함께 주말에 제주도로 여행을 가려고 했습니다.
3. 왜냐하면 내일쯤 제주도에 폭설이 내릴 가능성이 크기 때문에 제주도 여행을 연기하기로 했습니다.
4. 봄을 가장 먼저 느낄 수 있기 때문이라고 생각합니다.
5. 산에 핀 진달래와 새들의 지저귐을 듣길 좋아해서 봄에 등산을 간다고 합니다.
7. 여러 가지 색깔로 물든 단풍을 보러 산에 가기 위해서입니다.

8. 왜냐하면 겨울 바닷가를 볼 수 있고 스키도 탈 수 있기 때문입니다.
9. 뮐러 씨는 스키 보다 스노우보드 타는 것을 더 좋아한다고 합니다.

Ⅱ

1. 토요일 오전에는 대청소를 합니다.
2. 70mm 정도의 비가 내리고 바람이 분다고 합니다.
3. 대청소를 하지 못하게 되었고, 친구와 영화관에 갈 수 없게 되었습니다.
4. 비가 많이 오기 때문에 친구와 영화관에 가지 않고, 친구와 함께 집에서 음악을 듣고, 차를 마시려고 합니다.

Ⅲ

1. 어제 밤에 시험 준비 때문에 잠을 자지 못해서(잠을 자지 못했기 때문에)
2. 음식 준비를 해야 한다.
3. 2시인데 아직 점심을 먹지 못한 소현 씨가 안되 보여서/2시인데 아직 점심을 못 먹은 소현 씨가 배 고플 것 같아서
4. 소현 씨는 오늘 커피를 세 잔이나 마셨다.(3잔/세 잔)

Ⅳ

1. 스미스 씨는 지금 은행에 있습니다.
2. (스미스 씨는) 달러를 한국 돈으로 바꾸려고 은행에 갔습니다.
3. 외국 돈을 한국 돈으로 바꾸려면 여권이 있어야 합니다.
4. 스미스 씨는 400달러를 한국 돈으로 바꿨습니다.(400달러는 한국 돈으로 48,000원입니다.)
5. 스미스 씨는 한국어를 잘 합니다.

Ⅴ

1. "이것은 의자입니까?"라고 물어봅니다.
2. "네, 그것은 의자입니다."라고 대답합니다.
3. 김 선생님은 텔레비전을 가리키며 "그것은 책입니까?"라고 물어봅니다.
4. "저것은 선풍기가 아닙니다. 저것은 텔레비전입니다."라고 대답합니다.

Ⅵ

1. 날씨

2. 날씨
3. 일기예보를 통해서
4. 여름에는 날씨가 더워서 몸에 있는 수분이 빠져나가 수분이 많은 음식을 먹어야 하기 때문에
5. 추운지방의 집 구조는 창문과 문이 더운 지방에 비해 작고 벽도 두껍다.
6. 제주도 지방은 바람이 많이 분다. 바람이 많이 불 때 지붕이 날아갈 수 있기 때문에, 바람에 날아가지 않게 하기 위해서 지붕을 줄로 얽어 묶어 놓는 것이다.
7. 울릉도

제13과 지하철을 타는 게 좋은 것 같아요.

I

1. (김 선생님은) 어제 저녁 서울극장에서 남편과 함께 '님은 먼 곳에'라는 영화를 보았다.
2. (유키 씨는) 작년에 일본에서 '겨울연가'라는 한국드라마를 보았다.
3. (유키 씨는) 겨울 연가의 내용이 슬프고 아름답다고 말했다.
4. (뮐러 씨는) 한국의 에니메이션 중 '뽀로로'를 봤다.
5. 한국잡지를 읽어 본 사람은 진백진 (씨)이다.
6. 아니다, (파타 씨는) 한국 영화를 본적이 없다.
7. (스미스 씨는) 어제 텔레비전에서 뉴스를 보았다.
8. (왕영호 씨는) 원더걸스의 노래를 좋아한다고 말했다.

II

1. 부모님과 동생이 사는 곳은 시골이다.
2. 동생에게 편지를 쓴다.
3. 부모님께서는 목축업을 하신다.
4. 부모님을 도와 소에게 여물을 주고, 돼지에게 사료를 주고, 닭에게 모이를 줍니다. 그리고 외양간과 돼지우리를 청소하기도 한다.

III

1. 부산
2. 서울에 살고 있다.
3. 부모님은 일을 하셔서 자주 못 오신다.

4. 이번 방학에 글쓴이는 친구와 함께 부산에 가려고 한다. 왜냐하면 친구가 부산에 한 번도 가 본적이 없다고 했기 때문이다.(글쓴이는 친구가 부산에 한 번도 가 본적이 없다고 해서 친구와 같이 부산에 가려고 한다.)
5. 부산에 가면 친구와 바닷가와 해운대를 구경하고 생선도 먹으려고 한다.

제14과 어떤 동물을 키우고 싶어요?

I

1. 고양이와 개를 좋아하는 사람은 진백진 씨입니다.
2. 아니오, 유키 씨는 동물을 좋아하지만 지금은 동물을 키우고 있지 않습니다.
3. 유키 씨가 동물을 키운다면 원숭이를 키워보고 싶다고 합니다.
4. 스미스 씨가 고향에서 키웠던 동물은 개이고 이름은 윌리와 윌슨입니다.
5. 맑고 큰 눈에 긴 다리와 윤기 흐르는 털을 휘날리며 달리는 말의 모습을 좋아합니다.
6. 고슴도치를 키우기가 어렵지는 않지만 손이 많이 가는 동물이라고 말합니다.
7. 가장 기본적인 것은 변을 자주 치워주고, 먹이는 고양이나 개의 사료를 주고, 목욕은 이 주일에 한번 정도 해 주고, 특히 고슴도치는 추위에 약하기 때문에 감기에 걸리지 않게 해주면 되고 특히 중요한 것은 고슴도치는 매우 예민하기 때문에 스트레스를 받지 않게 주의해야 한다는 점입니다
8. 먹이를 주면서 친해졌습니다.
9. 고슴도치와 친해진 후 왕영호 씨는 고슴도치의 배 부분을 만져주곤 했습니다.

II

1. 환웅은 환인의 아들로 인간을 구원하기 위하여 한국의 높은 산인 태백산에 내려와 인간세상을 다스렸다.
2. 곰과 호랑이
3. 쑥과 마늘
4. 단군
5. 단군은 한국민족의 시조이며 최초의 부족국가인 고조선의 임금이다.
6. 한민족의 뿌리는 바로 하느님이고 단군의 어머니인 웅녀 또한 당시 많은 종족들이 숭배의 대상으로 삼았던 곰이 변하여 된 인물로서 땅을 상징하고 있어서 단군은 하늘과 땅의 결합을 통해 태어난 완전한 인물로 한민족의 기원을 알 수 있다.

7. 단군왕검

Ⅲ

1. 호모 사피엔스 단계
2. 백인종을 포함하는 코카소이드와 황인종을 총칭하는 몽골로이드 및 흑인종을 총칭하는 니그로이드로 나뉜다.
3. 알타이어족
4. 몽골로이드의 형질적 특징은 광대뼈가 나오고, 눈꺼풀이 겹쳐진 것
5. 시베리아 샤머니즘적 전통을 이어 받았다.

제15과 몸이 좋지 않아요.

Ⅰ

1. 지난주에 몸이 좋지 않아 보이더니 감기에 걸려서 오지 못한 것 같다.
2. 머리가 아프고 코가 막히고 기침이 심했다. 그래서 내과에 다녀온 것 같다.
3. 소아과에 간 것 같다.
4. 왕영호 씨는 가벼운 감기에 걸렸을 때 따뜻한 차를 마시며 집에서 푹 쉰다.
5. 2년 전 중이염에 걸려 수술을 받아 고생했었기 때문인 것 같다.
6. 정형외과에 간 것 같다.
7. 산부인과

Ⅱ

1. 감기에 걸려 학교에 못 가기 때문에 김 선생님께 전화를 했다.
2. 머리와 목이 아프고 열이 있었고 기침도 하고 콧물도 났다.
3. 병원에 가서 진찰을 받고 약국에 가서 약을 받았다.
4. "술을 마시지 마십시오. 그리고 물을 많이 드십시오."라고 말했다.

Ⅲ

1) 소화제 : 소화가 안 될 때 먹는 약
2) 기침약 : 기침이 날 때 먹는 약
3) 진통제 : 통증이 심할 때 먹는 약

4) 안약 : 눈이 아플 때 눈에 넣는 약

5) 해열제 : 열이 많이 날 때 먹는 약

제16과 한국의 전통음악 체험

I

1. 국악
2. 아니다. 파타 씨는 한국 전통 음악에 관심이 있었지만 직접 공연장에 간 적은 없었다.
3. 사물놀이 공연을 본 파타 씨는 신명나 있다.
4. 춘향가, 심청가, 흥보가, 수궁가, 적벽가
5. 고수 : 북을 치며 장단을 맞추어 주는 사람
   광대 : 노래인 창과 말인 아니리를 섞어 가며 부르는 사람
6. 민요

II

1. 제사의식
2. 음주가무
3. 정악이란 궁중이나 지식인 계층이 즐기던 음악이고
   민속악이란 일반 서민층들이 즐기던 음악을 말한다.
4. 정악은 기쁨이나 슬픔 같은 감정이 절제된 음악으로 일정한 음만을 사용하고 정해진 형식에 맞추어 만들어졌다.
   이에 반해 민속악은 일반 백성들의 삶과 기쁨, 슬픔과 같은 감정들을 솔직하게 담아낸 음악으로 전체적으로 흥겹고 구성진 가락이 많으며 장단이 빨라 생동감이 넘치는 음악이 대부분이다.

III

1. 아니다. 민요란 오랜 옛날부터 사람들 사이에서 불려오는 전통적인 노래로 작사가 나 작곡가가 따로 없이 사람들 사이에서 자연적으로 만들어져 입에서 입으로 전해 내려온 구전가요다.
2. 민요를 직업적으로 부르는 사람
3. 토속민요
4. 통속민요

Ⅳ

2. 금속, 돌, 실, 대나무, 바가지, 흙, 나무, 가죽 등

Ⅴ

1.사물놀이

2. 꽹과리, 징, 장구, 북

제17과 어떤 음식을 즐겨 먹어요?

Ⅰ

1. 한국의 음식
2. 한국에 온 지 얼마 되지 않았을 때 한국 친구의 집에서 처음으로 불고기를 먹어 보았다.
3. 입안에 불이 붙은 것처럼 매웠다고 표현했다.
4. 유키 씨는 추운 날에 따뜻하고 매운 매운탕을 즐겨 먹는다.
5. 왕영호 씨는 음식에 두부가 들어간 음식, 그 중에서도 된장찌개와 김치찌개를 좋아한다.
6. 스미스 씨는 비빔밥 중에서도 전주비빔밥을 특히 좋아한다.
7. 밥, 국, 김치, 찌개 그리고 반찬이 기본이다.
8. 왜냐하면 한국인들은 밥이 주식이기 때문에 밥을 먹는 것이 식사하는 것이라 생각하기 때문이다.
9. 오곡밥은 쌀, 보리, 콩, 기장, 조 등의 다섯 가지 곡류로 지은 밥.
10. 국은 고기, 생선, 채소 따위에 물을 많이 붓고 간을 맞추어 끓인 음식을 통틀어 이르는 말
11. 김치는 배추나 무 따위의 채소에 고춧가루, 파, 마늘, 생강, 소금 등 각종 양념을 넣어 발효시켜 만든 한국 고유의 음식이다.
12. 찌개는 고기나 채소에 고추장, 된장 또는 젓국 등을 넣고 갖은 양념을 하여 바특하게 끓인 반찬으로 국에 비하여 국물이 적고 간이 센 편이고 찌개는 어떤 재료를 사용했느냐에 따라 김치찌개, 두부찌개, 생선찌개 따위로 분류하고, 어떤 양념을 사용하였는가에 따라 고추장찌개, 된장찌개 등으로 분류한다.
13. 반찬
    (반찬은 국, 찌개, 전골, 볶음, 찜, 생채, 나물, 조림, 전유어, 구이, 적, 회, 쌈, 편육, 족편, 장아찌, 김치, 젓갈 등을 포괄하여 이르는 말이며 때로는 국을 제외한 좁은 의미로 쓰이기도 한다.)
14. 반찬

15. 한국의 음식은 크게 밥과 같은 주식, 이와 함께 먹는 반찬, 식사가 다 끝난 다음 먹는 후식으로 나누는 것이 보통이다.
16. 3첩, 5첩, 7첩, 9첩 그리고 12첩 등으로 분류된다.

Ⅱ

1. 두 사람은 한식식당에 간 것 같다. 왜냐하면 따뜻한 국물이 있는 설렁탕을 먹고 싶어 하기 때문이다.
2. 날씨가 쌀쌀해서
3. 손님들이 설렁탕을 많이 주문해서 설렁탕의 재료가 떨어졌기 때문에
4. (지금 이 식당에서 먹을 수 있는 음식은) 갈비탕과 비빔밥

Ⅲ

1. (시각 말하기)
2. 뮐러 씨는 한국음식을 다 좋아하고 지금 뮐러 씨는 배가 고프기 때문에
3. 학생 식당은 깨끗하고 음식 값도 싸고 맛도 괜찮은 편이다.
4. (각자 좋아하는 음식과 왜 좋아하는지에 대한 이유 말하기)

Ⅳ

1. 유키 씨는 생선과 야채를 좋아한다.
2. 생선찌개와 된장찌개를 먹는다.
3. 음식 맛이 깔끔하고 맛있다고 생각한다.
4. 입안이 얼얼하고 너무 매워서 눈물이 나왔다고 표현했다.
5. 유키 씨가 된장찌개의 맛이 구수하고 담백하다고 표현한 것이다.
6. 약간 맵지만 시원하고 맛있다. 라는 표현을 했다.

Ⅴ

1. 맛이란 어떤 물질이나 물체를 입에 넣어 씹거나 그것에 혀가 닿을 때에 느껴지는 달거나 쓰거나 맵거나 시거나 짠 성질을 말한다.
2. 입에서 느끼는 음식의 맛으로, 음식을 먹고 싶어 하는 신체적이거나 정신적인 욕구, 즉 식욕의 뜻으로 쓰이는 일이 많다. 특히 쓰다, 떫다와 같은 서술어와 함께 쓰여 어떤 경험에서 받은 심리적인 충격의 성질을 나타내기도 한다.
3. 왜냐하면 그 맛은 원래 혀의 부위에 따라 감지하는 맛이 다르기 때문이다.

4. 음식물의 <맛있다> <맛없다>의 판단은 이러한 맛의 감각인 미각, 시각과 후각의 통합작용의 결과에 심리적인 요소가 첨가되어 이루어지기 때문이다. 특히 각 개인의 맛에 대한 습관, 기호에 좌우되는 경우가 많기 때문이다.
5. 짠맛, 단맛, 쓴맛, 신맛
6. 매운맛
7. 떫은맛
8. 맛이나 색이 깨끗하고 시원하다로 산뜻한 맛을 의미하는 것인데, 양념에 의해 재료 본래의 맛이 가려지지 않은 맛, 얼큰하거나 시큼하거나 달지 않은 재료 본래의 맛이 살아있는 느끼하지 않은 맛이며 깔끔한 맛으로 시원하다고 표현하는 음식들이 담백하다고 표현 할 수 있다.

Ⅵ

1. 무엇 일을 너무 급히 서둘러 하면 잘못하고 실패한다는 뜻
2. 한술 밥에 배 부르랴.
3. 죽은 재료가 다 풀어져야 하기 때문에 만드는데 시간이 오래 걸린다. 그런데 이렇게 죽을 쑤는 시간보다도 다 쑤고 나서 먹기 좋게 식히는 잠시 동안이 더 기다리기 힘들다는 것에 비유한 속담이다.
4. 뜨거운 국에 맛 모른다.
5. 시장이 반찬
6. 그 나물에 그 밥
7. 눈치기 빠르면 절에 가도 젓갈을 얻어 먹는다.

제18과 한국의 잔치문화

Ⅰ

1. 환갑, 진갑 그리고 고희라고 한다.
2. 한국의 잔치는 이웃이나 친지를 초대하여 준비한 음식을 먹으며 그 기쁨을 함께 나누는 의미를 가지고 있다.
3. 백일잔치
4. 백설기는 신성한 백색무구한 음식으로, 장수를 의미하고 수수팥떡은 붉은 팥고물을 묻힌 차수수 경단으로, 빨간색이 액(厄)을 물리친다는 토속적인 믿음에서 비롯한 풍습으로 액을 물리친다는 의

미 그리고 인절미는 끈덕지고 여물기를 바라는 의미를 담고 있다.

5. 태어난 지 만 1년이 되는 첫 생일잔치
6. 의학이 발달되지 못했던 옛날에는 태어난 지 얼마 되지 않아 목숨을 잃는 아이가 많았다. 그래서 만 1년이 되는 날 돌잔치를 성대하게 치러 첫 생일을 축하하고 무사히 자라기를 기원하기 위해서 태어난 1만 1년이 되는 첫 생일잔치를 성대하게 해 준 것이다.
7. 책, 종이, 연필, 먹, 활, 화살, 돈, 실 등을 곁들인 상을 치러 준다. 이때 아기에게 상 위에 놓인 물건들을 집게 해 미리 미래를 점치는데 그것을 '돌잡이'라고 한다.
8. 최근에는 전통적인 방법으로 돌잔치를 치르지 않고 서양식 풍속에 따라 케이크를 마련하기도 하고 전통적인 금반지 대신 아기 옷이나 아기 용품을 선물하는 것으로 바뀌었다.
9. 실과 국수 : 장수를 의미한다.
   장난감 활과 화살 혹은 칼 : 용기를 의미한다.
   돈 : 부와 재물을 의미 한다.
   책과 연필 혹은 공책 : 학자나 공부를 잘하는 사람이다.
   컴퓨터의 마우스 : 컴퓨터를 잘하게 된다.
   골프채나 야구 : 프로 운동선수가 된다.
10. 집들이는 본래 이사하는 날 저녁에 새집에서 고사를 올린 것에서 비롯되었다.
11. 최근에는 이사한 집을 친구나 친지들에게 보여주고 축하를 받는 의미로 바뀌어 고사의 성격보다는 이사한 집을 소개할 겸 사람들을 초대하는 잔치의 의미가 더 강하다.
12. 새로 이사 간 집에서 살림이 늘어 부자가 되라는 의미를 지니고 있다.
13. 성냥이나 초 : 재물이 불처럼 한꺼번에 불어나기를 바라는 의미
    비누 종류 : 비누 거품처럼 재물이 몇 배로 불기를 바라는 마음
    두루마리 휴지 : 모든 일이 술술 잘 풀리기를 바라는 마음

II

1. 숟가락과 젓가락 그리고 대접을 사용하는 이유는 한국인이 주로 먹는 것이 밥, 김치와 국이기 때문이다.
2. 문화에 따라 생활 모습이 다르기 때문이다.
3. 한국인이 숟가락과 젓가락을 사용하는 음식 문화를 갖고 있는 이유는 한국인이 주로 먹는 음식이 밥과 김치와 국이기 때문이다. 그리고 반찬 중에 가늘고 긴 모양의 야채가 많아서 이런 음식들은 젓가락으로 먹기가 편리하기 때문이다.
   (글을 읽고 원인과 결과를 찾아내는 문제입니다. 우리가 숟가락과 젓가락을 사용하는 음식 문화를

가지게 된 이유를 올바르게 찾아 쓰도록 합니다.)

Ⅲ

1. (어린아이의 삼칠일, 백일과 고사 따위의 신성한 날에 빠져서는 안 될 대표적인 음식인 백설기, 주로 추석에 먹는 절식인 송편, 인절미, 절편, 정월 대보름에 먹는 한국 고유의 절기 음식 가운데 하나인 약식 그리고 고기를 곤 국물에 가래떡을 썰어 넣고 끓여 먹는 음식으로서 주로 설날에 먹는 떡국)
2. 백설기
3. 남의 손의 떡은 커 보인다.
4. 아이에게 당장 좋게만 해 주는 것이 오히려 아이의 버릇을 나쁘게 만드는 해로운 일이라는 뜻
5. 누워서 떡을 먹으면 팥고물이 눈에 들어간다.
6. 두 가지 일이 똑같이 있는데 무엇부터 먼저 해야 할지 모를 경우를 뜻한다.
   또한 한꺼번에 두 가지 행운이 겹친 경우를 뜻하기도 한다.
7. 떡 줄 사람은 꿈도 안 꾸는데 김칫국부터 마신다.

Ⅳ

1. 답답한 현실과 무거운 일상생활 때문에 사람들은 웃음을 잃어가고 있다.
2. 웃음은 몸의 항체를 강화하고, 통증을 완화하고, 불면증을 고치고, 감기를 낫게 하고, 혈압을 내리고, 심장 혈관 기능을 강화하고, 암의 확산을 늦추고, 수명을 연장 하는 데 도움을 준다.
3. 지금 행복해서 웃는다기보다는, 웃다 보면 행복해지므로 긍정적인 마음으로 희망을 품고 웃는 웃음.

제19과 다양한 문화적 수용

Ⅰ

1. 의견제시나 제안에 대한 한국 사람들의 거절 방법
2. 폐를 끼치기 싫어서

Ⅱ

1. 기와는 만드는 과정도 까다롭고 값도 비쌌기 때문에
2. 사랑채, 안채, 행랑채, 사당

3. 남자와 여자가 생활하는 공간이 철저하게 분리되었다.

Ⅲ

1. 신체 움직임 또는 신체 언어를 통해서
2. 신체언어
3. 상대방에 대한 존경과 겸손을 표시하는 뜻을 지니고 있다.
4. 상대가 부담스럽지 않을 정도로 적당하게 눈을 마주치는 것이 사회적 예법으로 규범화되어 있다.
5. 한국에서는 '잘 모르겠어요'를 의미하기도 한다.
6. 신체언어 내지 제스처의 서로 다른 문화적 규범과 해석규범을 이해하지 못할 때 의사소통의 문제점이 발생하는 것이다.
7. 자국의 문화에서 갖는 신체언어의 의미와 기능뿐만 아니라 다른 문화의 신체언어의 사용규범과 의미를 올바로 이해해야 한다.
8. 우리는 상호 문화사이의 올바른 인식을 낯선 문화에 대한 이질감을 극복하고 문화적 관용성과 개방성을 키워나가야 한다.

Ⅳ

1. 언어활동은 음성언어와 문자언어로 분류 할 수 있다. 그 중 음성언어는 말하기, 듣기이고 문자언어로는 읽기와 쓰기로 분류할 수 있다.
2. 음성언어란 소리의 특성 때문에 말하는 이와 듣는 이가 대면한 상태에서 사용된다. 그리고 말하는 이와 마주보고 있기 때문에 손짓이나 억양, 몸짓, 표정, 어조 등부 수적인 표현 방법을 활용하기도 하고, 듣는 이의 반응을 참조하면서 강조하거나 반복해서 말하기가 가능한 것이 특색이다.
3. 문자언어는 상대방이 없는 상태에서 충분한 시간을 가지고 사용하게 된다. 문자언어는 사전에 계획이 가능하며, 다 적은 후에는 계속 수정이 가능하다. 또 길이에 제약이 없기 때문에 많은 내용을 적을 수 있으며, 음성언어를 사용할 때 보다 복잡 한 내용을 논리적으로 전달할 수 있는 특성이 있다. 그리고 무엇보다도 영구적으로, 다른 지역에 사는 많은 이들에게 동일한 내용을 전달할 수 있는 특장이 있다.
4. 음성언어와 문자언어는 많은 차이점을 갖고 있다. 음성언어는 누구나 알고 있듯이 소리로 전하는 언어이다. 얼굴을 보며 하는 대화에서는 상대방의 표정 및 감정 상태에 따른 동작 등 말 외에 몸짓언어가 중요한 역할을 하게 된다. 실제로 말은 소통의 30~35% 정도 밖에 차지하지 않는다고 한다. 그러므로 음성언어와 함께 사용하는 부수적 표현을 통해 듣는 이에게 자신의 의사를 더욱 잘 전달할 수 있게 된다.

이에 비해 문자언어를 사용할 때 가장 편리한 점은 '시간의 제약' 이 없다는 것이다. 음성언어를 사용할 때 상대방에게 전하는 내용을 말하는 데 걸리는 시간이 길 경우 듣는 이의 집중력이 떨어지고, 그에 따라 말하는 사람도 의욕이 떨어지게 될 것이다. 따라서 전달하려는 내용이 많을 때에는 문자언어를 사용하는 것이 더 효율 적이다.

문자언어는 음성언어와 달리 오랫동안 보존이 가능하며, 복잡한 내용들을 보다 논리적으로 설명할 수 있다. 지금 전해 내려오는 여러 역사적 사실들도 기록이 있었기에 보다 정확하게 이해할 수 있는 것이다.

이처럼 음성언어와 문자언어는 각각의 특성을 지니고 있다. 그리고 한 번 '말'을 하면 되돌릴 수 없지만, '글'은 다 쓴 후에 검토와 수정이 가능하다. 이러한 특징을 잘 살려 쓰는 것이 올바른 언어생활의 바탕이 될 것이다.

(언어활동은 말하고, 듣고, 읽고, 쓰는 네 가지 활동으로 이루어집니다. 말하기와 듣기는 음성언어를 사용하는 언어활동이고, 읽기와 쓰기는 문자언어를 사용하는 언어활동입니다. 이 문제에서는 이러한 음성언어와 문자언어의 차이점과 공통점을 인식하고, 각 언어 사이의 관계를 이해하는지에 관하여 평가하고자 하는 문제이다.)

5. 상호 보완적이란 뜻은 서로 서로 부족한 것을 보충하여 완전하게 함을 뜻한다.

제20과 이 글은 무엇에 대한 것인가?

I

1. 대중매체란 대량의 정보, 지식 등을 넓은 지역의 많은 사람들에게 전달하는 매체로 신문, 라디오, 텔레비전 등을 예로 들 수 있다.
2. 문자매체 - 백과사전, 잡지, 신문, 전문 서적, 각종 안내 책자
   음향, 영상매체 - TV, 라디오, VTR자료
   전자매체 - 인터넷, 컴퓨터 통신로 분류된다
3. 대중매체가 정치, 경제, 사회, 문화 등의 각 분야에서 일어나는 일에 대한 정보를 대중문화에 제공하는 기능은 다음과 같다.
   첫째, 사회 구성원들은 자신들의 환경을 감시하고 위험에 대처하여 생존하도록 돕는다.
   둘째, 대중매체는 사건과 정보를 설명하고 해석하고 평가함으로써 사회 구성원간의 합의를 이끌어내고 여론을 형성한다.
   셋째, 사회의 전통과 가치, 규범 등을 전파함으로써 사회구성원간의 통합을 촉진한다.

넷째, 오락을 제공하고 대중예술의 창조와 발전에 이바지한다.

다섯째, 사회 구성원들이 국가의 이익에 봉사하거나 특정한 사회적 가치나 행동을 택하도록 촉구한다.

Ⅱ

이 글의 목표는 갯벌이 주는 이로움에 대해 설명하는 것이다.

Ⅲ

불의 사용은 인류의 역사를 크게 진보시킨 매우 중요한 인간의 특징이다.

Ⅳ

민주주의는 시민들이 주인 의식을 지니고 적극적으로 정치에 참여해야 발전할 수 있다.

Ⅴ

(라) → (가) → (다) → (나)

글쓴이의 중심사상 : (나)의 '나라의 장래를 위해 쓸모 있는 그릇이 필요하다.'

Ⅵ

첫째, 수질을 보호해야 합니다. 공장마다 하수 처리장을 설치하고 각 가정에서는 생활하수를 깨끗하게 흘려보내야 합니다.

둘째, 쓰레기 분리수거를 잘해야 합니다. 특히 음식물 쓰레기 문제는 심각하므로 각 가정에서는 음식물 쓰레기를 줄이도록 노력하고, 정부는 재활용 방안을 마련해야 합니다.

셋째, 생활용품을 아껴 써야 합니다. 작은 것이라도 아껴 쓰면 경제적인 낭비를 줄이 고 주변 환경을 깨끗하게 지킬 수 있습니다.

Ⅶ

1. 쓰레기의 주범인 일회용품의 사용을 줄이자.
2. 일회용품인 팩의 경우 재활용이 높은 '유리병을 사용'하자.

Ⅷ

서론 : 과학 기술 발전의 실태

본론 : 1. 과학 기술의 발달로 인한 긍정적 영향

① 생활의 편리, 윤택한 삶

② 여가시간 증가

2. 과학 기술의 발달로 인한 폐해

① 환경오염

② 핵전쟁의 위협

③ 인간소외 현상

결론 : 과학기술의 발전에 상응하는 인간의 존엄성에 대한 성찰이 있어야 함.

IV 부록 Anhänge

1. Einführung in die koreanische Sprache

1.1 Das koreanische Alphabet

1.1.1 Konsonanten und Vokalen

Das koreanische Alphabet besteht aus 21 Vokalen und 19 Konsonanten. Man schreibt sie von oben nach unten und von links nach rechts. Konsonanten und Vokale werden zu Silben verbunden und in gleich große Quadrate geschrieben.

1) Vokale

Die Vokale der koreanischen Schrift bestehen aus den 10 Grundvokalen(ㅏ[a] ㅑ[ya] ㅓ[eo] ㅕ[yeo] ㅗ[o] ㅛ[yo] ㅜ[u] ㅠ[yu] ㅡ[eu] ㅣ[i]) und den 11 zusammengesetzten Vokalen(ㅐ[ae] ㅒ[yae] ㅔ[e] ㅖ[ye] ㅘ[wa] ㅙ[wae] ㅚ[oe] ㅝ[wo] ㅞ[we] ㅟ[wi] ㅢ[ɰi]).

2) Konsonanten

Die Kosonanten der koreanischen Schrift gliedern sich in die 14 Grundkonsonanten (ㄱ[Giyeok] ㄴ[nieun] ㄷ[digeut] ㄹ[rieul] ㅁ[mium] ㅂ[bieup] ㅅ[siot] ㅇ[ieung] ㅈ[jieut] ㅊ[chieut] ㅋ[kieuk] ㅌ[tieut] ㅍ[pieup] ㅎ[hieong]) und die 5 Doppelkonsonanten (ㄲ[ssanggiyeok] ㄸ[ssangdigeut] ㅃ[ssangbieup] ㅆ[ssangsiot] ㅉ[ssangjieut]).

<Konsonanten>

Grundkonsonanten/ Aussprache						Doppelkonsonanten/Aussprache	
ㄱ	[g, k]	ㅂ	[b]	ㅋ	[k]	ㄲ	[kk]
ㄴ	[n]	ㅅ	[s]	ㅌ	[t]	ㄸ	[tt]
ㄷ	[d]	ㅇ	[ng]	ㅍ	[p]	ㅃ	[pp]
ㄹ	[r, l]	ㅈ	[j]	ㅎ	[h]	ㅆ	[ss]
ㅁ	[m]	ㅊ	[ch]			ㅉ	[jj]

3) Batschim(Auslautkonsonanten)

Bachim wird unter dem Vokal geschrieben. Zum Bachim zählen die Grundkonsonanten, zwei Doppelkonsonanten(ㄲ, ㅆ) und die zusammengesetzten Konsonanten(ㄳ, ㄵ, ㄶ, ㄺ, ㄻ, ㄼ, ㄽ, ㄾ, ㄿ, ㅀ, ㅄ). Bachim kann am Auslaut der Silben benutzt werden. Die verschiedenen Bachims werden nur als repräsentative Laute [ㄱ, ㄴ, ㄷ, ㄹ, ㅁ, ㅂ, ㅇ] ausgesprochen.

<Zusammengesetzte Auslautkonsonanten>

Konsonanten als Auslautkonsonanten / Aussprache / Beispiel					
ㄳ	[k]	몫[mok] Anteil	ㄽ	[l]	외곬수[oegolsu] einzig
ㄵ	[n]	앉다[antta] sitzen	ㄾ	[l]	핥다[haltta] lecken
ㄶ	[n]	많다[manta] viel sein	ㄿ	[p]	읊다[euptta] Gedichte rezitieren
ㄺ	[k]	읽다[iktta] lesen	ㅀ	[l]	잃다[ilta] verlieren
ㄻ	[m]	젊다[jeomtta] jung sein	ㅄ	[p]	없다[eoptta] nicht da sein
ㄼ	[l/p]	짧다[jjaltta] kurz sein			

<Repräsentative Laute>

Konsonanten als Auslautkonsonanten	Aussprache	Beispiel
ㄱ ㅋ ㄲ	[k]	국[guk] Suppe
ㄴ	[n]	눈[nun] Schnee, Auge
ㄷ ㅅ ㅈ ㅊ ㅌ ㅎ ㅆ	[t]	낮[nat] Mittag
ㄹ	[l]	말[mal] Sprache
ㅁ	[m]	봄[bom] Frühling
ㅂ ㅍ	[p]	밥[bap] Reis
ㅇ	[ng]	가방[gabang] Tasche

<Artikulation>

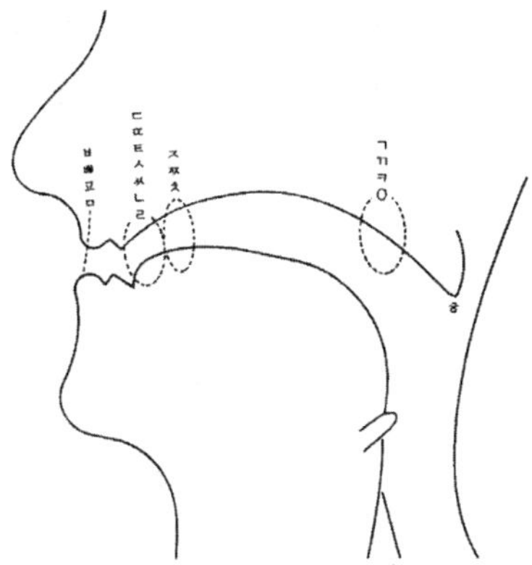

1.1.2 Konjunktion der Buchstaben

Eine Silbe besteht aus Konsonant + Vokal oder Konsonant + Vokal + Konsonant. Kombinierte Vokale, Doppelkonsonanten und kombinierte Konsonanten gelten dabei als ein Buchstabe. Die Silben werden in imaginären Quardraten angeordnet. Nach der Kombinatonsweise gliedert sich die Anordnung der Buchstaben folgedes;

① Vokal
z.B.) 아

② Vokal +Konsonant
z.B.) ㄱ + ㅏ → 가

③ Vokal + Konsonant(Batschim)
z.B.) 야 + ㄱ → 약

④ Konsonant + Vokal + Konsonant(Batschim)
z.B.) ㅅ + ㅏ + ㄴ → 산

1.2 Silbenaufbau und Auslautkonjugation

1.2.1 Silbenaufbau

Die verschiedenen Batschims(Auslaukonsonanten) werden nur als repräsentative Laute [ㄱ,

ㄴ, ㄷ, ㄹ, ㅁ, ㅂ, ㅇ] ausgesprochen. Wenn aber sie mit der Partikel, die mit Vokal beginnt (책을[채글]), mit der Konverbalform(신다[신따] → 신어서[시너서]) und mit der Suffix저녁녘 [저녁녁] → 저녁녘에[저녁녀케]) kombiniert werden, werden sie zur vokalisch anlautenden Silbe innerhalb von Wörtern und Syntagmen hinübergezogen und ausgesprochen.

1) Auslautkonsonanten

Auslaut-konsonanten	Aussprache	Beispiel
ㄱ, ㅋ	[ㄱ: k]	책[책; chaek], 부엌[부억; bueok]
ㄴ	[ㄴ: n]	선생님[선생님; seonsaengnim]
ㄷ, ㅅ, ㅈ, ㅊ, ㅌ, ㅎ	[ㄷ: t]	걷다[거따; geotta], 옷[옫; ot], 낮[낟; nat], 꽃[꼳; kkot], 밑[믿; mit], 좋다[조타; jota]
ㄹ	[ㄹ: l]	거울[거울; geoul]
ㅁ	[ㅁ: m]	밤[밤; bam]
ㅂ, ㅍ	[ㅂ: p]	밥[밥; bap], 앞[압; ap]
ㅇ	[ㅇ: ng]	동생[동생; dongsaeng]

① ㄱ, ㄲ, ㅋ → ㄱ[k]:

책[책; chauk] - 책을[채글; chaegeul]

약속[약쏙; yakssok] - 약속으로[약쏘그로; yakssogeuro]

부엌[부억; bueok] - 부엌에[부어케; bueoke]

* Wenn diese Konsonanaten ㄱ, ㄲ, ㅋ mit Vokalen kombiniert werden, werden sie als vokalisch anlautende Silbe ㄱ[k] ausgesprochen.

② ㄴ → ㄴ[n]:

손[손; son] - 손이[소니; soni]

인간[인간; ingan] - 인간에게[인가네게; inganege]

신다[신따; sintta] - 신어서[시너서; sineoseo]

* Wenn der Konsonanat ㄴ mit Vokalen kombiniert wird, wird er als vokalisch anlautende Silbe ㄴ[n] ausgesprochen.

③ ㄷ, ㅅ, ㅆ, ㅈ, ㅊ, ㅌ, ㅎ → ㄷ[t]:

믿다[미따; mitta] - 믿으니[미드니; mideuni]

옷[옫; ot] - 옷이[오시; osi]

있다[읻따 → 이따; itta] - 있으면[이쓰면; isseumyeon]

낮[낟; nat] - 낮에[나제; naje]

꽃[꼳; kkot] - 꽃에[꼬체; kkoche]

끝[끋; kkeut] - 끝으로[끄트로; kkeuteuro]

좋다[조타; jota] - 좋은[조은; joeun]

* Wenn der Konsonanat ㅎ mit den Konsonanten ㅂ, ㄷ, ㅈ, ㄱ kombiniert wird, wird er folgendes ausgesprochen; [ㅂ] → [ㅍ], [ㄷ] → [ㅌ], [ㅈ] → [ㅊ], [ㄱ] → [ㅋ].
Und wenn der Konsonant ㅎ mit Vokalen kombiniert wird, schwindet er in der Stellung der Vokalen(좋은[조은; joeun])

④ ㄹ → [l]/[r]

물[물; mul] - 물에[무레; mure]

얼굴[얼굴; eolgul] - 얼굴이[얼구리; eolguri]

* Der Konsonant ㄹ wird am Wortende und vor Konsonanten(außer h) als [l] artikuliert, im Inlaut zwischen Vokalen oder zwischen Vokalen und h als [r].

⑤ ㅁ → ㅁ[m]:

마음[마음; maeum] - 마음이[마으미; maeumi]

봄[봄; bom] - 봄에[보메; bome]

* Wenn der Konsonant ㅁ mit Vokalen kombiniert wird, wird er als vokalisch anlautende Silbe ㅁ[m] ausgesprochen.

⑥ ㅂ, ㅍ → ㅂ[p]:

집[집; jip] - 집에[지베; jibe]

앞[압; ap] - 앞으로[아프로; apeuro]

* Wenn die Konsonanten ㅂ, ㅍ mit Vokalen kombiniert werden, werden sie als vokalisch anlautende Silbe ㅂ[b], ㅍ[p] ausgesprochen.

⑦ ㅇ → ㅇ[ng]:

방[방; bang] - 방에서[방에서; bangeseo]

공항[공항; gonghang] - 공항에서[공항에서; gonghangeseo]

* Der Konsonant ㅇ wird am Wortanfang vor Vokalen nicht ausgesprochen, am Wortende oder im Wortinnern als ㅇ[ng].

2) Doppel- und Zusammengesetzte Konsonanten

Die Doppel- und zusammengesetzten Konsonanten werden am Wortende oder vor Konsonaten nur als ein Grundkonsonant ausgesprochen.

Doppel-und Zusammengesetzte Konsonanten	aussprache	Beispiel
ㄲ	[ㄱ: k]	닦다[닥따: daktta]
ㅆ	[ㄷ: t]	있다[읻따: itta]
ㄳ	[ㄱ: k]	몫[목; mok]
ㄵ	[ㄴ: n]	앉다[안따: antta]
ㄶ	[ㄴ: n]	많다[만타: manta]
ㄺ	[ㄱ/ㄹ: k/l]	읽다[익따: iktta]/읽어[일거: ilgeo]
ㄻ	[ㅁ/ㄹ: m/l]	젊다[점따: jeomtta]/젊어[절머: jeolmeo]
ㄼ	[ㄹ/ㅂ: l/p]	넓다[널따: neoltta]/밟다[밥따: baptta]
ㄽ	[ㄹ: l]	외곬수[외골쑤: oegolssu]
ㄾ	[ㄹ: l]	핥다[할따: haltta]
ㄿ	[ㅂ: p]	읊다[읍따: euptta]
ㅀ	[ㄹ: l]	옳다[올타: olta]
ㅄ	[ㅂ: p]	없다[업따: eoptta]

① Artikulation des ersten Grundkonsonanten im zusammengesetzten Konsonanten

ㄳ → ㄱ[k]: 몫[목; mok] - 몫으로[목스로; mokseuro]

ㄵ → ㄴ[n]: 앉다[안따; antta] - 앉아서[안자서; anjaseo]

ㄶ → ㄴ[n]: 많다[만타; manta] - 많으면[마느면; maneumyeon]

ㄽ → ㄹ[l]: 외곬[외골; yogol] - 외곬으로[외골쓰로; yogolsseuro]

ㄾ → ㄹ[l]: 훑다[훌타; hulta] - 훑으니[훌트니; hulteuni]

ㅀ → ㄹ[l]: 잃다[일타; ilta] - 잃어서[이러서; ireoseo]

ㅄ → ㅂ[p]: 없다[업따; eoptta] - 없으니까[업쓰니까; eopsseunikka]

② Artikulation des letzten Grundkonsonanten im zusammengesetzten Konsonanten

ㄻ → ㅁ[m]: 젊다[점따; jeomtta] - 젊어서[절머서; jeolmeoseo]

ㄿ → ㅂ[p]: 읊다[읍따; euptta] - 읊어[을퍼; eulpeo]

③ Artikulation der beiden Grundkonsonanten im zusammengesetzten Konsonanten

ㄼ → ㄹ[l]: 얇다[얄따; yaltta] - 얇아서[얄바서; yalbaseo]

→ ㅂ[p]: 밟다[밥따; baptta] - 밟아서[발바서; balbaseo]

ㄺ → ㄹ[l]: 밝다[발따; baltta] - 밝고[발꼬; balkko] - 밝은[발근; balgeun]

→ ㄱ[k]: 흙[흑; heuk] - 흙으로[흘그로; heolgeuro]

1.2.2 Konjugation

1) Regelmäßige Konjugation

① Vokalharmonie 아/어/여(해)

· Wenn die letzte Silbe des Verstamms '아, 오'(helle Vokale) enthält: ㅏ

· In allen anderen Fällen, in denen die letzte Silbe des Verbstamms '어, 우, 으, 이…'(dunkle Vokale) enthält: ㅓ

	Verbstamm-Vokal	Hintere-Vokal	
helle Vokale	ㅏ	ㅏ	잡다 → 잡 + 아요 → 잡아요[자바요; jabayo]
			→ 잡 + 았다 → 잡았다[자바따; jabatta]
			→ 잡 + 아서 → 잡아서[자바서; jabaseo]
			→ 잡 + 아도 → 잡아도[바빠도; bappado]
			→ 잡 + 아야 → 잡아야[자바야; jabaya]
	ㅗ		보다 → 보 + 아요 → 보아요/봐요[바요; bayo]
dunkle Vokale	ㅓ	ㅓ	먹다 → 먹 + 어요 → 먹어요[머거요; meogeoyo]
			→ 먹 + 었다 → 먹었다[머거따; meogeotta]
			→ 먹 + 어서 → 먹어서[머거서; meogeoseo]
			→ 먹 + 어도 → 먹어도[머거도; meogeodo]
			→ 먹 + 어야 → 먹어야[머거야; meogeoya]

	ㅜ ㅡ ㅣ ㅚ ㅟ		나누다 → 나누 + 어서→나누어서[나누어서; nanueoseo] 쓰다 → 쓰 + 어요 → 쓰어요 → 써요[써요; sseoyo] 신다 → 신 + 었다 → 신었다[시너따; sineotta] 되다 → 되 + 어서 → 되어서[되어서; sineoseo] 쉬다 → 쉬 + 어요 → 쉬어요[쉬어요; swieoyo]

② Abkürzung und Ausfallen

<Abkürzung>

Verbstamm-Vokal	Hintere-Vokal	Abkürzung	
ㅗ	ㅏ	ㅘ	보다 → 보 + 았다 → 보았다 → 봤다 → 보 + 아 → 보아 → 봐 → 보 + 아서 → 보아서 → 봐서 → 보 + 아도 → 보아도 → 봐도 → 보 + 아야 → 보아야 → 봐야
ㅜ	ㅓ	ㅝ	주다 → 주 + 었다 → 주었다 → 줬다
ㅣ	ㅓ	ㅕ	기다리다 → 기다리 + 어야 → 기다리어야 → 기다려야
ㅣ	ㅗ	ㅛ	아니다 → 아니 + 오 → 아니오 → 아뇨

<Ausfallen>

Verbstamm-Vokal	Hintere-Vokal	Ausfallen	
ㅏ	ㅏ	ㅏ	가다 → 가 + 았다 → 갔다[가따; gatta] → 가 + 아서 → 가서[가서; gaseo] → 가 + 아도 → 가도[가도; gado] → 가 + 아야 → 가야[가야; gaya]
ㅓ	ㅓ	ㅓ	서다 → 서 + 었다 → 섰다[서따; seotta]
ㅡ	ㅓ	ㅡ	쓰다 → 쓰 + 었다 → 썼다[써따; sseotta]
ㅣ	ㅏ	ㅣ	크지 않다 → 크잖다[크잔타; keujanta]

③ Konsonantenassimilation

Wenn ein Konsonant am Silbenende mit dem darauf folgenden Konsonanten trifft, wird ein Konsonant von ihnen wegen der Assimilation des anderen Konsonaten entweder ähnlich ausgesprochen(입맛), gleich ausgesprochen(인류) oder die beiden Konsonaten werden wegen der Lautähnlichkeit der beiden anders artikuliert(협력).

· /ㅂ, ㄷ, ㄱ/ + /ㅁ, ㄴ/ → [ㅁ, ㄴ, ㅇ] + [ㅁ, ㄴ]

z.B.) /ㅂ/ + /ㅁ, ㄴ/ → [ㅁ] + [ㅁ]; 입맛[임맏; immat]

/ㄷ/ + /ㅁ, ㄴ/ → [ㄴ] + [ㄴ]; 믿는다[민는다; minneunda]

/ㄱ/ + /ㅁ, ㄴ/ → [ㅇ] + [ㅁ]; 박물관[방물관; bangmulgwan]

· /ㅁ, ㅇ/ + /ㄹ/ → [ㅁ, ㄴ] + [ㄴ]

z.B.) /ㅁ/ + /ㄹ/ → [ㅁ] + [ㄴ]; 금리[금니; geumni]

/ㅇ/ + /ㄹ/ → [ㅇ] + [ㄴ]; 종로[종노; jongno]

· /ㅂ, ㄱ/ + /ㄹ/ → /ㅂ, ㄱ/ + /ㄴ/ → [ㅁ, ㅇ] +[ㄴ]

z.B.) /ㅂ/ + /ㄹ/ → /ㅂ/ + /ㄴ/ → [ㅁ] + [ㄴ]; 협력[혐녁; hyemny다]

/ㄱ/ + /ㄹ/ → /ㄱ/ + /ㄴ/ → [ㅇ] + [ㄴ]; 목록[몽녹; mongnok]

· /ㄴ/ + /ㄹ/ → [ㄴ] + [ㄴ]; 판단력[판단녁; pandanny다]

· /ㄴ/ + /ㄹ/, [ㄹ] + [ㄴ] → [ㄹ] + [ㄹ], [ㄹ] + [ㄹ]

z.B.) /ㄴ/ + /ㄹ/ → [ㄹ] + [ㄹ]; 인류[일류; ilryu]

/ㄹ/ + /ㄴ/ → [ㄹ] + [ㄹ]; 실내[실래; silnae]

④ Tensification(aus Englisch)

Nach den Auslautkonsonanten ㅂ, ㄷ, ㄱ werden die Anlautkonsonanten ㅂ, ㄷ, ㅈ, ㅅ, ㄱ als gespannte Konsonanten(ㅃ, ㄸ, ㅉ, ㅆ, ㄲ) aritikuliert, oft auch nach den Auslautkonsonanten ㅁ, ㄴ, ㅇ, ㄹ.

· stimmlos + stimmlos

ㅂ + ㅂ → [ㅂ] + [ㅃ]; 십분[십뿐; sipppun]

+ ㄷ → [ㅂ] + [ㄸ]; 입대[입때; ipttae]

+ ㅈ → [ㅂ] + [ㅉ]; 답장[답짱; dapjjang]

+ ㅅ → [ㅂ] + [ㅆ]; 밥상[밥쌍; bapssang]

+ ㄱ → [ㅂ] + [ㄲ]; 입국[입꾹; ipkkuk]

ㄷ + ㅂ → [ㄷ] + [ㅃ]; 돋보기[돋뽀기; doppogi]

+ ㄷ → [ㄷ] + [ㄸ]; 믿다[믿따/미따; mitta]

+ ㅈ → [ㄷ] + [ㅉ]; 걷자[걷짜/거짜; geojja]

+ ㅅ → [ㄷ] + [ㅆ]; 맏사위[맏싸위/마싸위; massawi]

+ ㄱ → [ㄷ] + [ㄲ]; 듣고[듣꼬/드꼬; deukko]

ㄱ + ㅂ → [ㄱ] + [ㅃ]; 학부모[학뿌모; hakppumo]

+ ㄷ → [ㄱ] + [ㄸ]; 식당[식땅; sikttang]

+ ㅈ → [ㄱ] + [ㅉ]; 학자[학짜; hakjja]

+ ㅅ → [ㄱ] + [ㅆ]; 학생[학쌩; hakssaeng]

+ ㄱ → [ㄱ] + [ㄲ]; 학교[학꾜/하꾜; hakkyo]

· stimmhaft +stimmlos

ㅁ + /ㅂ, ㄷ, ㅈ, ㅅ, ㄱ/ → [ㅁ] + [ㅃ]; 봄볕[봄뼏; bomppyeot]

ㄴ + /ㅂ, ㄷ, ㅈ, ㅅ, ㄱ/ → [ㄴ] + [ㅃ]; 문법[문뻡; munppeop]

ㅇ + /ㅂ, ㄷ, ㅈ, ㅅ, ㄱ/ → [ㅇ] + [ㄸ]; 용돈[용똔; yongtton]

⑤ Aspiration

Vor – und hinter ㅎ werden die Konsonanten ㅂ, ㄷ, ㄱ, ㅈ zu ㅍ, ㅌ, ㅋ, ㅊ artikuliert. Der Konsonant ㅎ schwindet in der Stellung zwischen Sonorlauten und Vokalen.

· ㅂ + ㅎ → [ㅍ]; 입학[이팍; ipak]

· ㄷ + ㅎ, ㅎ + ㄷ → [ㅌ]; 맏형[마텽; matyeong], 빨갛다[빨가타; ppalgata]

· ㅈ + ㅎ, ㅎ + ㅈ → [ㅊ]; 앉히다[안치다; anchida], 옳지[올치; olchi]

· ㄱ + ㅎ, ㅎ + ㄱ → [ㅋ]; 축하하다[추카하다; chukahada], 많군[만쿤; mankun]

⑥ Palatalisierung

Wenn die Auslautkonsonanten ㄷ, ㅌ mit einem Vokal ㅣ[i] und einem Halbvokal ㅣ[j] zusammen stehen, werden sie [ㅈ, ㅊ] artikuliert.

· ㄷ + 이 → [지]; 해돋 + 이 → 해돋이[해도지; haedoji]

· ㅌ + 이 → [치]; 같 + 이 → 같이[가치; gachi]

· ㄷ + ㅎ + 이 → ㅌ + 이 → [치]; 닫 + 히다 → 닫히다[다치다; dachida]

2) Unregelmäßige Konjugation

① ㄷ unregelmäßige Konjugation: 듣다, 묻다, 걷다, 싣다 etc.

Inf.: 듣다				
formelle: ㅂ/습니다	Gegenwart ㅂ/습니다: 듣습니다	Vergangenheit 았/었/였습니다: 들었습니다	Zukunft -겠습니다: 듣겠습니다	
informelle: 아/어/여요	아/어/여요: 들어요/들으세요	았/었/였어요 들었어요/들으셨어요	-겠어요: 듣겠어요	
Modalverben	ㄹ수 있다 können: 들을 수 있다	ㄹ수 없다 nicht können: 들을 수 없다	고 싶다 wollen: 듣고 싶다	아/어/여야 하다müssen: 들어야 한다
Satzverknüpfung	고 und: 듣고	지만 aber: 듣지만	아/어/여서 weil: 들어서	(으)면 wenn: 들으면

② ㄹ unregelmäßige Konjugation: 살다, 만들다, 놀다, 멀다, 졸다 etc.

Inf.: 살다				
formelle: ㅂ/습니다	Gegenwart ㅂ/습니다: 삽니다	Vergangenheit 았/었/였습니다: 살았습니다	Zukunft -겠습니다: 살겠습니다	
informelle: 아/어/여요	아/어/여요: 살아요/사세요	았/었/였어요 살았어요/사셨어요	-겠어요: 살겠어요	
Modalverben	ㄹ수 있다 können: 살 수 있다	ㄹ수 없다 nicht können: 살 수 없다	고 싶다 wollen: 살고 싶다	아/어/여야 하다müssen: 살아야 한다
Satzverknüpfung	고 und: 살고	지만 aber: 살지만	아/어/여서 weil: 살아서	(으)면 wenn: 살면

③ ㅂ unregelmäßige Konjugation: 덥다, 춥다, 무겁다, 고맙다, 어렵다, 아름답다 etc.

Inf.: 무겁다			
formelle: ㅂ/습니다	Gegenwart ㅂ/습니다: 무겁습니다	Vergangenheit 았/었/였습니다: 무거웠습니다	Zukunft -겠습니다: 무겁겠습니다
informelle:	아/어/여요:	았/었/였어요	-겠어요:

아/어/여요	무거워요/무거우세요		무거웠어요/무거우셨어요	무겁겠어요
Modalverben	ㄹ수 있다 können: 무거울 수 있다	ㄹ수 없다 nicht können: 무거울 수 없다	고 싶다 wollen: 무겁고 싶다	아/어/여야 하다müssen: 무거워야 한다
Satzverknüpfung	고 und: 무겁다고	지만 aber: 무겁지만	아/어/여서 weil: 무거워서	(으)면 wenn: 무거우면

④ ㅅ unregelmäßige Konjugation: 짓다, 붓다, 젓다, 잇다, 긋다 etc.

Inf.: 짓다				
formelle: ㅂ/습니다	Gegenwart		Vergangenheit	Zukunft
	ㅂ/습니다: 짓습니다		았/었/였습니다: 지었습니다	-겠습니다: 짓겠습니다
informelle: 아/어/여요	아/어/여요: 지어요/지으세요		았/었/였어요 지었어요/지으셨어요	-겠어요: 짓겠어요
Modalverben	ㄹ수 있다 können: 지을 수 있다	ㄹ수 없다 nicht können: 지을 수 없다	고 싶다 wollen: 짓고 싶다	아/어/여야 하다müssen: 지어야 한다
Satzverknüpfung	고 und: 짓고	지만 aber: 짓지만	아/어/여서 weil: 지어서	(으)면 wenn: 지으면

⑤ ㅎ unregelmäßige Konjugation: 빨갛다, 파랗다, 하얗다, 노랗다, 그렇다, 이렇다 etc.

Inf.: 하얗다				
formelle: ㅂ/습니다	Gegenwart		Vergangenheit	Zukunft
	ㅂ/습니다 하얗습니다		았/었/였습니다: 하얬습니다	-겠습니다: 하얗겠습니다
informelle: 아/어/여요	아/어/여요: 하얘요/하야세요		았/었/였어요 하얬어요/하야셨어요	-겠어요: 하얬겠어요
Modalverben	ㄹ수 있다 können: 하얄 수 있다	ㄹ수 없다 nicht können: 하얄 수 없다	고 싶다 wollen: 하얗고 싶다	아/어/여야 하다 müssen: 하얘야 한다
Satzverknüpfung	고 und: 하얗고	지만 aber: 하얗지만	아/어/여서 weil: 하얘서	(으)면 wenn: 하야면

⑥ 르 unregelmäßige Konjugation: 모르다, 다르다, 고르다, 자르다, 부르다, 바르다 etc.

<table>
<tr><td colspan="7">Inf.: 다르다</td></tr>
<tr><td rowspan="2">formelle:
ㅂ/습니다</td><td colspan="2">Gegenwart</td><td colspan="2">Vergangenheit</td><td colspan="2">Zukunft</td></tr>
<tr><td colspan="2">ㅂ/습니다:
다릅니다</td><td colspan="2">았/었/였습니다:
달랐습니다</td><td colspan="2">-겠습니다:
달랐겠습니다</td></tr>
<tr><td>informelle:
아/어/여요</td><td colspan="2">아/어/여요:
달라요/다르세요</td><td colspan="2">았/었/였어요
들달랐어요/다르셨어요</td><td colspan="2">-겠어요:
다르겠어요</td></tr>
<tr><td>Modalverben</td><td>ㄹ수 있다
können:
다를 수 있다</td><td colspan="2">ㄹ수 없다
nicht können:
다를 수 없다</td><td colspan="2">고 싶다
wollen:
다르고 싶다</td><td>아/어/여야
하다müssen:
달라야 한다</td></tr>
<tr><td>Satzverknüpfung</td><td>고 und:
다르고</td><td colspan="2">지만 aber:
다르지만</td><td colspan="2">아/어/여서 weil:
달라서</td><td>(으)면 wenn:
다르면</td></tr>
</table>

⑦ 으 unregelmäßige Konjugation: 쓰다, 아프다, 예쁘다, 크다, 바쁘다, 끄다 etc.

<table>
<tr><td colspan="7">Inf.: 바쁘다</td></tr>
<tr><td rowspan="2">formelle:
ㅂ/습니다</td><td colspan="2">Gegenwart</td><td colspan="2">Vergangenheit</td><td colspan="2">Zukunft</td></tr>
<tr><td colspan="2">ㅂ/습니다:
바쁩니다</td><td colspan="2">았/었/였습니다:
바빴습니다</td><td colspan="2">-겠습니다:
바빴겠습니다</td></tr>
<tr><td>informelle:
아/어/여요</td><td colspan="2">아/어/여요:
바빴어요/바쁘세요</td><td colspan="2">았/었/였어요
바빴어요/바쁘셨어요</td><td colspan="2">-겠어요:
바빴겠어요</td></tr>
<tr><td>Modalverben</td><td>ㄹ수 있다
können:
바쁠 수 있다</td><td colspan="2">ㄹ수 없다
nicht können:
바쁠 수 없다</td><td colspan="2">고 싶다
wollen:
바쁘고 싶다</td><td>아/어/여야
하다müssen:
바빠야 한다</td></tr>
<tr><td>Satzverknüpfung</td><td>고 und:
바쁘고</td><td colspan="2">지만 aber:
바쁘지만</td><td colspan="2">아/어/여서 weil:
바빠서</td><td>(으)면 wenn:
바쁘면</td></tr>
</table>

1.3 Aufsatz

Die koreanische Sprache hat insgesamt 9 Wortarten folgendes;

Subjekt: Nomen, Pronomen, Zahlwort

Verbarten: Verb, Adjektiv, Prädikative Partikel '이다'

Bestimmungwörter: Partizip, Adverb

Postposition: Partikel

Selbständige Wörter: Ausrufewort

Das Satzglied im Koreanischen gliedert sich in das Hauptglied(Subjekt, Objekt, Verb und Komplement) und das Nebenglied(Partizip, Adverbiale).

1) Satzfolge

Die Satzfolge im Koreanischen ist "Subjekt-Objekt-Verb".

Der Grundsatz im Koreanischen wird durch Verb definiert.

① Subjekt + Objekt + Verb

z.B.) 학생들이 공부를 합니다.

[학쌩드리 공부를합니다; hakssaengdeuri gongbureul hamnida]

② Subjekt + Komplement + Verb

z.B.) 아들이 선생님이 되었다.

[아드리 선생니미 되어따; adeuri seonsaengnimi doeeotta]

③ Subjekt + Obligatorische Adverbiale + Verb

z.B.) 이 옷이 너에게 잘 어울린다.

[이오시 너에게 잘 어울린다; iosi neoege jal eoulrinda]

④ Subjekt + Objekt + Obligatorische Adverbiale + Verb

z.B.) 오빠는 내 친구를 아내로 맞이했다.

[오빠는 내칭구를 아내로 마지해따;
oppaneun naechinggureul anaero majihaetta]

⑤ Subjekt + Subjekt 2 + Verb

z.B.) 토끼는 귀가 길다

[토끼는 귀가 길다; tokkineun gwiga gilda]

2) Satzeigenschaften des Koreanischen

Die Partikel im Koreanischen steht im allgemeinen hinter dem Subjekt und dem Objekt. Das Subjekt kann im Koreanischen manchmal wegfallen und die verschiedenen Höflichkeitsformen werden benutzt. Die Wortfolge im Koreanischen ist nicht fixiert, sondern flexibel. Jedoch sind die folgende Wortfolgen befestigt.

① Bestimmungswort(Partizip, Adverb) – Bestimmtes Wort(Subjekt, Verbarten)

z.B.) 재미있는 책(Bestimmungswort: 재미있는 – Bestimmtes Wort: 책)

나는 재미있는 책을 읽는다.

[나는 재미인는 채글 잉는다; naneun jaemiinneun chaegeul ingneunda]

② Hauptverb – Hilfsverb

z.B.) 읽고 있다.(Hauptverb: 읽다 – Hilfsverb: 있다)

나는 재미있는 책을 읽고 있다.

[나는 재미인는 채글 일꼬이따; naneun jaemiinneun chaegeul ilkkoitta]

③ Großer Bereich – Kleiner Bereich

z.B.) 서울시 강남구 청담동(시: Stadt – 구: Bezirk – 동: Straße)

나의 주소는 서울시 강남구 청담동 한신아파트 121동 302호이다.

3) Satzverknüpfung

Die Verbarten im Koreanischen haben die Satzendungen für Aussageform, Frageform, Imperativ und Propositiv. Bei der Satzverküpfung stehen verschiedene Konjunktionalformen zur Verfügung. Die Konjunktionalformen geben das Abhängigkeitsverhältnis des Nebensatzes zum folgenden Haupt- oder Nebensatz an(-고: koordinativ, -(지)만: adversativ, -(으)면: konditional, -아/어서: Konverbalform usw.).

z.B.) 나는 선물을 샀다. + 나는 선물을 친구에게 주었다.

→ 나는 선물을 사서 친구에게 주었다.(Konverbalform: 아/어서)

[나는 선무를 사서 칭구에게 주어따;
naneun seonmureul saseo chingguege jueotta]

2. Miniwörterbuch Koreanisch-Deutsch

가깝다[gakkaptta] nahe sein

가능성[ganeungsseong] Möglichkeit

가다[gada] gehen

가락[garak] Melodie

가래[garae] Schleim

가리키다[garikida] zeigen

가만있다[gamanitta] sich nicht bewegen/still bleiben

가만히[gamani] ruhig

가사/노랫말[gasa/noraenmal] Text des Liedes

가시[gasi] Dorn/Strachel

가을[gaeul] Herbst

가족[gajok] Familie

가끔/간혹/때때로[gakkeum/ganhok/ttaettaero] manchmal

각각/각자[gakkak/gakjja] jeder

간[gan] Salzgeschmack/Leber/Mut/Verhältnis/lang(Zeit)

간단함[gandanham] Einfachheit

간단하다[gandanhada] einfach sein

감기[gamgi] Erkältung

(감기에) 걸리다[geolrida] sich erkälten

감촉[gamchok] Tastgefühl

갑자기[gapjjagi] plötzlich

강하다[ganghada] stark sein

같다[gatta] gleich sein

개[gae] Hund

개발[gaebal] Entwicklung

거기[geogi] dort

거듭하다[geodeupada] wiederholen

거듭되다[geodeupdoeda] sich wiederholen

걱정[geokjjeong] Sorge

건강[geongang] Gesundheit
　건강하다[geongganghada] gesund sein
검진/검사[jeomjin/geomsa] Untersuchung
겉[geot] Außenseite
겨울[gyeoul] Winter
겨워[gyeowo] schwer/schwach sein
겪다[gyeoktta] erfahren
결국[gyeolguk] zum Schluss
결석[gyeolsseok] Abwesendheit
　결석하다[gyeolsseokada] abwesend sein
결혼식[gyeolhonsik] Hochzeit
경우[gyeongu] Fall
경제[gyeongje] Ökonomie
　경제적인[gyeongjejeogin] ökonomisch
경험[gyeongheom] Erfahrung
곁들이다[gyeotteurida] garnieren
계곡[gyegok] Tal
계속[gyesok] Fortsetzung/Folge
　계속하다[gyesokada] weiter machen
계십니까?[gyesimnikka] Ist da?
계절[gyejeol] Jahreszeit
계획[gyehoek] Plan
고기[gogi] Fleisch
고맙다[gomaptta] danken
고민[gomin] Kummer/Sorge
　고민하다[gominhada] sich kümmern
고사[gosa] Opferfest für die Geister/Prüfung
　(고사를) 지내다[jinaeda] den Geisten Opferfest darbringen
고생[gosaeng] Mühe
고스란히[goseurani] genau so wie es früher war/unberührt
고슴도치[goseumdochi] Igel

고양이[goyangi] Katze

고유의[goyuɯi] wesenseigen/angeboren

고쳐쓰다[gochyeosseuda] umschreiben

　고쳐쓰기[gochyeosseugi] Umschreiben

고향[gohyang] Heimat

곡식[gukssik] Getreide

　쌀[ssal] Reis

　보리[bori] Gerste

　조[jo] Kolbenhirse

　콩[kong] Bohne

　기장[gijang] Hirse

곤란[golran] Schwierigkeit

곧[got] nämlich/gleich

곳/장소[got/jangso] Ort

공간[gonggan] Raum

공부[gongbu] Studium/Arbeit

　공부하다[gongbuhada] studieren/arbeiten

공연[gongyeon] Aufführung

공원[gonwon] Park

공통점[gongtongjjeom] Gemeinsamkeit

과정[gwajeong] Lehrgang/Vorgang/Prozess

과학[gwahak] Wissenschaft

관공서[gwanggongseo] Amt

광대[gwangdae] Komiker

괜찮다[gwaenchanta] okay sein/in Ordnung sein

교실[gyosil] Klassenzimmer

교탁[gyotak] Katheder/Pult

구경[gukyeong] Zuschauen

　구경하다[gugyeonghada] schauen/ besichtigen

　구경시키다[gugyeongsikida] Schau stellen

구별[gubyeol] Unterschied

구별하다[gubyeolhada] unterscheiden
구상[gusang] Entwurf/Konzeption
구성[guseong] Zusammensetzung
구이[gui] Backen
생선구이[saengseongui] gerösteter Fisch
구전/입으로 전해져 오다[gujeon/ibeuro jeonhaejyeo oda] mündlich überliefert
국/국물[guk/gungmul] Suppe
궁금하다[gunggeumhada] bekümmern
귀[gwi] Ohr
귀엽다[gwiyeoptta] lieb sein
귀여운[gwiyeoun] lieblich/süß
규칙[gyuchik] Regel
규칙적인/정기적인[gyuchikjjeogin/jeonggijeogin] regelmäßig
그것[geugeot] das
그래서[geuraeseo] deswegen/darum
그런데[geureonde] aber
그렇게[geureoke] derartig
그렇다[geureota] so sein
그릇[geureut] Geschirr
(그림을) 그리다[(grimeul) geurida] malen
극복[geukppok] Überwindung
극복하다[geukppokada] überwinden
극장/영화관[geukjjang/yeonghwagwan] Theater/Kino
글[geul] Aufsatz/Schrift
글쓴이/작가[geulsseuni/jakka] Schriftsteller
글자[geuljja] Buchstabe
글쎄[geulsse] nun/also/ach
기다리다[gidarida] warten
기대[gidae] Hoffnung
기대되는[gidaedoeneun] hoffnungsvoll
기록[girok] Archiv

기본[gibon] Grund

기분[gibun] Gefühl

기쁨[gippeum] Freude

기쁘다[gippeuda] froh sein

기술[gisul] Technik

기침[gichim] Husten

기침하다[gichimhada] husten

길/도로[gil/doro] Weg/Straße

길다[gilda] lang sein

긴[gin] lang

깁스[gipsseu] Gips

깊다[giptta] tief sein

까닭/이유[kkadak/iyu] Grund

꼭/반드시[kkok/bandeusi] unbedingt

꽃[kkot] Blume

꾸준히[kkujuni] unverdrossen

꿈[kkum] Traum

꿈꾸다[kkumkkuda] träumen

끈덕지다[kkeundeokjjida] beharrlich sein

끓이다[kkeurida] kochen

끝나다[kkeunnada] zu Ende sein

끝내다[kkeunnaeda] beenden

끽연[kkigyeon] Rauchen

나가다[nagada] ausgehen

나라[nara] Nation

나머지[nameoji] das Übrige/Rest

나무[namu] Baum

나물[namul] Gemüse/Kräuter

(앞으로) 나아가다[(apeuro) naagada] vorwärts/weiter gehen

나아지다[naajida] besser werden

나이/연세/세/살[nai/yeonse/se/sal] Alter

나중에[najunge] später
나타내다[natanaeda] zeigen/offenbaren/ausdrücken/bedeuten
날/일[nal/il] Tag
날씨[nalssi] Wetter
날짜[naljja] Datum
남자[manja] Mann
남편[nampyeon] Ehemann
낱낱이[nannachi] einzeln/eins nach dem andern
내과[naekkwa] innere Medizin
내려오다[naeryeooda] herunterkommen
내용[naeyong] Inhalt
내일[naeil] morgen
너무[neomu] zu
넓다[neoltta] breit sein
넣다[neota] (hinein)tun/einlassen/einsetzen
노래[norae] Lied/Gesang
　노래하다/노래 부르다[noraehada/norae buruda] singen
(깜짝) 놀라다[(kkamjjak) nolrada] sich erschrecken
노력[noryeok] Bemühung
　노력하다[noryeokkada] sich bemühen
높다[noptta] hoch sein
　높이다[nopida] erhöhen
놓다[nota] setzen/zurücklassen/loslassen/beruhigend sein/einrichten
누구[nugu] wer
눈[nun] Auge/Schnee
　눈이 내리다/오다[nuni naerida/oda] schneien
　눈을 맞다[nuneul matta] dem Schnee ausgesetzt sein
눈먼[nunmeon] blind
　눈먼 사람/장님/시각 장애인[nunmeon saram/jangnim/sigakjangaein] Blinde
뉴스[nyusseu] Nachrichten
느끼다[neukkida] sich fühlen

능력[neungnyeok] Fähigkeit

늦추다[neuchuda] sich lösen

님[nim] Höflichkeitsform von Herr/Frau/Lieblinge

다루다[daruda] behandeln

다르다[dareuda] sich unterscheiden/verschieden sein

다른[dareun] anders

다리[dari] Bein/Brücke

다소[daso] mehr oder weniger

다양하다[dayanghada] verschieden/unrterschieden sein

다음[daeum] nächste

다행[dahaeng] Glück

다행이다[dahaengida] Gott sei Dank!

단계[danggye] Stufe/Phase

단발머리[danbalmeori] Bubenkopf

단선[danseon] einfache Leitung

단어[daneo] Wort

단풍[danpung] bunte Färbung

달리다[dalrida] laufen/fahren/reiten

닮다[damtta] ähnlich sein

담겨 있다/남아 있다/녹아 있다[damgyeo itta/nama itta/noga itta] bleiben

당면/직면하다[dangmyeon/jingmyeonhada] bevorstehen

당일[dangil] am selben Tag

당장/즉시[dangjang/jeukssi] sofort

당황하다[danghwanghada] verlegen werden

닿다[datta] berühren/erreichen

대비/비교[daebi/bigyo] Vergleich

대사[daesa] Text/Rolle/Botschafter

대사를 말하다[daesareul marada] Rolle sprechen

대상[daesang] Gegenstand/Ersatz/Karawane

대표[daepyo] Repräsentation

대표하다[daepyohada] repränsentieren

대표적인[daepyojeogin] repräsentativ
대학(교)[daehak(kyo)] Universität
대학에 다니다[daehage danida] Universität besuchen
대학원[daehagwon] Magisterkurs od. Diplomkurs
댁/집[daek/jip] Haus
더[deo] mehr
덕분에/덕택에[deokppune/deoktaege] mit Hilfe von
덜다/줄이다[deolda/jurida] mindern
덥다[deoptta] warm sein
덧붙이다[deoppuchida] hinzufügen
또[do] und
도보[dobo] Zufußgehen
도보로/걸어서[doboro/georeoseo] mit dem Fuß
도서관[doseogwan] Bibliothek
도중[dojung] während/unterwegs
독성[doksseong] Giftigkeit
독성물질[doksseongmuljjil] Giftstoff
독일[dogil] Deutschland
돌상[dolssang] der Tisch für die Feier des ersten Geburstags eines Säuglings
돌[dol] der erste Geburtstag/Stein
돌아가다[doragada] gehen/zurückgehen
돌아오다[doraoda] zurückkommen
동료[dongryo] Kollege
동물[dongmul] Tier
동양[dongyang] Oriental/Asien
되다[doeda] werden
둘째[duljjae] zweit
드라마[deurama] Drama
드러나다[deureonada] bekannt werden
드러내다[deureonaeda] sich auszeichnen
듣다[deutta] hören

들다[deulda] halten/alt werden/hereinkommen/scheinen/einsetzen/sich färben

등[deung] und so weiter/Licht/Rücken/Klasse

등산[deungsan] Bergsteigen

 등산을 하다/가다[deungsaneul hada/gada] Berg steigen

따뜻하다[ttatteutada] mild/warm/freundlich sein

따위/등[ttawi/deung] und so weiter

떡[tteok] Reiskuchen

또[tto] und/dazu

뚜렷하다[tturyeotada] deutlich/klar sein

뜨겁다[tteugeoptta] heiß sein

마늘[maneul] Knoblauch

마지막[majimak] letzt

막히다[makida] im Stau sein/verstopft sein

 (도로가) 막히다 im Stau sein

 (도로가) 차단되다[chadandwoda] gesperrt sein

 (코가) 막히다 verstopft sein

만[man] nur/voll/zehntausend/Bucht

만나다[mannada] treffen/sehen

많다[manta] viel sein

많은/많이[maneun/mani] viel

 많은 물건[maneun mulgeon] viele Sachen

 많은 것들[maneungeotteul] viele Sachen

말[mal] Sprache/Pferd

 말을 하다[mareulhada] sprechen/sagen

 말을 타다[mareil tada] reiten

맛[mat] Geschmak

 맛있다[masitta] gut schmecken

 맛있게[masikke] lecker

맞다[matta] empfangen/richtig sein/harmonieren/passen/entsprechen/rentabel sein

맞서다/대결하다[masseoda/daegyeolhada] sich entgegenstellen

(냄새를) 맡다[(naemsaereul) matta] riechen

매스컴[maeseukeom] Medium

맵다[maeptta] scharf sein

맹수[maengsu] wildes Tier

머리[meori] Kopf

머릿속/머리속에[meorissok/meorissoge] im Kopf

먹다[meoktta] essen

먼[meon] fern

먼 곳/먼데[meon got/meonde] ferner Ort

먼저[meonjeo] zuerst

멋있다[meositta] schick sein

멋진[meojjin] schick/elegant

메아리[meari] Echo

명[myeong] Personalzahl

명사구[myeongsagu] nominale Phrase

명확함[myeonghwakam] Bestimmtheit

명확하다[myeonghwakkada] bestimmt/exakt sein

모르다[moreuda] nicht wissen

모습[moseup] Gesicht

모질다[mojilda] bitter/verrucht/grausam/heftig sein

모진 추위[mojin chuwi] bittere Kälte

목욕[mogyok] Bad

목욕하다[mogyokada] baden

목적[mokjjeok] Zweck

목표[mokpyo] Ziel

몸/신체[mom/sinche] Körper

몸짓/제스처[momjjit/jeseucvheo] Geste

몹시/매우[mopssi/maeu] fruchtbar/sehr

못하다[mottada] nicht können

묘사하다/그리다[myosahada/geurida] beschreiben

무[mu] Rettich/nichts/Militarismus

무기[mugi] Waffe

무기개발[mugigaebal] Waffeentwicklung
무엇[mueot] was
문[mun] Tür
문단[mundan] Absatz/Schriftstellerkreis
문자[munjja] Schrift
문장[munjang] Satz
문제[munje] Frage/Problem
(당면한) 문제
[(dangmyeonhan) munje] bevorstehendes Problem/dringende Frage
(유관한/관련/연관이 있는) 문제
[(yugwanhan/gwanryeon/yeongwani) inneun munje] zusammenhängende Frage
문학[munhak] Literatur
문화[munhwa] Kultur
물[mul] Wasser
물론[mulron] natürlich
물질[muljjil] Material
미리[miri] im voraus
미안하다[mianhada] sich entschuldigen
민요[minyo] Volkslied
민속음악[minsokeumak] Volksmusik
믿음[mieum] Vertrauen
믿다[mitta] vertrauen
밀다[milda] schieben
밀고 나가다[milgo nagada] durchführen
바다[bada] Meer
바닷가[badakka] Strand
바라다[barada] wünschen
바쁘다[bappeuda] beschäftigt sein
바특하다[bateukada] nicht saftig sein
밖[bak] Außenseite
(집)밖에서[bakkeseo] außer dem Hause

반갑다[bangaptta] froh sein

반대[bandae] Gegenteil

반상[bansang] Tafelgeschirr

반찬[banchan] Beilage

발[bal] Fuß/Bein

발맞추다[balmachuda] Schritt halten

발생[balssaeng] Entstehung/Vorkommen

발생하다[balssaenghada] sich vorkommen

발효[baryo] Gärung/Inkraftsetzung

밟다[baptta] ausführen/treten

밤[bam] Nacht

밥[bap] Reis

밥상[bapssang] Esstisch

방문하다[bangmunhada] besuchen

배[bae] Bauch/Birne/Schiff

배고픔[baegopum] Hunger

배가 고프다[baega gopeuda] Hunger haben

배열[baeyeol] Ordnung

배우다[baeuda] lernen

배출[baechul] Ausstoßung

백일[baegil] der hundertste Tag des Neugeborenen/der helle Tag

배추[baechu] Chinakohl

백년가약/결혼[baengnyeon/gyeoron] Heirat

(백년가약을) 맺다/(결혼을) 약속하다[yakssokada] Ehe versprechen

버스[beosseu] Bus

(버스를) 타다[tada] Bus fahren

범위[beomwi] Bereich

벗다[beotta] ausziehen

벽시계[byeokssigye] Wanduhr

변/똥[byeon/ttong] Scheiße/Kot

(동물의) 변[(dongmure)] Scheiße

(사람의) 변[(sarame)] Kot
병원[byeongwon] Krankenhaus
보고[bogo] Bericht/Meldung
보내다[bonaeda] verbringen/schicken
(시간을) 보내다[(siganeul)] verbringen
(물건/사람을) 보내다[(mulgeoneul/sarameu)] senden/schicken
보다[boda] sehen/schauen
보존[bojonn] Erhaltung
보통[botong] allgemein/ normal
보호[boho] Schutz
복잡하다[bokjjapada] chaotisch sein
복합적인[bokapjjeogin] komplex
볶음[bokkeum] Braten
볶다[boktta] braten
본래/원래[bolrae/wolrae] eigentlich
볼펜[bolpen] Kugelschreiber
봄[bom] Frühling
부담[budam] Druck/Last
부득이[budeugi] notgedrungen
부러지다[bureojida] abbrechen
부르다[buruda] nennen/rufen/bitten
부모님[bumonim] Eltern;
아버지[abeuji]/아빠[appa] Vater/ Papa,
어머니[eomeoni]/엄마[eomma] Mutter/Mama
부부[bubu] Ehepaar;
남편/부군[nampyeon/bugun] Mann
아내[anae]/부인[buin] Frau
부분[bubun] Teil/Abschnitt
부식[busik] Nebenspeisemittel/Zukost/Einpflanzung/Korrosion
부채[buchae] Fächer
부채질하다[buchaejilhada] fächeln

부터[buteo] von

-부터 -까지[-buteo -kkaji] von - bis

북[buk] Trommel

(북을) 치다[(bugeul) chida] schlagen

분명하다[bunmyeonghada] klar sein

분필[bunpil] Kreide

불[bul] Feuer

(불이) 붙다[butta] anbrennen

불편[bulpyeon] Unbequemlichkeit

불편하다[bulpyeonhada] unbequem sein

붓다[butta] zutun/hineingießen/schwellen/schmollen

붙이다[buchida] anheften/kleben/stellen/setzen

붙다[butta] anhaften/anhängen/bestehen

비닐봉지[binilbongji] Plastikbeutel

비비다[bibida] mischen

비중[bijung] Densität

비하여[bihayeo] im Vergleich mit

빌다[bilda] wünschen/beten

빠지다[ppajida] ausfallen/abnehmen/abfließen

빼놓다[ppaenota] auslassen

뼈대[ppyeodae] Struktur

사고[sago] Gedanke/Unfall

사고과정[sagogwajeong] Gedankenprozess

사다[sada] kaufen

사람/인간[saram/ingan] Mensch

사랑[sarang] Liebe

사랑가[saranga] Liebeslied

사료[saryo] Futter

사상[sasang] Gedanke

사용[sayong] Gebrauch/Benutzung/Anwendung

사용하다[sayonghada] benutzen/anwenden

사이[sai] zwischen
사전[sajeon] Wörterbuch
사회[sahoe] Gesellschaft/Welt/Leitung
산[san] Berg
산적[sanjeok] Spießbraten/Bandit/Räuber
  산적해 있다[sanjeokae itta] sich anhäufen
산책[sanchaek] Spaziergang machen
  산책하다[sanchaekada] spazieren gehen
살[sal] Alter/Haut/Fleisch
살다[salda] leben/wohnen
살펴보다[salpyeoboda] sich umsehen
삼면[sammyeon] drei Seite
삼칠일[samchiril] der 21. Lebenstag des neugeborenen Kindes
상[sang] Tisch
  상다리[sangttari] Tischbein
상상[sangsang] Entwerfen/Vorstellung
상실[sangsil] Verlust
  상실하다[sangsilhada] verlieren
상쾌[sangkwae] Erfrischung
  상쾌하다[sangkwaehada] sich erfrischen
새[sae] Vogel
새싹[saessak] junge Knospe
색깔[saekkal] Farbe
생각[saenggak] Gedanke
  생각하다[saenggakada] denken
생강[saenggang] Ingwer
생년월일[saengnyeonworil] Geburstagsdatum
생선[saengseon] Fisch
생일 파티[saengil pati] Geburstagsparty
생채[saengchae] rohes Gemüse
생활[saenghwal] Leben

생활권[saenghwalkkwon] Lebensraum/Lebensrechte
생활양식[saenghwalyangsik] Lebensweise
서사[seosa] Erzählung
섞다[seoktta] mischen
선물[seonmul] Geschenk
선생님[seonsaengnim] Lehrer/Lehrerin
선풍기[seonpunggi] Ventilator
설명[seolmyeong] Erklärung
설명하다[seolmyeonghada] erklären
성격[seongkkyeok] Charakter
성공[seongkong] Erfolg
성공하다[seongkonghada] Erfolg haben
세계일주[segyeiljju] Weltreise
세심한[sesiman] sorgfältig
세우다[seuda] aufrecht stellen
소각[sogak] Verbrennung
소각하다[sogakada] verbrennen
소금[sogeum] Salz
소녀[sonyeo] Mädchen
소리[sori] Schall/Laut/Ton/Stimme
소리를 지르다[sorireul jireuda] schreien
소아과[soakkwa] Kinderarzt/Kinderklinik
손[son] Hand
손님[sonnim] Gast/Besucher
솥[sot] Kochtopf
돌솥[dolsot] Kochtopf aus Stein
수[su] Zahl/Weg/Hand/Fall
수명[sumyeong] Lebensdauer
수술[susul] Operation
수업[sueop] Unterricht
수영[suyeong] Schwimmen

수영장[suyeongjang] Schwimmbad
수용[suyong] Aufnahme
순간[sunggan] Augenblick
순수[sunsu] Echtheit
　순수하다[sunsuhada] echt sein
숟가락/수저[sukkarak/sujeo] Löffel
술[sul] alkoholisches Getränk
　(술잔을) 받다[(suljjaneul) batta] (Trinkschlächern) nehmen
　(술잔을) 비우다[biuda] austrinken
　(술잔을) 돌리다[dolrida] Runde machen lassen
　(술을) 마시다[(sureul) masida] (Alkohol) trinken
　(술을) 권하다[gwonhada] geben
　(술을) 따르다[ttareuda] einschenken
　(술에) 취하다[(sure) chwihada] sich betrinken
　(술을) 끊다[kkeunta] aufgeben
술좌석/술자리[suljjwaseok/suljjari] Trinkgesellschaft
쉬다[swida] sich ausruhen
　푹 쉬다[puk swida] sich erholen/tief sich ausruhen
쉽다[swiptta] einfach sein
스노우보드[seunoubodeu] Snowboard
스키[seuki] Ski
　스키를 타다[seukireul tada] skifahren
스트레스[seuteureseu] Stress
슬프다[seulpeuda] traurig sein
　슬픈[seulpeun] traurig
시[si] Uhr
시간[sigan] Zeit
시내[sinae] Zentrum
시대[sidae] Zeitalter
시루[siru] Damptopf
시원하다[siwonhada] frisch/kühl sein

시작[sijak] Anfang/Beginn

시작하다[sijakada] beginnen

시장[sijang] Markt

식단[sikttan] Speisekarte/Menü

식품/식량[sikpum/singryang] Lebensmittel

식량증산[singryangjeungsan] Ernährungsproduktionssteigerung

신명나다[sinmyeongnada] sich belustigen

신문[sinmun] Zeitung

신발[sinbal] Schuhe

신분/지위[sinbun/jiwi] Rangklasse/Stelluung

신성[sinseong] Heiligkeit

신혼부부[sinhonbubu] ein neuvermähltes Ehepaar

실천[silcheon] Verwirklichung/Praxis

실천력[silcheonryeok] Verwirklichungsfähigkeit

실패[silpae] Misserfolg

싫어하다[sireohada] hassen

심성/마음[simseong/maeum] Herz

심하다[simhada] stark/groß/heftig/schwer/gewaltig sein

심한/심하게[simhan/simhage] stark

쌀[ssal] Reis

쌀쌀하다[ssalssalhada] kühl sein

쌈[ssam] der in Blättern des Lattichs od. Seetangs gewickelte Reis

썩다[sseoktta] verfaulen

썰다[sseolda] schneiden

쓰다[sseuda] benutzen/schreiben/verbrauchen/gebrauchen/sprechen/tragen

아니다[anida] nicht sein

아래[arae]/밑[mit] unten

아름답다[areumdaptta] schön/hübsch sein

아름다운[areumdaun] schön

아주/꽤[aju/kkwae] sehr

아직[ajik] noch nicht

아침[achim] Morgen

아침식사[achimsikssa] Frühstück

아프다[apeuda] krank sein

악보[akppo] Note

안/속[an/sok] inner

안경을 쓰다[angyeongeul sseuda] Brille tragen

알다[alda] wissen

앞[ap]; 앞에는[apeneun] vorn

앞당기다[apttanggida] vorlegen

애니메이션[aenimeisyeon] Zeichentrickfilm

액[aek] Unglück

액을 면하다[aegeul myeonhada] einem Unglück abwehren

야구[yagu] Baseball

야구를 하다[yagureul hada] Baseball spielen

야채[yachae] Gemüse

야행성동물[yahaengsseong dongmul] Nachttier

약[yak] Arzneimittel

약속[yakssok] Verabredung

약속하다[yakssokada] versprechen

약하다[yakada] schwach sein

약한[yakan] schwach

양념[yangnyeom] Gewürz

양반[yangban] adelige Klasse

양식[yangsik] europäisches Essen

어느[eoneu] welche(r)

어둠/암흑[eodum/amheuk] Dunkelheit

어디로[eodiro] wohin

어떻다[eotteta] wie sein

어려움[eoryeoum] Schwierigkeit

어른/웃어른[eoreun/udeoreun] Ältere

어리다[eorida] jung sein

어렸을 때[eoryeosseul ttae] in der Kindheit

어린아이[eorinai] kleines Kind

어제[eoje] gestern

어떤[eotteon] was für ein/welche(r)

억제[eokjje] Zurückhaltung

언론매체[eolronmaeche] Massenmedium

언제[eonje] wann

얼굴[eolgul] Gesicht

얼마나[eolmana] so viel/wieviel

없다[eoptta] nicht da sein/nicht haben/ es gibt nicht

없애다/제거하다[eopsseda/jegeohada] beseitigen

에너지[eneoji] Energie

여기[yeogi] hier

여러 가지[yeoreo gaji] verschieden

여름[yeoreum] Sommer

여물다[yeomulda] reif sein

여보세요[yeoboseyo] Hallo

여자[yeoja] Frau

여행[yeohaeng] Reise

여행을 하다[yeohaengeul hada] Reise machen

여행지[yeohaengji] Reiseziel

역사[yeokssa] Geschichte

엮다[yeoktta] bearbeiten

연극[yeongeuk] Drama

연기[yeongi] Verschiebung

연기하다[yeongihada] aufschieben

연락[yeolrak] Meldung

연장[yeonjang] Verlängerung/Werkzeug/Seniorität

연장하다[yeonjanghada] verlängern

열다[yeolda] öffnen

영원한[yeongwonhan] ewig

영향[yeonghyang] Nachwirkung/Einfluss

영화[yeonghwa] Film

  영화를 보다[yeonghwareul boda] Film sehen

옆[yeop]; 옆에는[yeopeneun] beiseite, neben

예년[yenyeon] gewöhnliches Jahr

예를 들면/예를 들어[yereul deulmyeon/yereul deuleo] zum Beispiel

예민[yemin] Empfindlickeit/Feingefühl

  예민하다[yeminhada] empfindlich/feinfühlig sein

예법[yeppeop] Etikette

예쁘다[yeppeuda] hübsch sein

  예쁜[yeppeun] hübsch

예상[yesang] Voraussicht

예술[yesul] Kunst

옛날[yennal] alte Zeit

오늘[oneul] heute

오다[oda] kommen

오래/오랜 동안[orae/oraen dongan] lange Zeit

  오래 가다[oraegada] lange dauern

오른쪽[oreunjjok] rechts

오염[oyeom] Verschmutzung

오후[ohu] mittag

  오후에[ohue] am Nachmittag

올리다[olrida] aufheben

올해[olhae] dieses Jahr

옷[ot] Kleidung

옷가게[okkage] Bekleidunsgeschäft

옷장[ojjang] Kleiderschrank

왜[wae] warum

외식[oesik] das Essen außer dem Hause

외형적[oehyangjeok] äußerlich

왼쪽[oenjjok] links

요소[yoso] Bestandteil/Element
요약[yoyak] Zusammenfassung
  요약하다[yoyakkada] zusammenfassen
요즘/요새[yojeum/yosae] heutzutage
용기[yongki] Gehäuse/Mut
용왕[yongwang] Drahenkönig (im Meer)
용품[yongpyum] Gerät
  일회용품[ilhoeyongpyum] einmal benutzende Sache
우리[uri] wir
우선[useon] Vorzug
  우선적으로[useonjeogeuro] vorzugsweise
운동[undong] Sport/Bewegung
  운동을 하다[undongeul hada] Sport machen
  환경보호운동[hwankyeongbohoundong] Umweltschutzbewegung
운명[unmyeong] Schicksal
울긋불긋[ulgeutbulgeut] viel farbig
원숭이[wonsungi] Affe
월/달[wol/dal] Monat
위[wi] oben/Magen
위상/위치/지위[wisang/wichi/jiwi] Zustand/Stelle
  위치하다[wichihada] liegen/stehen
위협[wihyeop] Bedrohung
  위협하다[wihyeopada] bedrohen
유리통[yuritong] Glaswanne
음식[eumsik] Essen/Speise
  음식점[eumsikjjeom] Restaurant
응용[eungyong] Anwendung
  응용하다[eungyonghada] anwenden
의미[uimi] Bedeutung
의식주[uisikjju] Nahrung, Kleidung und Wohnung
의자[ɯija] Stuhl

이것[igeot] diese

이곳[igot] hier

이름[ireum] Name

이사[isa] Umzug

　이사하다[isahada] umziehen

이야기[iyagi] Geschichte/Erzählung/Gespräch

이웃[iut] Nachbar

이유[iyu] Grund

이전[ijeon] früher/Umzug

이해하다[ihaehada] verstehen

익히다[ikida] kochen/erlernen/reifen

　익다[iktta] gekocht sein/gewöhnt sein/reif werden

인구[inggu] Bevölkerung/Einwohnerzahl

　인구조절[inggujojeol] Bevölkerungskontrolle

인류[ilryu] Menschheit

인사[insa] Begrüßung/Verbeugung/Antwort/Höflichkeit/Personalangelegenheit

　인사하다[insahada] begrüßen

인체[inche] Menschenkörper

일[il] eins(sinokorean)/Arbeit/Tag

일광욕[ilgwangyok] Sonnenbad

일기예보[ilgiyebo] Wettervorhersage

일반적인[ilbanjeogin] im Allgemeinen/gewöhnlich

일종의[iljjonge] einartig

읽기[ilkki] Lesen

　읽다[iltta] lesen

입[ip] Mund

입학[ipak] Eintritt/Immatrikulation

일남 일녀(1남 1녀)[ilnam ilnyeo] ein Sohn und eine Tochter

일본[ilbon] Japan

일요일[iryoil] Sonntag

있다[itta] da sein/ haben/ es gibt

있습니다[isseumnida] sein

자녀[janyeo]; Kinder

아들/아드님[adeul/adeunim] Sohn

딸/따님[ttal/ttanim] Tochter

자라다[jarada] wachsen

자세하다[jasehada] ausführlich sein

자손[jason] Nachkommen

자신/자신감[jasin/jasingam] Selbstvertrauen

자전거[jajeongeo] Fahrrad

자전거를 타다[jajeongeoreul tada] radfahren

자제[jaje] Kinder/Beherrschtheit

자주[jaju] oft

자칫[jachit] leicht

작품[jakpun] Werk

잔치[janchi] Fest

잘[jal] gut

잘하다[jalhada] gut tun

잘되다[jaldwada] gut gehen

잘못/실수[jalmot/silssu] Fehler

잡지[japjji] Zeitschrift

장단[jangdan] Takt/Länge u. Kürze/Vor- u. Nachteil

장단을 맞추다[jangdaneul machuda] Takt halten

장바구니[jangbaguni] Einkaufskorb

장수[jangsu] Langlebigkeit/Kleinhändler/Heerführer

장수하다[jangsuhada] lange leben

장염[jangyeom] Darmentzündung

재미[jaemi] Interesse/Freude/Spaß

재미있는[jaemiinneun] interessant

재미있다[jaemiitta] interessant sein

재미없다[jaemieuptta] uninteressant sein

재창작[jaechangjak] Reschöfung

저것[jeogeot] das

저녁[jeonyeok] Abend

　저녁식사[jeonyeoksikssa] Abendessen

적다[jeoktta] wenig sein/aufschreiben

전[jeon] vor

전개[jeongae] Entfaltung

　전개하다[jeongaehada] sich entfalten

전달[jeondal] Übermittelung

전승[jeonseung] Überliferung

전체[jeonche] Gesamtheit

전통[jeomtong] Tradition

　전통의/전통적인[jeontongui/jeontongjeogin] traditonell

전화를 걸다[jeonhwareul geolda] anrufen

전화번호[jeonhwabeonho] Telefonnummer

절기[jeolgi] die Unterteilungen der Jahreszeiten

점[jeom] Hinsicht/Standpunkt

점차[jeomcha] nach und nach

정도/경/쯤[jeongdo/gyeong/jjeum] etwa/gegen

정리[jeongri] Ordnung

　정리하다[jeongrihada] in Ordnung bringen

정말/실제로[jeongmal/siljjero] wirklich

정보[jeongbo] Information

정확하다[jeonghwakkada] deutlich sein

정형외과[jeonghyeongoekkwa] Orthopädie

젖다[jeotta] nass werden

제공[jegong] Anbieten

　제공하다[jegonghada] anbieten

제목[jemok] Titel

제시[jesi] Vorzeigung

　제시하다[jesihada] zeigen

제외[jeoe] Ausnahme

조각가[jogakka] Bildhauer
　조각상[jogakssang] Bildwerk
조금/약간[jogeum/yakkan] ein bisschen
조리사/요리사[jorisa/yorisa] Koch
조림[jorim] gekochter Fisch/gekochtes Fleisch/Gemüseplatt
　생선조림[saengseonjorim] gekochter Fisch
　고기조림[gogijorim] gekochtes Fleisch
　야채조림[yachaejorim] Gemüseplatt
조부모님[jobumonim] Großeltern;
　할아버지[harabeoji] Großvater
　할머니[halmeoni] Großmutter
조심[josim] Vorsicht/Aufmerksamkeit
　조심하다[josimhada] auffassen/vorsicht sein
조작[jojak] Manipulation
조절[jojeol] Kontrolle
조직[jojik] Konstruktion
졸업[joreop] Abschluss
좁다[jobtta] eng sein
종류[jongnyu] Art
종합예술[jonghamyesul] Gesamte Kunst
좋다[jota] gut sein
　좋아하다[joahada] mögen
주[ju] Woche
주말[jumal] Wochenende
주식[jusik] Hauptnahrungsmittel/Aktie
주의[juɯi] Aufmerksamkeit/Vorsicht
　주의하다[juihada] beachtenswert sein/aufmerken
주인[juin] Hausheer
주인공[juingong] Hauptperson
주장[jujang] Behauptung/Übernahme/Anführer
　주장하다[jujanghada] behaupten

주제[juje] Thema
주제문장[jujemunjang] Hauptsatz
준비[junbi] Vorbereitung
  준비하다[junbihada] sich vorbereiten
줄다[julda] sich mindern
  줄이다[jurida] mindern
중국[jungguk] China
중심[jungsim] Mittelpunkt
중요[jungyo] Wichtigkeit
  중요하다[jungyohan] wichtig sein
중요성[jungyosseong] Wichtigkeit
중이염[jungiyeom] Mittelohrentzündung
즐기다[jeulgida] genießen
  즐거운[jeulgeoun] fröhlich
증대[jeungdae] Zunahme
증산[jeungsan] Produktionssteigerung
증상/증세[jeungsang/jeungse] Krankheitszustand/Symptom
지금[jigeum] jetzt
지나다[jinada] vorübergehen
지난번[jinanbeon] früher/letzt
지내다[jinaeda] verbringen
지략/꾀[jiryak/kkoe] Klugheit
지방/지역[jibang/jiyeok] Land/Region/Gebiet
지하철/전철[jihacheol/jeoncheol] U-Bahn/S-Bahn
  지하철 (3)호선[hoseon] U-Bahn Linie(3)
지혜[jihye] Weisheit
직접적인[jikjjeopjjeogin] unmittelbar/direkt
진보/발전[jinbo/baljjeon] Fortschritt/Entwicklung
  진보하다[jinbohada] Fortschritte machen
질문[jilmun] Frage
  질문하다[jilmunhada] fragen

집/댁[jip/daek] Haus

쫓아내다[jjochanaeda] auswerfen

찌다[jjida] dämpfen/drückend heiß sein/fett werden

찔리다[jjilrida] sich eintreten/sich stechen

찜[jjim] Dampfgericht

차[cha] Tee

　차를 마시다[chareul masida] Tee trinken

차갑다[chagaptta] kalt/kühl sein

차근차근[chageunchageun] Schritt für Schritt

차이[chai] Unterschied

차지하다[chajihada] einen Platz nehmen

착하다[chakada] gut sein

창문[changmun] Fenster

찾다[chatta] suchen

　찾아가다[chajagada] besuchen

책[ckaek] Buch

　책을 읽다[chaegeul iltta] Buch lesen

책상[chaekssang] Schreibtisch

처럼[cheoreom] wie

처방[cheobang] Rezept

처음[cheoeum] zum ersten Mal

첫째[cheojjae] Erste

청바지[cheongbaji] Jean

청소[cheongso] Aufräumen

　청소하다[cheongsohada] sauber machen

체험[cheheom] Erlebnis

　체험하다[cheheomhada] erleben

초록색[chorokssaek] grün

추석[chuseok] der 15. August nach dem Mondkalender

추위[chuwi] Kälte

　춥다[chuptta] kalt sein

축구[chukku] Fußball

축구를 하다[chukkureul hada] Fußball spielen

축하[chukka] Gratulation

축하하다[chukkahada] gratulieren

출구[chulgu] Ausgang

치다/두드리다/때리다[chida/dudeurida/ttaerida] schlagen

치료[chiryo] Kur/medizinische Behandlung

치명적[chimyeongjeok] lebensgefährlich/tödlich

치우다[chiuda] entfernen/beseitigen/wegräumen

친구[chingu] Freund

친지[chinji] Bekannte und Verwandte

친하다[chinhada] vertraut sein

친해지다[chinhaejida] mit jm. vertraut werden

칠판[chilpan] Wandtafel

칠판지우개[chilpanjiugae] Schwamm

침대[chimdae] Bett

침팬지[chimpaenchi] Schimpanse

커튼[keoteun] Vorhang

커피숍[keopisyop] Café

코[ko] Nase

콘서트[konsseoteu] Konzert

콘서트에 가다[konsseoteue gada] zum Konzert gehen

크다[keun] groß sein

큰[keun] groß

키우다[kiuda] füttern/ernähren/unterhalten/aufziehen/fördern/entwickeln/pflegen

(동물을) 키우다 füttern

탐욕[tamyok] Habgier

탐욕스러운[tamyoksseureoun] habgierig

태어나다[taeeonada] zur Welt kommen

털[teol] Haar/Feder

(동물의) 털 Feder

(사람의) 털 Haar
테니스[tenisseu] Tennis
테니스를 치다[teniseureul chida] Tennis spielen
텍스트[teksseuteu] Text
텔레비전[telrebijeon] Fernseher
토요일[toyoil] Samstag
토끼[tokki] Hase
통틀어[tongteureo] insgesamt
퇴근시간[twogeunsigan] Schlussstunde/Hauptverkehrszeit
특산물[teuksanmul] Sonderprodukt
특징[teukjjing] Eigenschaft/Merkmal
특히[teuki] besonders
티셔츠[tisyeocheu] T-Shirt
파[pa] Lauch/Sekte
파악하다[paakkada] begreifen
팔[pal] Arm
팔다[palda] verkaufen
편육[pyeonyuk] in Scheiben zerschnittenes gekochtes Fleisch
평균[pyeongkyun] Durchschnitt
평원[pyeongwon] Prärie
포괄하다[pogoelhada] umfassen
포장[pojang] Packung
포함[poham] Enthalten
포함하다[pohamhada] enthalten
폭설[poksseol] starker Schneefall
표/티켓[pyo/tiket] Ticket
표현[pyohyeon] Ausdruck
푸짐하다[pujimhada] reichlich sein
품격[pumkkyeok] Würde
풍요[pungyo] Reichtum
풍요로운 reichlich

플라스틱[peulrastik] Plastik
피다[pieonada] aufblühen
하늘[haneul] Himmel
하다[hada] machen/tun
학과[hakka] Abteilung/Fakultät
학생[hakssaeng] Student
한[han] Groll
한국[hangguk] Korea
한국어/한국말[hanggugeo/hanggungmal] Koreanisch
  고유어[goyueo] Koreanisch
  한자어[hanjjaeo] Sinokoreanisch
한식[hansik] koreanisches Essen
함께/같이[hamkke/gachi] zusammen
항상/늘/언제나[hangsang/neul/eonjena] immer
해물[haemul] Seeprodukt
해방[haebang] Befreiung
  해방감[haebanggam] Befreiungsgefühl
해수욕장[haesuyokjjang] Strandbad
핵심[haekssim] Kernpunkt
향기[hyanggi] Duft
현대[hteondae] Gegenwart
현실[yeonsil] Wirklichkeit
형제자매[hyeongjejamae] Geschwister
  언니[eonni] ältere Schwester einer Frau
  오빠[oppa] älterer Bruder einer Frau
  누나[nuna] ältere Schwester eines Mannes
  형[hyeong] älterer Bruder eines Mannes
  남동생[namdongsaeng] jüngerer Bruder
  여동생[yeodongsaeng] jüngere Schwester
형태[hyeongtae] Form/Gestalt
형편[hyeongpyeon] Lage

호박[hobak] Kürbis

호텔[hotel] Hotel

혼자/혼자서[honja/honjaseo] allein

확장[hwakjjang] Erweiterung

환경[hwankyeong] Umwelt

환경오염[hwankyeongoyeom] Umweltverschmutzung

활동[hwalttong] Tätigkeit

회[hoe] rohe Fische

회사[hoesa] Firma

효도[hyodo] Pietät

후[hu] nach

훈련[hulryeon] Training

휴게실[hyugesil] Erfrischungsraum

흐름[heureum] Verlauf

힘[him] Kraft/Fähigkeit/Beitrag/Beistand/Wirkung

힘들다[himdeulda] schwer sein

참고문헌

국립국어연구원(2002): 우리문화 길라잡이. 학고재.

국립국어원(2005): 외국인을 위한 한국어 문법 2. 커뮤니케이션북스

동아출판사 편집부(1984): 동아 세계 대백과사전. 동아출판사.

동아출판사 편집부(2006): Deutsch-Koreanisches Wörterbuch. 동아출판사.

서울대학교 언어연구원(2007): 한국어. 문진미디어.

성경린(1976): 국악 감상. 국민음악연구회.

송재선(1993): 우리말 속담 큰 사전. 교육출판공사.

송재선(1998): 음식 속담 사전. 동문선.

신영훈(1989): 한옥의 조형. 대원사.

연세대학교 한국어학당(1995): 한국어 발음. 연세대학교 출판부.

이기문(2007): 국어사개론. 태학사.

이정희외(2007): 유학생을 위한 한국어 글쓰기의 기초. 하우출판사.

임홍빈(2007): 한국어사전. Language PLUS.

EBS방송교재(2008): 한국실용글쓰기 예상문제집6, 7급. 한국국어능력평가협회.

전미순(2008): 문화속 한국어. Language PLUS.

전춘명(2010): Zur Händesprache für die interkulturelle Kommunikation. 독어학 제21집. 173-192.

Delphin Verlag(1987): Mein großes Wörterbuch Disney. Delpin Verlag.

Park, Hye-Sook(2006): lernen & üben Koreanisch. PONS GmbH.

Fakultät für Ostasienwissenschaften Sektion Sprache und Kultur Koreas(2004): Einführung in die koreanische Sprache(Gramatik). Ruhr-Universität Bochum.

독일어권 학습자를 위한 한국어

초판 1쇄 인쇄 • 2011년 8월 26일
초판 1쇄 발행 • 2011년 8월 31일

저 자 • 장미경
발행인 • 박성복
발행처 • 도서출판 월인
서울특별시 강북구 수유2동 252-9
등 록 • 제6-0364호
등록일 • 1998년 5월 4일
전 화 • (02) 912-5000
팩 스 • (02) 900-5036
www.worin.net

ISBN 978-89-8477-495-7 93750

값 18,000원